뉴욕은 교열 중

▪ 이 도서의 국립중앙도서관 출판예정도서목록(CIP)은
서지정보유통·지원시스템 홈페이지(http://seoji.nl.go.kr)와
국가자료공동목록시스템(http://www.nl.go.kr/kolisnet)에서 이용하실 수 있습니다.
(CIP제어번호: CIP2018013566)

뉴욕은 교열 중

〈뉴요커〉 교열자 콤마퀸의 고백

메리 노리스

김영준 옮김

마음산책

뉴욕은 교열 중

〈뉴요커〉 교열자 콤마퀸의 고백

1판 1쇄 발행 2018년 5월 10일
1판 4쇄 발행 2022년 6월 10일

지은이 | 메리 노리스
옮긴이 | 김영준
펴낸이 | 정은숙
펴낸곳 | 마음산책

편집 | 권한라·성혜현·김수경·나한비·이동근   디자인 | 최정윤·오세라·차민지
마케팅 | 권혁준·권지원·김은비   경영지원 | 박지혜

등록 | 2000년 7월 28일(제2000-000237호)
주소 | (우 04043) 서울시 마포구 잔다리로3안길 20
전화 | 대표 362-1452 편집 362-1451   팩스 | 362-1455
홈페이지 | www.maumsan.com
블로그 | blog.naver.com/maumsanchaek
트위터 | twitter.com/maumsanchaek
페이스북 | facebook.com/maumsan
인스타그램 | instagram.com/maumsanchaek
전자우편 | maum@maumsan.com

ISBN 978-89-6090-372-2 03300

* 책값은 뒤표지에 있습니다.

자동 교정 기능은 없으면 좋겠다.

이것은 나를 서투른 바보로 취급한다.

왜 기계가 나를 대신해서 말하게 놔둬야 한단 말인가?

구두점은 이를테면 점자다.

얕은 돋을새김처럼

문장의 지세에 강약을 부여한다.

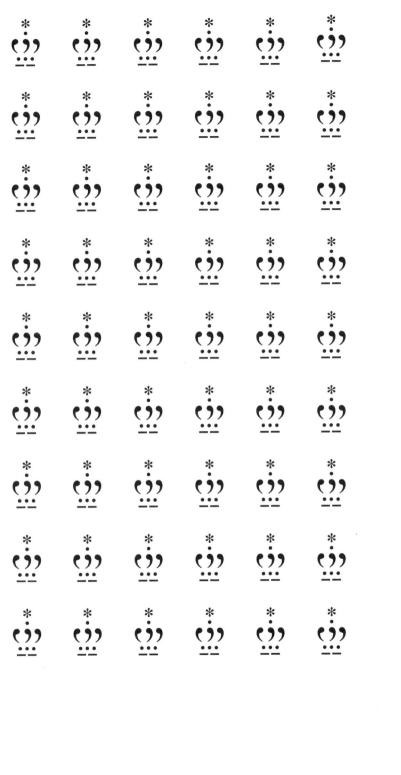

콤마퀸의 고백

우선 이것만은 확실히 해두자. 난 처음부터 콤마퀸comma queen 은 아니었다. 내 생애 첫 직업은 열다섯 살이던 해 여름에 클리블 랜드에 있는 공공 수영장에서 발 검사를 하는 일이었다. 난 '키걸 key girl'이었다. 내가 받은 급료(주급 75달러) 명세서엔 직함이 "키 직원"이라고 적혀 있었다. 나는 그게 무슨 뜻인지 전혀 알 수 없었 다. 난 열쇠를 관리하지 않았을뿐더러 수영장이 운영되는 데 중 책을 맡지도 않았다. 내가 했던 화장실 청소도 중요하긴 했지만.

누구나 세세한 규정을 따르고 나서야 수영장에 들어갈 수 있 었다. (여자는 머리털을 괴상한 수영모 속으로 밀어 넣고) 모두 샤워를 마친 후 발이 잠길 만큼 고인 물을 걸어서 지나갔다. 소독약을 넣 은 물이라서 발이 오렌지 색깔로 변했다. 그러고 줄을 서서 발가 락 검사를 받았다. 이를 위해 나무로 제작된 특별한 도구가 있었 다. 신발 가게 점원이 사용하는 것같이 생겼는데, 경사진 작은 판 자와 손님의 발 치수를 재는 자 대신 막대기 위에 발 모양의 판때 기 하나가 달려 있었다. 수영하려는 사람은 그 판때기에 한쪽 발 을 번갈아 올려놓고 몸을 앞으로 숙여 자신의 손가락으로 발가락 을 쭉 벌렸다. 그러면 발 검사자는 발에 무좀이 없는지 살폈다. 이 검사를 통과해야 수영장에 들어갈 수 있었다. 나는 다른 도시에 이런 발 검사자가 있다는 얘기를 들어보지 못했다. 그런데 클리블랜드에선 이를 당연시했다. 추측건대 예전에 이리 호 주변에서 무좀이 유행했을 때 무좀 퇴치 운동을 벌이던 보건 담당 공무원이 그런 판때기를 급조하고 그걸로 발 검사를 수행할 사람을 고용했던 것 같다.

내가 발 검사를 하던 시절이 별로 그립진 않다. 졸업 후에 클리블랜드 의상업체에서 일했던 시절로 돌아가고 싶지도 않다. 그때 나는 뉴저지 뉴브런즈윅에 위치한 러트거스대학교 내 여자대학인 더글러스칼리지를 졸업하고 딱히 할 만한 게 없어서 면목 없이 고향으로 돌아온 처지였다. 의상업체의 일은 얼마간 재미있었다. 지역 TV 쇼에 소품을 빌려주고, 여름 휴가철에 방영될 사극에 쓰일 의상을 준비했다. 내가 첫 출근을 하던 날엔 이본이라는 흑인 아가씨가 크리스마스용 산타 수염을 헤어롤로 돌돌 말아두고 있었다. 한 흑인 아줌마는 주방에서 풀을 먹인 광대 옷의 주름과 수녀의 베일을 다림질했다. 이 아줌마는 출근하면 밖에서 신던 신을 벗고 실내화로 갈아 신으면서 "우리 개 땜에 죽겠어"라고 말하곤 했다. 사장님은 피지노 부인.(그녀는 전화로 "'피터' 할 때 P, I, '지브라' 할 때 Z 두 개, I, N, O"라고 말하며 이름 철자를 알려줬다.) 나는 그녀의 지도 아래, 종이 반죽으로 만든 커다란 동물의 머리를 보수하는 방법과 표범의 눈동자를 파랗게 칠하면 안 된다는 것을 배웠다.

나는 휴일 중에서 언제나 핼러윈을 특히 좋아했다. 난 그날을 위해 우리 회사에서 의상을 빌렸다. 동화 속 난쟁이가 입을 법한,

모자가 달린 헐렁한 녹색 코르덴 옷이었다. 그러고 부모님의 집 지하에서 파티를 열었다. 술과 사탕이 가득했다. 남근 모양으로, 또 KKK 단원으로 꾸미고 온 사람들도 있었다. 나의 초대를 이본이 거절해서 처음엔 섭섭했는데 나중엔 괜찮아졌다. 파티가 끝난 후 이제 의상업체에서 내 앞길은 내리막뿐인 것 같아 일을 그만두기로 결심했다. 그래서 다음 날 늦잠을 자는데 엄마가 나를 깨웠다. 버디너 부인한테 전화가 왔다고 하셨다.(엄마는 피지노 부인의 이름을 제대로 발음한 적이 한 번도 없다.) 나는 사장님에게 핼러윈이 끝났으니 그만두고 싶다고 말했다. 그녀의 반응은 이랬다. "얼른 와." 휴일 직후 의상업체에서 처리할 일은 휴일 전 몇 주에 걸쳐 하는 일만큼 많다. 나는 크리스마스 시즌까지 견뎌냈다. 그러고 세탁된 산타 복장을 모두 정돈하고 이본이 다시 수염을 돌돌 말 때쯤 한눈을 팔기 시작했다.

나는 동네 낙농업자에게 전화를 걸어서 우유 배달원으로 일할 자리가 있는지 알아봤다. 나는 목장을 소유하는 꿈을 여러 해 동안 품고 있던 터였다. 난 젖소를 좋아했다. 차분하면서도 생산적인 동물. 나는 러트거스대학교에서 유명한 낙농학과 수업을 한 번 들은 적이 있었다. 단기 수업이었는데, 젖소를 품평하는 기준과 홀스타인, 건지, 저지, 브라운스위스 젖소를 구별하는 방법을 배웠었다. "우유 트럭을 몬 여자는 없었는데, 뭐, 안 될 건 없겠죠"라고 낙농업자가 말했다. 그는 내게 현장에서 만나 얘기해보자고 했다. 반짝이는 스테인리스스틸과 가열된 우유로 가득 찬 곳으로 가니 암모니아 냄새가 확 풍겼다. 내가 면접에 임해서 그렇게 솔직했던 적은 처음이었다. 난 경력은 없었지만 낙농업에 심취해 있었다.

무척 추웠던 2월의 어느 아침, 한 우유 배달원을 따라 클리블랜드 서쪽 교외 지역인 페어뷰로 나갔다. 우유 트럭에 달린 페달은 두 세트였다. 하나는 수동 기어에 쓰이는 평범한 세 개짜리여서 운전석에 앉아 장거리를 갈 때 사용했다. 다른 하나는 집집마다 배달하느라 차에서 뛰어내릴 때가 잦은 구간에서 선 채로 운전하며 사용하는 것이었다. 이 두 번째 세트는 클러치와 브레이크를 합쳐놓아서 페달이 두 개뿐이었다. 그래서 속도를 줄이거나 기어를 바꾸려면 클러치 겸 브레이크 페달을 왼발로 꾹 밟는 동안 오른발을 액셀에서 떼고 한쪽 발꿈치로 균형을 잡아야 했다.

나는 페어뷰 지역에서 배달할 기회를 얻었다. 마음씨 좋은 친구가 빌려준 차로 수동 기어 운전법을 벼락치기로 배웠다. 내게 배달 교육을 시키던 선배는 내가 앉아 있을 때보다 서 있을 때 트럭을 더 잘 몬다고 말했다. 운전석은 접어서 옆으로 돌리면 거치적거리지 않게 한구석으로 치워둘 수 있었다. 그런데 접히고 돌아가는 부분이 헐거워졌기 때문에 앉아서 운전하는 중에 핸들을 많이 꺾으면 운전석이 반대쪽으로 돌아가, 나는 차의 진행 방향이 아니라 측면을 향하기 일쑤였다. 마치 어지러운 놀이기구를 타는 듯했다. 선배의 권유에 따라 나는 서서 운전하며 목장으로 되돌아가는 중이었다. 공항 근처 브룩파크 로드에서 지하도를 지나는데 저 앞에 신호등이 있었다. 마침 그 아래를 지나가기 직전에 빨간불로 바뀌어서 브레이크를 세게 밟고 핸들을 움켜쥔 채 한쪽 발꿈치로 균형을 잡아야 했다. 하지만 통제 불능이었다. 트럭이 콘크리트 경계석을 들이받고 말았다. 선배는 아이스크림 냉

동고 속에 빠졌고 나는 바닥에 넘어졌다. 그는 괜찮았지만 나는 속상하고 창피스러웠다. 목장에서 견인차와 정비사를 보내왔다. 정비사와 함께 차를 타고 돌아오는 길에 그가 피우는 필터 없는 캐멀 한 개비를 달라고 말하고 싶었다. 선배는 내가 서서 운전하지 못하게 하라는 사장의 지시를 어겼기 때문에 질책을 받았고, 나는 해고는 면했다.

정말로 좋은 고객(예를 들면 커피용 우유와 크림을 매주 한 번씩 1파인트_{약 0.5리터}만 구입하던 부부)도 있었지만 외상값을 갚지 않는 고객들도 있었다. 외상값을 전부 갚는 순간 다시는 배달을 받지 못한다는 것을 알고 있는 사람들이었다. 누군가 동전 교환기를 개조해서 1·5·10·25센트를 각각 담을 수 있는 통을 만들었는데, 우리는 그것을 허리띠에 차고 다녔다. 집집마다 우유병 투입구가 있거나 문 옆에 상자가 놓여 있었다. 그렇지 않으면 우리는 현관문과 현관문 앞 방풍문 사이에 우유를 놓고 "밀크맨!"이라고 외쳤다. 나는 '맨'이 아니었지만 '레이디'도 마음에 들지 않아서(여권 신장에 도움이 될 것 같지 않아서) "밀크레이디!"라고 외치진 않았다. '밀크메이드_{milkmaid}'는 좀 낯간지러웠다. 결국 난 "밀크우먼"으로 정했다. 이걸 너무 생리적으로 해석하면 나는 유모가 되는 셈이었다. 그래서 단어의 끝부분을 얼버무려 발음했다.

클리블랜드에 눌러앉아 살면서 사장의 아들과 결혼하고 싶은 마음도 조금 있었다.(그는 육우를 키우고 있었다.) 하지만 우유 배달을 그만두고 버몬트대학교에서 늦깎이 연구원이 되었다. 한 해 전에 지원했던 영어과 석사과정이었다. 그래도 낙농업에 대한 관심은 계속 이어졌는데, 마침 버몬트대학교엔 농학과를 비롯해 유명한 아이스크림 교과과정도 있었다. 나는 대학에서 기르는 젖소(유량이 많은 홀스타인)로 젖을 짜는 법까지 배웠다. 공부에 지쳐갈 때쯤 나는 야간에 치즈 공장에서 모차렐라를 포장하는 일을 시작했다. 하얀 고무 앞치마에 노란 고무장갑, 녹색 고무장화와 헤어네트를 착용한 여성들이 한 조를 이루어 우선 차가운 소금물이 담긴 큰 통에서 모차렐라 덩어리를 하나씩 끄집어냈다. 그다음 라벨을 붙이고 포장해서 봉하고 상자에 담아 쌓아 올렸다. 나는 지게차를 한번 운전해보고 싶다는 생각을 남몰래 했다. 내 팔뚝에 생겼던 뽀빠이 같은 근육은 뉴욕으로 이사한 후에 이내 퇴화했다. 피자 가게로 배달을 가는 트럭의 옆면을 보면—빨강·하양·초록으로 적힌 베수비오나 크레모나 같은—낯익은 치즈 도매상 로고가 요즘도 가끔 눈에 띈다. 내가 버몬트에서 모차렐라 덩어리 위에 착착 붙인 라벨에 찍혀 있던 것들이다. (나의 대형 운전면허는 여전히 유효하지만) 앞으로 내가 화물운수노조에 다시 가입하거나 2리터짜리 우유갑이 가득 담긴 스테인리스스틸 수레를 끌면서 손바닥에 굳은살이 박일 일은 없을 것 같다.

*

버몬트에서 대학원을 다닐 때 〈뉴요커〉를 읽기 시작했다. 가끔 나는 뉴욕에 사는 남동생을 만나러 갔다. 그는 아트스튜던츠리그 맨해튼에 있는 오래된 예술 학교에 다녔는데, 초상화 수업에서 만난 진 플라이시먼이라는 여성과 친하게 지냈다. 그녀의 남편은 〈뉴요커〉 이사회의 의장인 피터 플라이시먼. 피터의 아버지 라울 플라이시먼

Raoul Fleischmann은 해럴드 로스Harold Wallace Ross와 함께 〈뉴요커〉를 창업한 인물이었다. 언젠가 동생의 집을 방문했을 때 그 잡지 한 부를 읽었다. 발행일은 1975년 2월 24일. 표지에 유스터스 틸리Eustace Tilley. 〈뉴요커〉의 상징적 캐릭터가 보였고, 목차에는 화이트E. B. White. 소설가가 쓴 「동쪽에서 온 편지」가 포함돼 있었다. 〈뉴요커〉 창간 50주년 기념호였다.

나중에 플라이시먼 부부를 만났다. 내가 제임스 서버James Thurber. 유머 작가. 만화가에 관한 석사 논문을 쓰던 때였는데 나는 피터의 허락을 얻어 그가 출장 가 있는 동안 그의 사무실에 있는 잡지 편철을 살펴보았다. 한번은 모건 도서관에서 작가들이 소장했던 책을 전시하기에 가본 적이 있다. 서버의 소장 도서인 헤밍웨이의 『아프리카의 푸른 언덕』을 소개하는 벽보에서 문법 오류가 눈에 띄었다. 서버는 그 책에다 사파리 여행 중인 파파헤밍웨이의 별명와 마님의 모습을 연필로 그려놓았다. 나는 허가를 받고 그 책을 자세히 조사했다.(서버가 남긴 그림을 대충 스케치해서 내 논문에 첨부했는데 심사 위원은 반기지 않았다.) 버몬트에 살던 시절에 나는 로브스터 상자를 커피 테이블로 쓰면서 그 위에 두 가지 잡지를 각각 쌓아 올렸다. 〈호즈데어리먼Hoard's Dairyman〉1885년 창간한 낙농업 잡지과 〈뉴요커〉.

1977년 여름 〈뉴요커〉에 멋진 것들이 실렸다. 우디 앨런의 (영화 〈애니홀〉과 같은 해에 나온) 「쿠걸매스 에피소드The Kugelmass Episode」, 에드워드 코렌의 삽화를 곁들인 캘빈 트릴린Calvin Trillin. 작가이자 저널리스트의 매력적인 작품, 그리고 존 맥피John McPhee. 논픽션 작가의 알래스카 시리즈 「그 나라로 들어가며Coming into the Country」. 난 맥피의 글을 읽어본 적은 없었는데 그때 큰 충격을 받았다. 알래스카라는 주제의 범위뿐만 아니라 정교하고 사랑스럽게 배열된 단어들 또한 놀라웠다. 알래스카 이글Eagle에 사는 그의 이웃이자 집주인인 짐 스콧의 집 유리창을 통해 바라본 풍경을 맥피는 다음과 같이 묘사한다.

오른쪽 중앙에 이글 크리크가 보인다. 그와 내가 살기연어과의 민물고기를 낚으러 갔던 곳이다. 그곳은 미국 땅. 혹 신의 땅이 아니라면 신이 탐낼 만하다. 필설이 무색할 만큼 아름답다. 그날 물살이 빠른 시내엔 60 내지 90센티 너비의 청백색 얼음이 냇가 양편부터 거의 한가운데까지 덮여 있었다. 저 위로 보이는 울퉁불퉁한 가파른 언덕은 새로 돋은 사시나무 잎으로 연둣빛을 띠었다. 하얀 자작나무가 드문드문 보였고, 외따로 서 있는 가문비나무는 방울 모양의 가뭇가뭇한 열매를 달고 있었다. 그리고 여기저기 펼쳐진 툰드라. 머리 위로 회색 선체에 흰 돛을 단 구름 함대가 떠 있었다. 저 멀리 갓 내린 눈으로 덮인 산이 보였다. 스콧 가족은 이 모든 것을 이중창에 담고 산다. 뉴저지 퍼래머스Paramus의 어느 벽에 있다가 이곳까지, 이 세상의 끝까지 실려 온 것 같은 창문이다. 이 창문은 제유법synecdoche이다. 이글 자체를 보여주는 단안경이다. 먼 길을 떠나 만물의 가장자리를 관찰하도록 우리를 끌어당기는 야생의 풍경을 담고 있다.

난 제유법이 뭔지 몰랐다. 그래도 문맥을 통해 알 수 있었다. 큰 것을 의미하는 작은 것. 어쨌든 사전을 찾아봤다. 어원은 그리스어 ekdechesthai(받아들이다, 이해하다)에서 파생된 ekdoche(의미, 해석)에 syn(함께)이 덧붙은 것으로 결국 '결합해서 받아들이다'라는 뜻이다. 즉, 제유법이란 "부분으로 전체를('돛 50개'로 '배 50척'을), 전체로 부분을('사회'로 '상류사회'를), 종으로 속을('먹따기'로 '암살'을), 속으로 종을('창조물'로 '인간'을), 또는 물품을 그 재료의 명칭으로('무대'를 '판자'로) 대신할 때 쓰는 화법"이다. 4음절 중 강세는 두 번째 음절에 있다. 시―넥―더―키. 흡사 스키넥터디 Schenectady, 뉴욕 주 동부 도시처럼 들린다.

이 단어가 내게 미친 영향을 설명하긴 어렵지만 내가 이로써 희열을 느낀 것만은 분명하다. 난 마치 과자를 얻고 자신을 끌어안은 채 위로 붕 뛰어오르는 만화 속 강아지 같았다. 알래스카의 야생을 묘사하는 데 쓰인 제유법은 내게 작문을 향한 창문이 되었다. 맥피가 사용하는 낯선 단어를 보면 바로 그것이 그가 전하려는 의미에 해당하는 유일한 낱말이라는 확신이 든다. 그는 낱말을 음미한다. 그것이 음식인 양 그 음절 덩이를 입안에서 굴리며 핥는다.

1977년 가을에 나는 뉴욕으로 이사를 가기로 결정했다. 나의 자가용인 1965년형 플리머스 퓨리 II 에 내 고양이, 꼭 필요한 책들과 200달러를 싣고 갔다. 장성한 자식들을 모두 출가시킨 플라이시먼 부부는 여전히 '어버이 모드'여서 나를 자상하게 대했다. 나는 그 집에서 칵테일과 하이네켄을 자주 마시며 피터의 이야기에 귀를 기울였다. 피터는 스카치에 물을 섞어 마시며 줄담배를 피웠고, 말록스 위장약을 한 움큼씩 삼켰다. 그는 (그가 직접 참전했던 벌지 전투를 포함한) 전쟁 이야기와 예일, 그리고 그의 아버지

(빈 출신의) 라울에 관한 이야기를 들려줬다. 언젠가 하포 막스가 크로케 게임을 하다가 그가 톱으로 잘라 나무 몸통에 둘러매놓은 스페어타이어를 공으로 맞혔다는 얘기도 했다.

그해 가을, 나는 남들과 반대 방향으로, 금융가에서 뉴저지 패터슨으로 통근했다. 패터슨에서 친구가 운영하는 식당의 설거지 일을 하고 있었기 때문이다. 그 친구는 내 버스비를 대줬고 맥주는 내가 마시는 만큼 줬다. 이에 대한 보답으로 나는 접시를 박박 문지를 때 은식기류를 못 쓰게 만들지 않게 조심했다. 퇴근길엔 버스에서 내려 조지워싱턴브리지 위를 걷곤 했다. 논문을 쓰다가 절망에 빠질 때도 있었다. 피터는 설사 내가 논문을 마무리 짓지 못하거나 석사 학위를 받지 못하더라도 절망할 이유는 없다고 조언했다. 피터는 편집부에 영향력을 행사하는 사람은 아니었다. 그의 아버지가 그랬듯 영업과 편집을 엄격히 분리하고 있었다. 그래도 편집장인 밥 빙엄Robert Bingham에게 전화를 걸어 나를 한번 만나보라고 말해줬다. 우리는 추수감사절 직후 금요일에 만났다. 빙엄은 아주 좋은 사람이었다. 하지만 기회는 없었다.

나는 설거지 품팔이를 그만두고 크리스마스 시즌 동안 코베츠 할인점에서 계산대 점원으로 일했다. 그때 지배인이 나의 재능을 알아보지 못하고 나를 해고했는데, 그게 불행인지 다행인지 알 수 없었다. 그 후 금융가에 위치한 보험회사에서 임시직으로 근무했다. 내가 살던 존 스트리트의 다락방에서 한 블록 정도 떨어진 곳이었다. 승강기를 타고 내려가서 또 다른 승강기를 타고 올라가면 통근이 가능했다. 복사기 앞에서 포즈를 취하는, 구릿빛 머리털을 지닌 잘생긴 남자가 있었다. 나의 두 번째 임시직은 미드타운의 은행에 소속된 타자원으로서, 납세 고지서에 이자를 표기하는 일이었다. 이 일을 때려치우고 택시 운전면허를 따서 택시를 몰아볼 작정을 굳히고 있을 때 피터가 빙엄에게 다시 연락해보라고 내게 말했다. 아마도 내가 구급차를 타게 될까 봐 걱정했던 것 같다.

기회가 생겼다! 더구나 두 가지 기회였다. 타자원과 편집부 도서실 사서. 타자원 시험엔 자신이 없었다. 나는 수동식 타자기에 익숙한데 전기 타자기로 시험을 치를 거라 생각했기 때문이다. 전기 타자기 자판 위에서 내 손이 떨리면 걷잡을 수 없는 사태가 벌어졌다. 편집부 도서실에서 치른 면접은 예전에 목장에서 보았던 면접과 같았다. 일자리를 얻기 위해 거짓말할 필요가 없었다. 나는 〈뉴요커〉에서 일하고 싶었고, 그 도서실의 내음을—도서실 특유의 먼지 쌓인 책과 풀과 종이의 냄새를—맡는 순간 내 적성에 딱 맞는다고 느꼈다. 도서실 제2대 실장인 헬렌 스타크Helen Stark는 동전에 초상으로 등장해도 좋을 만큼 두상이 잘생겼고 이목구비가 뚜렷했다. 그녀는 클로버 형태로 배열된 책상에 다른 여성 세 명과 마주 앉아 있었다. 헬렌이 낱말 카드를 계속 제시하며 타자 시험을 주관했다. 수동식 타자기였다.(식은 죽 먹기였다.) 곧이어 헬렌은 빈 사무실을 빌려 면접을 진행했다. 그때 그녀가 다리를 꼬며 옷단이 넓은 까만 스커트를 매만지던 모습이 기억난다.(내가 두른 짙은 녹색 댄스킨 스커트는 뉴저지에 있는 중고 옷가게에서 친구가 골라준 것이었다. 나중에 이 옷을 다시 입으려고 보니 한쪽 옷단이 다른 쪽보다 20센티미터나 더 아래로 처져 있었다.) 나는 의욕이 넘쳤는데, 헬렌은 이것이 화려한 직업은 아니라고 충고했다. 하지만 어떤 말로도 나의 열정을 식힐 수 없다는 것을 그녀는 경험상 알고 있었다. 내가 곧 「장안의 화제The Talk of the Town」 코너에 "편지"를 싣는 "젊은 친구들" 중의 한 명이 되리라는 확신을 꺾을 수도 없다는 것을. 면접이 끝나고 진 플라이시먼의 초대로 알곤킨 호텔 식당에서 점심을 같이했다. 그러고 러시안티룸뉴욕 맨해튼의 고급 레스토랑으로 자리를 옮겼다. 나는 러시아 차를 주문했다. 아직 취직을 자축하기는 이르다고 생각했다.

그다음 날인 금요일에 전화가 왔고, 나는 월요일부터 일을 시작했다. 눈이 내리는 날이었다. 헬렌 스타크는 나를 데리고 19층 조판부로 올라갔다. 잡지는 월요일 오후에 발행되는데, 브롱크스에 사는 조판부 직원들은 폭설로 출근길이 막힐까 봐 그 전날 밤에 기차를 타고 와서 길 건너편에 있는 호텔에서 묵었다. 그들은 지면을 구획하고 칼럼과 만화를 배치하며 활자 크기를 확인하는 작업을 담당했다. 편집자 윌리엄 숀William Shawn이 남긴 공지 사항이 게시판에 적혀 있었다. "꼭 필요한 일이 없는 사람은 퇴근해도 좋습니다." 자신의 일이 꼭 필요하지 않다고 생각하는 사람은 아무도 없었다.

조 캐럴은 조판부장이었다. 그는 헬렌이 앉을 의자를 당겨주었고 우리에게 커피를 타주었다. 제2인자 조니 머피는 조판부의 익살꾼이었다. 그는 서류 가방에 점심 도시락을 넣고 다녔다. 왜소하지만 강단 있는 버니 매커티어는 머리숱이 거의 없는 총각이었다. 빌 피츠제럴드는 월터 매슈미국 코미디언이자 배우를 닮았다. 아일랜드 출신의 두 견습생 존과 팻이 있었고, 카민이라는 사환도 있었다. 눈보라가 치는 동안 실내는 아늑했다. 그들은 한 해 전인 1977

년 여름에 정전이 되었던 날의 기억을 떠올렸다. 그때 가드너 보츠퍼드Gardner Botsford라는 편집자가 모두를 조판부로 불러 모으고 대피 계획을 세웠다고 했다. 이날은 1978년 2월 6일이었다. 다음 날이 내 생일이었기 때문에 지금도 기억한다. 여전히 눈이 내리고 있었고 조판부는 다시 문이 닫혔다. 점심시간에 나는 5번가를 따라 스크리브너스 서점까지 걸어가서 사고 싶었던 책을 샀다. 『단어의 거미줄에 사로잡혀Caught in the Web of Words』. 『옥스퍼드 영어 사전』의 초대 편집자 제임스 머리의 전기였다.

그날 저녁에 헬렌과 같이 퇴근하는데 18층에서 팻 크로라는 편집자와 함께 승강기를 타게 됐다. 그가 신은 우중충한 녹색 고무 장화가 눈에 띄었다. 그래서 나는 "제가 치즈 공장에서 일할 때 이런 장화를 신었어요"라고 말했다. 그는 헬렌을 보고 나서 "그럼 치즈 공장에서 이리로 오신 건가요?"라고 말했다.

지하철을 타고 시청역에 내렸다. 나를 위한 케이크와(촛불은 생략하고) 아이스크림을 좀 사려고 가게로 향하는데 원폴리스플라자뉴욕경찰청 본청 쪽에서 눈이 내리는 하늘에 불꽃놀이를 하고 있었다. 소리 없이 찬란했다. 음력 1월 1일, 말의 해였다. 좋은 징조 같았다. 〈뉴요커〉의 신입 사원을 위한 따스한 불꽃놀이.

*

모두 35년여 전의 일이다. 그리고 내가 페이지 오케이어OK'er가 되고 20여 년이 지났다. 이는 〈뉴요커〉에만 있는 직책이다. 잡지가 인쇄되기 전까지 편집자, 작가, 팩트체커fact checker, 보조 교정자

second proofreader와 함께 글을 질의·교정하고 관리한다. 한 편집자는 산문의 여신이 하는 일이라고 표현했다. 콤마퀸이라는 별칭도 있다. 글쓰기를 제외하면 나는 또 다른 일을 해볼 생각을 심각하게 한 적이 없다.

내 직업은 전인적全人的이라서 좋다. 문법, 구두법, 어법, 외국어와 문학에 관한 지식뿐만 아니라 삶의 갖가지 경험도 소용된다. 여행, 원예, 운송, 노래, 배관 수리, 가톨릭, 미국 중서부, 모차렐라, 뉴욕 지하철, 뉴저지 등등. 동시에 나의 경험은 더욱 풍부해진다. 산문의 여신들이 서열대로 줄을 서면 나는 저 뒤로 가야 한다. 그래도 내가 터득한 것을 전하고 싶다.

여러분이 이 책을 구입한 사람인지 혹은 목적격에 정통한 사람인지 모르겠지만, 나는 여러분이 이 책의 제목을 보고 거침없이 "between you and me"라고("me"를 "I"로 고치지 말고) 말하길 바란다. 언어는 언제나 새로 배울 게 있기 때문에 재미있다. 누구나 모르는 게 있고 실수를 한다. 나는 종종 가정법을 혼동하는데, 그러면 척추 교정을 받듯이 문법 교정 전문가를 만나야 한다. 어느 날 아침 집을 나설 때 어법 안내서 한 권을 들고 나왔다. 도로에 청소차가 지나가는 동안 내 차 안에서 기다리며 읽을 참이었다. 도로 양변에 번갈아 주차하는 규칙을 따르기 위해 한바탕 소동이 벌어지는 시간이다. 주차비에 인색한 뉴욕 사람들은 이 틈을 타고 주차장 대신 합법적인 길거리 주차 공간을 확보하기 위해 경쟁한다. "가정법은 실제보다 무섭게 들려서 상대방에게 공포심을 불러일으키는 경향이 있다"라는 문장을 나는 읽었다. 어? 글쎄.

우리는 무엇이 사실과 반대될 때 가정법을 사용한다. "내가 부자였으면"이 흔한 예다. 가정법은 주로 '처럼'을 동반하거나("그녀는 운전석에서 얼어붙은 것처럼 보였다") 소망을 나타낸다("집에 가서 잤으면 좋겠다"). 그런데 난 여기에 부정문이 섞이면 헷갈린다. 예를 들어 "이런 빌어먹을 도로 청소 규칙이 없었으면 난 집에서 자고 있을 텐데". 부정문이 사실과 반대되는 것을 부정하는가? 아니다. 빌어먹을 도로 청소 규칙은 있으니까.

그때 한 여성이 내 차창을 똑똑 두드리고 놀랍게도 이렇게 얘기했다. "문법grammar 공부하세요?"(그녀는 뉴욕 억양이 심해서 "You studyin' grandma?"처럼 들렸다.) 나는 끄덕였다. "전 문법에 약한데 그 책 괜찮아요?"라고 그녀가 물었다. 난 그렇다고 답하고 책 표지를 보여줬다. 『마이 그래머 앤드 아이…… 혹은 미?My Grammar and I... Or Should That Be Me?』. 저자는 캐럴라인 태거트와 J. A. 와인스. 미국 〈리더스다이제스트〉에서 발간한, 읽고 소화하기 쉬운 책이었다.

그녀는 제목을 읽고 저자의 이름을 머리에 저장한 후 내게 고맙다는 말을 남기고 갔다. 시계를 보니 10시였다. 청소차는 오지 않았다. 다른 운전자들은 주차 공간을 찾아 미끄러지듯 길을 건너 주차한 후 차 문을 잠그고 떠나고 있었다. 그 블록에 더는 빈자리가 없었다. 난 유료 주차장으로 가야 했다. 주차 경쟁에서 밀려난 뒤에 운전하는 기분이 생각보다 나쁘지 않았다. 그 여자, 문법에 관심을 지닌 그녀 덕분이었다. 내가 읽던 그 책을 그녀에게 주었으면 좋았을 텐데 그러지 못했다. 그녀와 여러분 모두 문법을 더 편하게 느끼길 바라는 마음으로 이 책을 바친다.

■ 일러두기

1. 이 책은 메리 노리스의 『Between You & Me: Confessions of a Comma Queen』 (W. W. Norton, 2015)을 우리말로 옮긴 것이다.

2. 외국 인명·지명·독음 등은 외래어표기법을 따르되 관용적인 표기와 동떨어진 경우 절충하여 실용적 표기를 따랐다.

3. 옮긴이 주는 글줄 상단에 맞추어 작게 표기했다.

4. 원문에서 이탤릭체와 대문자 등으로 강조한 곳은 굵은 고딕 글씨로 표기했다. 또한 영문을 바로 적은 경우 인용, 강조, 일부 예문 외에는 되도록 따옴표를 생략했다.

5. 책 뒤쪽에 실은 「인용 출처」와 「특별히 도움이 되는 책들」에서 언급한 서지 사항은 원문을 중심으로 적었다.

6. 신문, 잡지, 공연, 강연, 노래 등의 제목은 〈 〉로, 단편과 기사 제목은 「 」로, 장편과 책 제목은 『 』로 묶었다.

차 례

모름지기 남의 실수를 바로잡을 때는 친절해야 한다.
훗날의 작가들이 당신의 실수를 바로잡을 때에도
그렇게 친절하기를 바라는 마음으로.

—프랜시스 A. 버클영·손드라 로즈 맬리,

『각주의 기술 The Art of the Footnote』

맞춤법은 별종의 몫

weird는 내가 오래전부터 애용한, 아니 과용한 단어다. 이것은 'c 뒤가 아니면 i는 e 앞에 온다'라는 오랜 규칙에 반하는 단어들 중 하나다.(라틴어에서 유래한 단어는 대부분 이 규칙을 따른다. 나는 siege와 seize, niece를 쓰기 전에 항상 멈칫한다.) 내 주위의 교양 있는 친구들도 weird를 wierd로 잘못 적을 때가 있다. 나는 초등학교 4학년 때 이 단어 때문에 씁쓸한 경험을 했다. 당시 오하이오에 관한 역사 숙제를 했는데, 난 나름대로 더 흥미롭게 하고 싶어서 오하이오와 관련 있는 괴짜들의 얘기를 썼다. 그중 두 명이 기억난다. 조니 애플시드와 애니 오클리. 난 여기에 "별종weirdos" 프로젝트라는 제목을 붙였다. 이 단어를 대문자로, 신중히 고려한 간격으로 경사지게 인쇄한 후 클립 바인더의 표지 좌측 상단에 배치했다. 그런데 ei 순서에만 신경을 쓰느라 r을 빠뜨렸다는 사실을 나중에 알았다. 보기 흉한 오자를 손수 만들었던 것이다. "WEIDOS."

우리는 왜 맞춤법에 신경을 써야 할까? '바른 새김'이란 뜻으로 그리스어에서 유래한 정자법orthography이 우리를 고상하게 만드는 이유는 뭘까? 특히 요즘은 기계가 다 알아서 해주는데 우리는 왜 맞춤법을 숙지하려고 노력해야 할까? 돌이켜 보면 20세기에는 지금쯤이면 로봇이 월등할 거라고 예상했다. 실제로 그렇게 된 면이 있다. 하지만 우리는 로봇 종족에 실망했다. 그래서 각종 회로와 깜박등에 탱크 같은 무한궤도 하체를 지니고서―〈젯슨 가족〉에 등장하는 하녀 로지처럼―강철과 플라스틱으로 만들어진 부하에게 이런저런 지시를 내리지 않고, 로봇의 외부 기관을 우리의 몸에 지니고 다닌다. 아이팟은 우리가 들을 다음 노래를 선곡하고, 자동차 안의 장치는 우리에게 길을 알려주며, 스마트폰은 우리가 시작한 문장을 마무리해준다. 우리가 스스로 로봇이 된 셈이다.

혹자는 컴퓨터에 맞춤법 검사 기능이 있는데 왜 아직도 교열자 copy editor가 필요하느냐고 물을 수도 있겠다. 사실 내가 〈뉴요커〉 스타일에 따라 접미사 앞에 같은 자음자를 두 번 쓰려고 할 때 맞춤법 검사 프로그램에서 군더더기를 원하지 않는다면―가령 mislabelled 대신 mislabeled를 선호한다면―나는 되돌아가 한 글자를 더 집어넣고 그 단어 밑에 생기는 보기 싫은 빨간 선을 감수해야 한다. 그렇지만 내가 맞춤법 검사 기능을 해제하는 일은 없을 것이다. 그건 오만일 테니까. 다만 자동 교정 기능은 없으면 좋겠다. 이것은 나를 서투른 바보로 취급한다. 비록 난 이 기능을 해제하는 방법을 모르고 문자메시지를 (나름대로 능숙하게) 보낼 때 엄지를 10대 청소년처럼 놀리지도 못하지만 왜 기계가 나를 대신해서 말하게 놔둬야 한단 말인가? 문자메시지로 Good Night를 독일어로 입력하니 Gute Nacht가 아니라 "Cute Nachos귀여운 나초"가 된다. 또 adverbial부사의을 쓸라치면 "adrenal부신副腎의"이 튀어나온다. 나의 '부사의 분비샘'이 칼에 찔린 기분이다. 어느 날 나를 저녁 식사에 초대한 친구에게 문자메시지로 뭐 필요한 거 없느냐고 물었더니 "음식과 논문dissertation"은 충분하다는 답이 왔다. 그러려니 했다. 난 무슨 말인지 알아듣고 포도주를 들고 갔고, 그 누구에게도 어떤 논문을 쓰고 있는지 묻지 않았다.

나는 일하는 동안 글 전체에 대해 간간이 맞춤법 검사 기능을 실행하는 것을 잊지 않으려고 주의한다. 이것은 오자를 잡아낸다. 하지만 이런 기능은 문맥을 고려하지 않아서, 발음은 같은데 철자와 의미가 다른 단어, 즉 동음이의어를 구별하지 못하기 때문에 결코 교열자를 대신할 수 없다. peddle(행상하다)과 pedal(페달), horde(군중)와 hoard(저장물, 보물), rye(호밀)와 wry(심술궂은), tale(이야기)과 tail(꼬리), cannon(대포)과 canon(규범), lead(납)와 led(lead의 과거형), 그 밖에 roomy, roomie, rheumy, Rumi.

영어에는 오자가 되기 쉬운 단어가 무척 많다. 틈만 있으면 오자를 지적하려는 깐깐이도 부지기수로 많다. 이탈리아어와 스페인어, 현대 그리스어 같은 표음문자는 특정 문자나 문자들의 조합이 일관성 있게 발음되는데 영어는 다르다. 묵음으로 처리되는 글자도 많다. 게다가 영어는 태생이 잡종이라 무지하게 엉클어진 실타래 같다. 게르만어에서 파생한 앵글로색슨 언어는 라틴어(하드리아누스 황제)와 프랑스어(노르만 정복)의 영향을 받았고, 그리스와 이탈리아, 포르투갈에서 들어온 외래어에 심지어 바스크어도 소량 첨가되었다. 이후 미국 동부에 초기 이주민이 정착하면서 네덜란드어가, 또 정복자와 선교사 들이 대륙을 탐험하면서 스페인어가 미국 영어로 대량 유입했다. 미국 원주민이 이름 붙인 지명도 엄청 많은데, 이마저 흔히 프랑스어와 섞이면서 더 혼란스러워졌다. 둘째가라면 서러울 깐깐이 노어 웹스터[Noah Webster, 어학자, 사전 편찬가]는 1783년에 이런 말을 남겼다. "영어에서 몇 가지 모음은 각각 네댓 가지로 발음되고, 또 다른 네 가지 소리는 보통 대여섯 또는 일곱 가지 문자로 표기된다. 자음도 별다를 바 없다."

그래서 좋은 사전이 필요하다. 〈뉴요커〉에서 우리는 『웹스터 사전』을 사용한다. 더 자세히 말하면 『웹스터 사전』의 세 가지 간행본을 모종의 신성한 위계에 따라 사용한다. 근무 중에 사전에서 단어를 찾아볼 일이 생기면 나는 우선—스타일북(낱장이 비닐 속지에 담긴, 링이 세 개 달린 유서 깊은 법정 규격 바인더)을 펼쳐서 혹시 우리 회사 창립자가 별난 철자로 규정해놓지 않았는지 확인한 후—『메리엄웹스터 컬리지어트 사전[Merriam-Webster's Collegiate Dictionary]』(현재 제11판)을 본다. 우리는 이것을 '리틀 레드웹[Little Red Web]'이라고 부른다.(2003년에 제11판이 나왔을 때 우리는 은퇴한 제10판을 안락한 곳으로 옮겨주려고 애썼다. 그냥 버릴 수는 없는 노릇이니까. 나는 그중 몇 권을 선물로 재활용했다.) 메리엄웹스터 탁상용 기본 사전은 꾸준히 업데이트된다. 호텔 방에 으레 기드온 성서가 있듯 각 가정엔 리틀 레드웹이 있어야 한다.

만일 리틀 레드웹에서 찾지 못하는 단어가 있으면 우리는 '웹 II'라고 부르는 『웹스터 뉴 인터내셔널 사전 무삭제본[Webster's New International Dictionary(Unabridged)]』 제2판을 본다. 1934년에 처음으로 발간된 이래 여전히 선망의 대상인 미국 대사전이다. 총 3194쪽에 차근한 설명과 상세한 삽화를 실었다. 1961년에 필립 고브[Philip Gove]를 위시한 편집자들이 제3판을 냈는데, 상스러운 표현에 대한 아무런 경고 없이 일상용어를 마구 싣는 바람에 사전계에 대소동을 일으켰다. 우리가 '웹3'라고 부르는 이 사전이 발간되자 규범주의자(가치를 옹호하고 강요하는 사람들)와 기술주의자(가치판단을 배제한 채 일상용어를 기술하는 사람들) 사이에 지각변동이 일어났다. 1962년 3월, 규범주의의 요새였던 〈뉴요커〉는 언어에 대한 『웹스터 사전』의 방침을 비판하는 드와이트 맥도널드의 에세이를 게재했다. "실제적 관용어를 그대로 기록하는 것에 반대하지는 않는다. 다만 독자가 관용어를 취사선택하는 데 도움을 주는 정보가 없는 것이 문제다." transpire와 enthuse는 지금도 시빗거리다. 1960년대에 거대한 사전전쟁의 여파로 웹3 체제에 대한 불신이 생겨났다. 우리는 "과학 용어를 좀 찾아볼 때는 웹3가 괜찮더라"라며 얕보듯 말한다. 웹II보다 훨씬 깔끔해 보이지만, 어휘론의 문제를 떠나서 일단 멋이 별로 없다. 난 웹3를 집에 갖다 놓진 않을 것이다. 우리 회사에서 사전을 약칭하는 방식만 봐도 웹3가 차별 대우를 받는다는 사실을 알 수 있다. 『웹스터』 제2판은 고귀한 듯 로마숫자가 붙는데 『웹스터』 제3판은 그냥 평범한 아라비아숫자로 때운다.

회사에서 온라인 『웹스터』를 사용하는 사람들도 있다. 그래도 문제 될 것은 없다. 이 사전은 수년 전부터 디스크로도 발간되었으며, 1996년부터 온라인 사전이 무료로(귀찮은 광고 화면과 함께) 제공되고 있다. 나는 단어를 온라인으로 찾는 것이 영 몸에 배지 않는다. 나는 종이를 좋아하고, 종이 사전을 이리저리 뒤적이며 보는 시간을 좋아한다. 지금껏 이 습관을 끊을 수 없었다.

우리가 찾는 단어가 웹II와 웹3에도 없으면 우리의 사전 위계에 따라『랜덤하우스 대사전Random House Unabridged Dictionary』제2판을 펼친다. 1987년에 간행된 것이다. 초판은 1966년에 나왔는데, 당시 웹Ⅱ와 웹3를 두고 벌어진 논쟁을 피해 그 틈을 타고 신선한 목소리를 냈다.『랜덤하우스』는 내게 생소한 편이라서, 나는 어쩌다 찾으려는 단어가 최근에 생긴 것 같으면 웹Ⅱ나 웹3를 뒤적이지 않고『랜덤하우스』로 직행할 때도 있다. 이 사전은 고유명사가 많아서 좋다. 역사적 인물과 가공인물까지 포함돼 있다. 스크래블 낱말 맞추기 게임을 개발한 사람들이 보면 주눅이 들 만큼.

*

〈뉴요커〉는『웹스터』에 매우 집착한다. 미국 상표를 맹신하듯『옥스퍼드 영어사전』마저 도외시한다.(『옥스퍼드 영어사전』은 무궁무진하게 흥미롭지만 실용적인 참고서는 아니다.) 그래서 나는 도대체 노어 웹스터가 어떤 사람이었는지 궁금해졌다. 그에 관한 전기들은 그를 "잊힌 건국의 아버지"라고 부르는데, 여하튼 그가 사전 편찬자로서 받은 존경의 정도는 새뮤얼 존슨에 한참 못 미친다. 그렇지만 웹스터는 기념비적인 업적을 남겼다. 누대에 걸쳐 무수한 미국 작가·편집자·학자의 습관이 그로부터 비롯되었다. 웹스터가 태어난 코네티컷 주 웨스트하트퍼드의 농가(지금은 적적한 박물관)에서 나는 그가 1783년에 편찬한 작은 책의 사본을 구입했다.『영어 문법 강요A Grammatical Institute of the English Language』. '블루백 스펠러Blue-Back Speller'라는 이름으로 더 잘 알려진 책이다. 웹스터는 미국독립전쟁 중에 예일칼리지에 다니면서 변호사가 되고 싶어 했지만 1778년 졸업 후 교사가 되었다. 그는 학생들의 발음과 철자에 경악을 금치 못해 스펠러를 지었다. 자국민의 언문 수준을 높이는 동시에 미국 언어를 표준화하여 영국에 저항하려는 열정도 한몫했다. 노어 웹스터는 판촉의 귀재였다. 훗날 리틀 레드웹의 씨앗이 된 블루백 스펠러를 팔기 위해 미국 동부 연안을 오르내렸고, 마침내 『미국 영어사전American Dictionary of the English Language』을 두 권으로 편찬해냈다.

스펠러를 보면 표지에 고풍스러운 기다란 s가 첫눈에 띈다. 언뜻 보면 *f* 같다. 책 전체가 그렇다. 이런 착각에 빠지지 않고 *f*처럼 보이는 s를 본래의 의도대로 읽으면 노어 웹스터가 명석한 달변가라는 사실을 깨닫게 된다. 만약 그것을 *f*로 읽는다면 웹스터의 진가를 결코 알 수 없다. 핌각한 언어 장애가 있는 파람이 지은 책처럼 보일 테니까. 블루백은 가로세로가 각각 10·15센티미터 정도이고 총 119쪽이다. 웹스터는 언제나 이것을 '스펠러'라고 부르고 싶어 했지만, 애초에 칼뱅주의 소논문 같은 제목을 선호했던 예일칼리지 총장 에즈라 스타일스의 지지를 얻기 위해 '강요Institute'를 수용했다. 책 표지엔 "영어 학교 수업용"이라 적혀 있고, "Usus est Norma Loquendi"라는 라틴어 한 구절이 키케로의 말로서 소개되어 있다. 전기 작가들은 이 구절을 다양하게 번역한다. "어법이란 일반적 관습이다" 또는 "화법은 관례를 따른다". 즉, "관례가 지배한다". 노어 웹스터가 기술주의자였다니.

제임스 머리의 말마따나 웹스터는 "타고난 정의자born definer"였지만, 항상 미더운 학자는 아니었다. 예컨대 그가 키케로의 말이라고 소개한 인용구의 출처는 사실 호라티우스가 『시론』에서 관용어와 신조어의 균형에 관해 남긴 글이다.

Multa renascentur quae iam cecidere, cadentque

Quae nunc sunt in honore uocabula, si uolet usus,

Quem penes arbitrium est et ius et norma loquendi.

내 친구가 이것을 읽고 직역해주었다.

지금 소멸한 많은 어휘는 태어나고 또 스러질 것이다.

관례의 소망으로 지금 인정받는 어휘,

말에 대한 법과 규범과 판단은 그 아래 머문다.

영어깨나 안다는 사람들은 어법이란 결국 "적당한 관례의 여신"이라고 농담을 한다.

블루백은 소리와 단어의 표를 난도별로 보여준다. "문자 세 개 또는 네 개로 이루어진 단어"로 시작해서 "첫음절에 강세가 있는 쉬운 2음절 단어"를 거쳐 "넷째 음절에 강세가 있는 5음절 단어"로 마무리한다.("im a gin a tion (…) qual i fi ca tion (…) re gen e ra tion.") 웹스터가 작성한 목록은 마치 자유연상에서 비롯되어 ("bed, fed, led, red, wed") 그의 영혼의 한 단면을 보여주는 것 같다 ("glut, shut, smut, slut"). 당시 그는 미혼이었다.("la dy, la zy, le gal, li ar, like ly, li ning, li on, lone ly.") 그는 묵음으로 처리되는 글자와 z 처럼 발음되는 s는 이탤릭으로 표기했다.(게다가 s를 '에즈'로 불러야 한다고 제안했다.) 그는 알파벳 중 몇몇 글자의 이름을 바꾸고 싶어 했다. h(에이치)는 '히', w(더블유)는 '위', y(와이)는 '이이'로 불러야 더 적절하다고 생각했다. 그렇다. 영국의 z(제트)가 미국에서 '지이'로 변한 것은 웹스터의 영향 때문이다.

"철자법이란 올바른 발음을 찾기 위해 단어를 적절한 음절로 분할하는 기술이다"라고 웹스터는 적었다. 그가 교사에게 제시하는 지침의 논조는 까다로울 때가 많은데 그 역시 반론을 예상했던 듯싶다. "뿌리 깊은 편견을 공격하고 통설에 맞서는 것은 대단히 어려운 모험이다"라고 쓰면서 그는 옹색하고 독선적인 교열자의 흉악한 생각을 요약했다. "오류조차 너무 신성시되어 혁신이 침범하지 못한다." 서문에서 그는 분개한다. "feeble, baptism, heaven은 반모음 소리가 분명한 단어다. (…) 그런데 반모음을 발음하기가 다소 어렵게 느껴져서 그 앞에 있는 e를 온전하게 소리 내어 feebel^{피벨}, heaven^{헤벤}처럼 읽는 사람들이 있다. 이런 오류는 유아기에 교정해야 한다." 그의 각주 또한 격정적이다. 그는 mercy, perfect, person 옆에 별표를 붙이고 불만을 토로한다. "이런 단어는 곧잘 marcy^{마시}, parfect^{파펙트}, parson^{파슨}처럼 상스럽게 발음된다. 부주의로 고착된 고약한 버릇이다. 이는 모음에 부적절한 소리와 음량을 부여함으로써 발음의 매력을 파괴한다. r 앞의 e를 a처럼 발음하는 것은 부정확한 화자들의 보편적 오류다. 그러므로 나는 이에 대한 주의를 단호하게 촉구한다."

블루백은 어린 학생들을 상대로 쓰인 책이라서 나는 거기서 별로 배울 게 없을 거라고 생각했다. 일단 학생들이 어떤 단어를 잘못 발음했을 때 웹스터의 비위를 건드렸는지 살펴봤다. (식민지 시대의 아이들과 요즘 아이들이 공통으로 저지르는 실수가 몇 개 있다.

pumpkin을 '펀킨'으로, chimney를 '침블리'로 발음하는 경우 등.) 그런데 책장을 넘길수록 내가 여태껏 잘못 발음했던 단어의 목록이 점점 길어졌다. 그중엔 내가 한 번도 직접 발음할 기회나 용기가 없어서 머릿속으로만 잘못 알고 있던 단어도 많았다. 예를 들면 이제 huzza라고 말하는 사람은 아무도 없으니 내가 어찌 이 단어의 강세가 hurrah와 같이 마지막 음절에 있다는 것을 알았으랴. '자신의 아내에게 지나치게 친절한'을 뜻하는 uxorious에서 u는 약하게 발음된다. '유―쏘리어스'가 아니다.(한번은 내가 한 기혼 남성에게 '남편에게 지나치게 친절한 여자'를 뜻하는 단어도 있느냐고 물었더니 그는 이렇게 대답했다. "그럼. '원더풀'이지.") 그리고 elegiac의 발음은 '에―**리**―지―액'? 난 항상 '엘―에―**지**―액'이라고 했다. 혹 '에―**리**―지―액'이라고 발음하는 사람을 보면 장난으로 받아들이거나 미심쩍게 여겼다. chimaera는 (그리스어라서) 첫소리가 k크이고 둘째 음절에 강세가 있다. '키―**메**―라.' 난 항상 이것을 shimmera시메라처럼 읽으면서 첫음절에 강세가 있는 줄 알았다. 발음은 틀려도 shimmer희미한 빛가 상상력을 더욱 자극한다. 뭔가 번득번득하는 괴물의 모습을 연상시킨다.

블루백을 접하기 전에는 잘못 발음하기 쉬운 단어들을 내가 다 알고 있다고 생각했다. d로 시작하는 세 단어는 확실히 알고 있었다. desultory(난 아무래도 '데―**설**―토―리'인 것 같은데 '**데스**―얼―토―리'가 맞다), disheveled('디스―**히브**―을드'가 아니라 '디―**셰브**―을드'), detritus('**데트**―리―터스'가 아니라 '디―**트라이**―터스'). 이제는 날마다 새로운 것을 접한다. 〈심슨 가족〉에서 호머가 케이블 TV를 훔친 이유를 설명하자 그의 딸 리사는 그런 행동은 spurious^{스퓨리어스}인 듯하다고 말한다.(그러자 아빠는 "고마워, 리사"라고 대꾸한다.) 여기서 u는 curious의 경우와 마찬가지로 y 소리를 동반한다. 나는 이 단어가 spurs^{스퍼스}와 관계있는 단어인 줄 알고 잘못 발음했었다. spurious 발음을 확인하면서 그 어의와 어원도 찾아봤다. '거짓'이라는 뜻이고, 사생아를 의미하는 라틴어에서 유래했다. 고마워, 리사.

『웹스터』온라인 사전에 대해 하고 싶은 말이 있다. 이것을 사용하면 단어의 발음기호를 볼 수 있을 뿐만 아니라 흔히 음성용 아이콘을 클릭해서 누군가 그 단어를 직접 발음하는 소리를 들을 수 있다. 내가 이것을 잘 이용했더라면 다른 사람의 올바른 발음을 듣고 크게 비웃었던 수많은 부끄러운 순간들은 없었을 텐데.

*

변호사로 개업하는 데 어려움을 겪고 스펠러를 출간한 후, 웹스터는 특별히 조지 워싱턴의 요청으로 뉴욕 시의 최초 일간지 〈아메리칸미네르바〉의 편집을 맡았다. 신문업에서 물러난 후에는 코네티컷으로 돌아가—뉴헤이번에 있는 (저렴해진) 베네딕트 아널드 하우스를 구입하고—미국 영어사전 편찬에 착수했다. 여든이 넘은 나이에 웹스터와 친해진 벤저민 프랭클린은 당시 맞춤법 개정을 주장하고 있었고, 자신의 이상을 젊은 웹스터가 따르도록 그를 격려했다. 프랭클린은 영어에서 c, w, y, j를 없애고 a와 u의 형태를 각자가 지닌 여러 가지 소리에 따라 수정하자고 주장했다. 게다가 sh에 해당하는 새로운 s 형태와 ng에 해당하는 y의 변형을 도입하고 thy와 thigh, swath와 swathe의 발음을 구별하도록 th에서 h를 비틀어 쓸 것을 제안했다. 키릴문자를 창안한 키릴로스는 그리스 알파벳을 '완성시켜' 러시아 언어에 기여한 인물인데, 만약 프랭클린이 자신의 뜻을 이루었다면 '미국의 성^聖키릴로스'가 되었을 것이고, 미국 영어는 터키어처럼 보였을 것이다.

프랭클린의 행로에 웹스터가 동참한 구간도 있었다. 하지만 프랭클린은 학생용 표준 문법 교재로『딜워스의 새 영어 입문^{Dilworth's New Guide to the English Tongue}』을 판권을 사서 미국에 들여와 판매 수익을 얻고 있었다. 웹스터는 바로 이 책을 갈아 치우고 싶어 했다. 일찍이 그는 묵음이 되는 글자를 생략하자고 주장했다. 그의 저서 중『수필집 및 수상록^{A Collection of Essays and **Fugitiv** Writings}』이 제목으로 그의 주장을 대변한다. 전통주의자들은 철자에 뿌리 깊은 역사가 담겨 있다는 이유로 언제나 이런 단순화에 반대한다. 그것은 단어의 어원에 대한 단서, 또는 라틴어나 그리스어, 독일어, 바스크어, 앵글로색슨어에서 비롯한 근본적 의미를 포함하기 때문이다. 웹스터의 경력에 정점을 찍은 두 권짜리 사전이 나오기 전이었던 1806년에 그가 출간한『컴펜디어스 사전^{Compendious Dictionary}』은 발음기호에 대한 실험을 반영했다. '컴펜디어스'라는 이름은 무겁고 육중하게 들리지만 사전 속 정의는 '간결하고 포괄적인'이다.『컴펜디어스』는 단권으로 3만 7000단어의 정의를 간략히 실었다. 어원 설명이나 용례는 없다.(일례로 "스컹크: 냄새로 유명한 네발짐승".) 표지에 웹스터는 이렇게 썼다. "**정자법**을 교정한 경우도 있음." 그의 혁신 중 일부는 유행했다. 영국의 gaol은 미국에서 jail이 되었다. 천만다행이다.(나는 지금도 오스카 와일드의『레딩 감옥의 노래^{The Ballad of Reading Gaol}』를 볼 때마다 담즙^{gall}과 독서에 관한 뭔가 불쾌한 이야기라는 생각이 든다. 그렇다고 이것을 Redding Jail로 바꾸자는 뜻은 아니다.) 웹스터는 mould에서 u를 빼버렸다.(이제 이 건 확정됐다.) 하지만 정자법과 발음을 부합시키려는 그의 시도 중 상당수는 대중의 지지를 얻지 못했다. 그의 전기를 저술한 할로 자일스 웅어는 다음과 같이 적었다. "미국인들은 ache를 ake로, heinous를 hainous로, soup를 soop로, cloak를 cloke로, sponge 를 spunge로 쓰는 것을 거부했다. 묵음인 글자를 제거하려는 노 력 역시 엇갈린 반응을 낳았다. (…) 대중은 ax, imagin, medicin, doctrin, wo를 선호하지 않았기에 웹스터는 이후에 편찬한 사전 에서 끝의 e를 복구했다." 그는 tung을 tongue의 개량형으로 내 세웠지만 이 또한 대중을 설득하는 데 실패했다.

결과적으로 웹스터의 맞춤법 개정은 보수적으로 보인다. 그는 colour와 flavour 같은 영국식 철자에서 u를 제거했다. 새뮤얼 존 슨이 선호했던 musick와 traffick 같은 단어를 거부하며 끝의 k 를 떼어냈다.(웹스터는 존슨을 존경했고 모방한 적도—비유컨대 바퀴 를 재발명할 필요가 없을 때도—있었지만 잡스러운 부분은 배제했다.) defense와 offense는 그가 c를 s로, theater와 center는 re를 er로 바꾼 결과다. masque, risque, racquet에서 'qu(e)'가 k로 바뀐 경 우처럼 당대의 대중이 선도한 변화도 있었다.

사전을 편찬하기 전에 웹스터는 꼬박 10년 동안 언어와 씨름했 다. 반원형 책상 위에 스물네 종류의 사전을 올려놓고—라틴어, 그리스어, 프랑스어, 독일어, 덴마크어, 아이슬란드어, 핀란드어, 노르웨이어, 아랍어, 히브리어, 산스크리트어를 포함한—스물여섯 개 언어를 공부했다. 이 사전과 저 사전을 오가며, 바벨탑 사건 이전에 널리 쓰인 칼데아어까지 거슬러 올라가 단어들의 공통 어원을 추적했다.(웹스터는 성서의 진리에 매료된 독실한 기독교인이었다.) 단어의 정통 철자를 캐내기 위해 어원을 조사한다는 생각은 바람직하다. 하지만 웹스터가 지어내는 어원은 문제였다.

어원학etymology이란 그리스어로 '단어의 본뜻etymon'에 관한 학문logia이다.(곤충학을 뜻하는 entomology와 혼동하기 쉽다.) 어원을 알면 철자를 쓰는 데 큰 도움이 된다. 예를 들면 우리는 종종 iridescent의 철자를 잘못 적는다. 교열 시험에 자주 나오는 까다로운 단어다. 『메리엄웹스터 컬리지어트』는 iridescence를 열성적으로 정의한다. "광파의 차별적인 굴절로 인해 보이는 각도에 따라 변화를 일으키는 (기름 표면, 비누 거품 또는 물고기 비늘에서 나타나는) 빛나는 무지개 같은 색깔." 철자를 무작정 암기하지 말고 어원을 통해 단어의 내부를 들여다보면 iris나 irid는 복합어의 요소로서 그리스신화 속 무지개 여신이자 신들의 메신저인 아이리스에서 비롯된 것임을 알 수 있다. 오! 그럼 나도 웹스터처럼 이에 관한 의미를 궁리할 수 있겠다. 마법 같은 일이다. 호메로스의 『일리아드』에도 나오고 우리가 노아의 방주(무지개) 또는 희망, 약속과 연관 짓는 단어인데, 이것이 내가 어렸을 적 클리블랜드에서 경이롭게 보았던 물웅덩이와도 관계있다니.(클리블랜드에는 표면에 기름이 뜬 물웅덩이가 많았다.) 그리고 『호밀밭의 파수꾼』 첫머리에서 샐린저가 홀든을 통해 말한 "가솔린 무지개"의 잊히지 않는 이미지도 떠오른다. 어쨌든 iridescent가 아이리스에서 비롯됐다는 사실을 알고 나면 이 철자를 틀리게 쓰진 않을 것이다.

*

웹스터는 사전을 영국에서 마무리 지었다. 그는 너무나 외톨이라서 거기서 출간하는 것이 오히려 더 낫겠다고 생각한 적도 있다. 웹스터의 두 권짜리 『미국 영어사전』은 1828년에 뉴헤이번에서 출간되었다. 그는 성서를 번역하며 사전을 보완하는 작업을 하다가 1843년 5월 28일에 죽었고, 예일대학교 캠퍼스 근처 그로브 스트리트 공동묘지에, 엘리 휘트니Eli Whitney. 미국 발명가 옆에 묻혔다. 나는 이 공동묘지에 가본 적이 있다. 고대 이집트 신전 같은 정문을 지나 마치 자석이 이끌리듯 걸어서 웹스터의 오벨리스크 묘비 앞에 당도했다. 하지만 노어 웹스터를 위한 진정한 기념물은 코네티컷 강 연안의 매사추세츠 주 스프링필드에 있다.

매사추세츠 주 웨스트브룩필드에서 자란 조지와 찰스 메리엄 형제는 웹스터 사후 그의 사전 저작권을 사들였고, 그의 사위이자 예일대학교 교수인 촌시 구드리치Chauncey Goodrich를 고용해서 사전 개정 작업을 맡길 만큼 선견지명이 있었다. 그리하여 그 사전은 1847년에 단권으로 출간됐다. 스프링필드에 있는 메리엄웹스터 빌딩은 붉은 벽돌로 번듯하게 지어진 2층 건물이다. 대문 위에 얕은 양각으로 새겨진 머리글자 "NW"가 월계관 장식에 감싸여 서로 얽혀 있다. 1층에는 영업 및 홍보를 담당하는 사무실과 유품 진열창이 있다.(『컴펜디어스』한 부, 찰스 메리엄이 소장했던 웹스터의 두 권짜리 초판.) 사전 편찬부는 위층에 있다. 노어 웹스터를 춤추게 만들 만한 곳이다. 2층 바닥 중앙에 작은 과수원만 한 면적으로 인용문 파일이 자리 잡고 있다. 이곳에서 출간한 사전에서 특정 단어가 쓰인 모든 문맥을 발췌하고, 날짜 및 사전 편찬자들의 이니셜을 도장으로 남긴 후 알파벳순으로 색인을 달아놓은 것이다. 벽을 따라 설치된 선반은 무삭제본(1864년부터)과 컬리지어트본(1898년부터)을 빠짐없이 갖췄고, 파일 위엔 중세 영어 사전 시리즈, 크리스토퍼 말로와 허먼 멜빌, 키츠, 조이스 등의 용어 색인을 포함한 참고 문헌이 있다. 사전 편찬자들의 사무실은 2층 가장자리를 따라 위치한다. 이들의 전문 분야는 다양하며(지리학, 종교, 법률, 음악, 상표), 단어를 정의하는 사람(정의는 몇몇 편집자의 손을 거친 후 사전에 실린다), 날짜를 기록하는 사람, 자료를 대조하는 사람, 발음 전문가와 어원학자도 참여한다.(일찍이 메리엄 형제는 독일인 학자를 초빙해 웹스터가 잘못 추론한 어원을 정정했다.) 한 사무실 안에는 길먼E. Ward Gilman의 까만 책들과 그가 웹3를 위해 남긴 노트, 그리고 용법 지침서로 가득 찬 선반이 있다.

메리엄웹스터에서 저작권을 사전 속에 표시하며 밝히듯, 어떤 출판사라도 사전을 출간하면서 거기에 웹스터라는 이름을 붙일 수 있지만 오직 조지와 찰스 메리엄의 화신인 메리엄웹스터만이 노어 웹스터의 가족과 직접 거래했다. 그럼 나머지 출판사들은 명성에 편승해 한몫 챙기려는, 이를테면 뉴욕의 전설적 피자 가게인 '원조 레이스 피자Original Ray's Pizza'의 아류 같은 것인 셈이다.

스프링필드에서 나는 피터 소콜롭스키의 안내로 건물 내부를 둘러봤다. 그는 메리엄웹스터에서 불영사전의 편집을 맡기기 위해 고용한 사람인데, 그의 동료들과 함께 메리엄웹스터 웹사이트를 운영한다.(바로 이들이 그 사이트 화면 속 인물이다.) 무삭제본 최신판 사전(웹4? 혹은 무한 웹?)은 지금 온라인에 실려 있어서 이전의 『웹스터』처럼 구독하면 된다.(노어 웹스터가 살던 시절과 비교하면 훨씬 싸다. 그의 두 권짜리 대작은 20달러였는데 1828년에 그 정도면 어지간히 비싼 값이었다. 현재 『메리엄웹스터』 무삭제본의 온라인 구독료는 1년에 30달러다.) 웹사이트에 접속하면 사전 편찬자들이 외판원처럼 튀어나와서 문법과 용법에 관한 이런저런 사항을 배우라고 권한다.(*"It is I* vs. *It's me*" "hopefully" "flat adverbs단순형 부사".) 단어 게임, 오늘의 단어, 시사 유행어에 블로그도 있다. 참 억척스럽다. 이들은 사전 편찬자로 일하는 것을 과하게 즐기고 있다. 무료 온라인 사전을 이용하는 사람은 자신이 찾는 단어를 어디서 접했는지 알려달라는 요청을 받는다. 난 처음엔 기분이 내키지 않았다. 미안한 얘기지만, 난 단어를 조사할 때 상호작용을 기대하진 않는다. 나와 나의 『웹스터』, 단둘이면 된다. 하지만 사전 편찬 작업의 속사정을 알고 난 이후, 그날 구내식당에서 (날짜를 기록하는 직원이 뿌루퉁한 얼굴로 우리를 내쫓기 전에) 잘 '편집된' 냉장고 속까지 들여다본 이후 생각이 바뀌었다.

"다른 사전도 있지요"라고 소콜롭스키는 시인했다. 선반 위에 『펑크 앤드 왜그널스Funk & Wagnalls』 한 권이 보였다. 그의 말에 따르면, 1960년대에 큰 사전전쟁이 있은 뒤에 〈뉴욕타임스〉를 비롯한 국내 모든 신문사와 AP통신사가 『메리엄웹스터』를 버리고 『웹스터 뉴월드』를 택했다. 월드퍼블리싱컴퍼니에서 출간한 것인데, 클리블랜드에 그 사옥이 있었다. 건물 측면에서 돌출한 지구본이 기억난다. 웨스트 대로로 좌회전하기 직전에 본 랜드마크였다. 클리블랜드에서 출판업에 종사하려는 사람은 〈플레인딜러Plain Dealer〉 아니면 그곳에 취직하고 싶어 하기 마련이었다. 나는 예전에 남의 발을 검사하러 수영장에 갈 때 그 앞을 지나다녔다.

*

철자는 낱말의 옷이요, 외부로 향하는 가시적 기호다. 노상 운동복만 입고 다니길 좋아하는 사람일지라도 글을 쓸 때는 이탈리아인이 흔히 말하는 '벨라 피구라$^{bella figura}$', 즉 좋은 인상을 주고 싶어 한다. 철자를 잘못 쓰면 권위가 떨어진다. 그래서 오자를 잡아내는 안목은 직장에서 유리하게 작용한다. 내가 〈뉴요커〉에서 처음으로 인정받은 계기를 마련한 것도 오자였다. 헬렌 스타크가 예언했던 대로 편집부 도서실의 일은 눈코 뜰 새 없이 돌아갔다. 우리는 잡지를 '분해'했다. 실제로 면도날을 사용했고, 목차별로 내용을 요약해 색인 카드에 옮겨 적었다. 나는 그것을 취합하는 작업도 거들고 싶었다. 당시 19층에서 최종 교정지$^{foundry proof}$ 검토를 보조하는 비공식 교육 프로그램이 있었는데, 나는 헬렌의 동의를 얻어 일주일에 서너 번 오전에 참여했다. 최종 교정 책임자는 데이브 잭슨이었다. 신입 교정자들은 대부분 그에게 일을 배웠다. 그는 키가 크고 날씬했으며, 홍조를 띤 얼굴로 짓궂게 웃을 때면 치아가 드러났다. 좀 못생긴 노엘 카워드$^{극작가, 배우}$ 같았다. 그는 조판부 근처에 있는 좁은 사무실에서 일했다. 예전엔 그의 책상뿐만 아니라 그와 함께 일하는 직원의 책상도 조판부 내에 있었다. 최종 교정지 검토란 글이 인쇄되기 전의 마지막 검토 작업이다. 데이브는 이젤같이 생긴 판이 놓인 책상 앞에 나를 앉히고, 하루 전에 교정자가 수정 표시를 해둔 교정지와 새로운 교정지를 한 줄씩 대조하는 방법을 알려줬다. 실수의 흔적을 인쇄하는 일이 없도록. 만약 수정 표시가 전혀 없고 텍스트의 폭이 변경되지 않았다면 각 줄의 누락 여부만 확인하면 되었다. 그 글을 읽을 필요도 없었다. 사실상 아무도 내 의견을 원치 않았다. 엄격한 기계적 과정이었다. 이전 교정지를 세로로 접어서 새로운 교정지에 정렬시킨 후 연필을 쥐고 눈알을 굴리며 각 줄의 첫 몇 글자만 보면서 죽 내려오면 되었다. 하지만 난 언제나 모든 줄을 다 읽으면서 오자를 잡아내려 했다.

"idiosyncrasy의 오자도 잡아냈네요"라고 데이브가 내게 기분 좋게 말했다. idiosyncrasy의 끝에 c가 아닌 s가 온다는 것을 아는 사람이 많지 않았다는 뜻이었다. 언젠가 그는 프리쳇V. S. Pritchett. 영국 작가이 '놀라운marvellous'(〈뉴요커〉 스타일에 따라 l이 두 개) 작가이면서도 철자는 엉망으로 썼다고 말했다. 프리쳇은 skeptical을 영국식으로 c를 넣어 "sceptical"로 썼다. 데이브는 이런 얘기를 할 때 격앙돼 보였다. 그는 over all은 두 단어로 된 부사라고 가르쳐줬다. "Over all, Dave gave me a good education.(대체로 데이브는 나를 잘 가르쳤다.)" 이런 식으로 쓰인다. 이걸 overall로 붙여 쓰면 자동차 정비공이 입는 옷이다. 또 "What ever happened to Baby Jane?(베이비 제인에게 대체 무슨 일이 있었던 거야?)"에서 what ever는 두 단어인데, 한 단어인 whatever는 대명사다. "Whatever you do, don't introduce a mistake.(무얼 하든 실수하지 마세요.)"

데이브의 사무실엔 책이 가득 담긴 쇼핑백이 굉장히 많았다. 소방 안전 검사관이 그의 집을 방문했을 때 책 더미를 보고 화재

대피에 장애가 된다고 지적한 후 그는 매일 책으로 가득한 쇼핑백을 어퍼웨스트사이드에 있는 집에서 사무실로 날랐다. 어느 날 그는 길거리에서 구입한 『폭풍의 언덕』 문고본 하나를 내게 주었다. "나도 한 권 있는데, 이건 거기 그냥 둘 수가 없었어요"라고 그는 짓궂게 씩 웃으며 말했다.

나는 크리스마스 쇼핑 칼럼의 최종 교정지를 검토할 때 처음으로 실적을 올렸다. 한 작가가 블루밍데일 백화점 지하에서 살 만한 식품을 소개한 글이었는데, 그 목록에 설탕과 "flower"가 들어 있었다. 나는 이 단어 중간의 we에 동그라미 표시를 하고 여백 쪽으로 선을 그어 u를 쓰고 그 옆에 물음표를 달았다. 내가 배운 대로 한 것이었다. 물음표는 꼭 필요했다. 작가가 flour^밀가루를 flower로 썼을 거라는 생각이 의심스럽기 때문은 아니었다. 이때껏 교정쇄에서 지적되지 않은 것, 즉 오케이어가 교정 중에 간과했을 법한 무엇을 내가 덧붙였기 때문이다. 만일 식자공의 실수라면 그냥 내가 고쳐도 그만이었다. 하지만 실수가 계속 이월된 경우, 최종 교정지에 찍힌 물음표는 편집자와 교정자에게 그동안 거르지 못한 것 같은 무엇을 확인하라는 경고였다. 그러면 물음표만 말소되고 수정안이 통과되거나, 둘 다 말소되고 수정되지 않았다. 이 물음표로써 전체 수정 과정을 단계별로 구분하고, 어떤 수정이 어느 시점에 누구의 생각으로 이루어졌는지 기록으로 남겼다. 물음표가 없으면 수정안이 책임자의 재검토를 거치지 않고 곧장 인쇄소로 갈 수 있었다. 어리석게 자신의 무지를 드러내는 질문을 할 필요는 없겠지만(나도 그랬지만), 물음표를 생략해서 잘못된 수정에 대한 책임을 떠맡는 것은 직업적 자살 행위다.

데이브 잭슨은 내가 표시한 것을 보더니 연필로 "flower" 전체에 선을 긋고 다시 선을 길게 뽑아서 여백에다 "flour"라고 썼다. 내가 소심하게 남긴 표시가 당당하게 변했다. 그는 페이지 우측 상단 모서리에 내 이름을 이니셜로 적었다. "MN."

그런 괘씸한 오자를 발견해서 신이 나 있던 나는 내 이니셜을 보고 당황했다. 이보다 더 멋없는 알파벳 조합이 있을까? 나는 항상 내 이니셜을 'MJN'으로 써왔다. 더 우아해 보였다. 나의 필명은 'M. J. Norris'로 쓸 작정이었다.(나의 중간 이름이 'Jane'이라는 사실을 아무도 모르길 바라며.) 하지만 난 데이브 잭슨에게 정정을 요구할 엄두가 나지 않았다. 그는 나의 중간 이니셜을 그렇게 싹둑 잘라내면서 내게 〈뉴요커〉 문화의 세례를 베풀었다.

나는 도서실로 돌아왔다. 나의 풀 그릇과 한쪽에만 날이 있는 면도칼, 그리고 검은 스크랩북의 책등에 흰색 잉크로 작가들의 이름을 인쇄체로 쓸 때 사용하는 특수 펜이 있는 곳으로. 그 실수를 발견한 내가 자랑스러웠지만 기쁜 내색을 보이지 말아야 했다. 왜냐하면 도서실은 내게 그다지 지적인 작업을 기대하는 곳이 아니었기 때문이다. 그곳의 일은 내가 유치원에서 했던 것과 비슷했다.(유치원에선 안전 가위로 했지만.) 나는 점심시간에 길 건너편 알곤킨 호텔 안에 있는 블루바에 가서 맥주와 땅콩을 먹으며 자축했다. 며칠 후 주말이 가까웠을 무렵, 사내 우편함을 통해 쪽지 한 장을 받았다. 이렇게 적혀 있었다. "고맙습니다. 작가도 고마워합니다. 엘리너 굴드Eleanor Gould. 〈뉴요커〉를 대표하는 교정자이자 문법학자도 고마워합니다. 교정자도 고마워합니다. 팩트체커도 고마워합니다. 크리스마스 식품 목록에서 flower로 쓰인 flour를 잡아내서, 우리가 힘을 합해도 하지 못한 일을 해주셔서 우리 모두 고맙습니다." 끝에 휘갈겨 쓴 이니셜은 "GB". 시원시원하고 점잖은 편집자 가드너 보츠퍼드였다. 그는 조판부 직원들로부터 내가 첫날에 했던 일을 전해 들었다. 나는 뿌듯했다. 처음으로 한 건 했다.

저 마녀!

나는 사람들이 교열자를 마녀처럼 여긴다는 사실을 자꾸 잊어버려서, 누군가 나를 두려워하면 나도 놀란다. 얼마 전에 한 새내기 편집 보조원이 첫인사를 하려고 〈뉴요커〉 각 부서를 돌아다니다가 내 사무실 문 앞에 섰다. 그녀는 내가 교열자라는 말을 듣자 움찔했다. 뜨겁게 달아오른 하이픈으로 찌르거나 콤마 한 상자를 강제로 먹게 만들 사람을 만난 듯이. "겁내지 마요"라고 말해주고 싶었다. 나는 굳이 사람들의 말이나 글을 바로잡지 않는다. 누군가 출간을 목적으로 내게 부탁하거나 보수를 주지 않는 한.

우리 교열자들은 한 편의 글을 마치 미사일의 경로를 변경시키듯 자신의 방식으로 흘러가게 만들려고 한다는 소리를 종종 듣는다. 교열자에 대한 이미지는 엄격하게 일관성을 유지하는 사람, 남들의 오류를 지적하길 즐기는 심술쟁이, 출판업에 발을 들여놓고 주목받길 원하는 보잘것없는 사람, 또는 더 심하게 말하면 작가가 되려고 했으나 쓰라린 좌절을 겪고 i의 점과 t의 교차선에 신경을 쓰는 사람, 그렇지 않으면 다른 작가들의 경력에 이바지하는 사람이다. 나는 이 모든 사람이었던 것 같다.

하지만 좋은 작가들이 특정한 방식으로 글을 쓰는 데는 그럴 만한 이유가 있다. 누군가 그들의 글을 떠안고 만지작거리면서 좀 이색적인 표현을 평범하게 바꾼다거나 콤마를 없앤다거나 작가가 고의로 모호하게 적은 것을 분명하게 강조하는 것은 도움이 되지 않는다. 나의 경험에 따르면, 정말로 위대한 작가들은 편집 과정을 즐긴다. 그들은 제안을 받으면 숙고하고, 충분히 근거 있는 이유로 그것을 수락하거나 거절한다. 방어하려고 애쓰지 않는다. 출간 전에 글을 읽히는 목적은 일반 독자에게 미칠 영향을 시험해보는 것이다. 외출할 때 칼라 뒤편의 태그가 튀어나와 있기를 바라는 사람은 없다. 윗옷을 일부러 뒤집어 입지 않는 한.

필립 로스의 『나는 공산주의자와 결혼했다』의 앞부분이 〈뉴요커〉에 게재될 때 내가 책임을 맡았다. '파라, 스트라우스 앤드 지루Farrar, Straus and Giroux' 출판사 교열자들의 손을 거친 교정쇄로 작업했기 때문에 흠잡을 데가 없었다. 게다가 일단 글의 틀이 그렇게 잡히면 작가와 에이전트, 편집자는 그 체제를 변경하길 꺼린다. 나는 최선을 다해 검토했다. 일상에서 우리가 가끔 실수하듯이 출판사에서도 교열 중에 가끔 실수를 한다. 실제로 아동용 역사책에서 인용된 구절 중에 불일치하는 부분이 조금 있었다. 작은 글씨로 적힌 긴 인용문이었는데, 본문 말미에서 한 번 더 인용되면서 약간 달라졌다. 나는 교정지에 그것을 표시해서 픽션 편집자 빌 뷰퍼드에게 넘겼다. 얼마 후 빌의 부하 직원이 계단을 뛰어올라 오더니 내가 손본 교정지 첫 페이지의 컬러 사본을 내게 전했다. 뷰퍼드가 파란색으로 쓴 글씨가 눈에 띄었다. "로스가 이렇게 말했어요. '메리 노리스. 이 여성분은 누구죠? 이분이 저와 같이 살 생각은 없을까요?'"

나는 그때까지 로스의 작품 중에서 『굿바이, 콜럼버스』와 『포트노이의 불평』만 읽어봤다. 이전에 헬렌 스타크는 『유령 작가The Ghost Writer』가 잡지에 실리는 동안 줄곧 들떠 있었고, 자신이 개인적으로 소장하기 위해 따로 색인 작업도 했었다. 나는 그제야 『나는 공산주의자와 결혼했다』를 오디오북으로 구입해서 오하이오에 갔다 돌아오는 길에 운전을 하며 귀 기울여 들었다. 배우 론 실버의 음성이었는데, 별들은 용광로라고 말하는 기막힌 대목에서 난 하마터면 차를 도로 밖으로 몰 뻔했다. 아이라의 용광로, 이브의 용광로. 참 따뜻하고 정열적인 얘기였다. 웃긴 부분도 있었다. 주인공이 어쩔 수 없이 여자 친구의 딸의 하프를 들고 온 동네를 돌아다니는데, 우리 가족 중에 하프 연주자가 있어서 나는 그게 얼마나 고통스러운지 잘 알고 있었다. 하프가 천상의 악기라는 말이 무색하다. 이후 나는 『아버지의 유산』과 『팩트The Facts』("독자 여러분, 나는 그녀와 결혼했습니다") 그리고 주커먼 시리즈를 모두 맡으면서 '로스의 해'를 보냈다. 『유령 퇴장』이 나왔을 때는 전작 『유령 작가』도 읽어봤다. 암스테르담에 여행 가서 안네 프랑크의 집을 보고 전쟁 중에 건물이 불타버린 자리에 세워진 호텔에 묵으면서 『안네의 일기』를 다시 읽었다. 로스의 책 중에 더 이상 읽을 게 남지 않았을 때는 너무 아쉬웠다.

솔 벨로에 관한 글이 마무리될 즈음에 나는 로스와 전화로 얘기한 적이 한 번 있고, 또 〈뉴요커〉 크리스마스 파티에서 그를 만났다. 교정지 첫 페이지를 통해서 받은 그 제의가 내 머릿속을 맴돌았다. 실상 그는 세세한 것을 챙겨줄 가정부를 원했던 것 같다. 하지만 만약 그가 이 책을 읽는다면 난 지금도 준비가 돼 있다고 말하고 싶다.

*

'자신의 영역을 넘어서다'라는 뜻을 지닌 아주 근사한 단어가 있다. ultracrepidate. 웹Ⅱ에 실려 있다. 교열자가 자신의 영역을 넘어설 일은 거의 없다. 이를테면 anti-ultracrepidationism이다. 작가들은 우리가 정해놓은 규칙을 그들의 글에 집요하게 적용해서 표준화한다고 생각할 것이다. 하지만 우리도 물러서서 예외를 인정하거나 과도한 간섭과 태만 사이에서 균형을 맞추려는 노력을 적잖이 한다. 교열자가 내리는 결정은 주관적일 때가 많다. 예를 들면 that과 which 중에서 하나를 골라 써야 하는 문제는 늘 발생하는데 이것은 작가가 의미하는 바에 달려 있다. 즉, 기계적으로 해결되는 것이 아니라 해석의 문제다.

딜런 토머스가 남긴 유명한 구절을 생각해보자. "The force that through the green fuse drives the flower." 사실 이 구절을 예로 드는 것은 좀 불공평하다. 왜냐하면 (1) 이것은 시구이고 모든 사람이 딜런 토머스처럼 쓰진(또는 과음하진) 못하며, (2) 이 뒤에 이어지는 구절을 기억하는 사람이 없기 때문이다. 실은 이렇게 이어진다. "The force that through the green fuse drives the flower / Drives my green age.(푸른 도화선을 통해 꽃을 몰아가는 힘이 / 나의 푸른 시절을 몰아간다.)" 멋진 구절이다. 이것은 산문이고, 여기서 인용을 더 한다면 혼란스러워지겠지만, 그래도 that과 which의 용법을 구별하기에 적당한 예다. 관계대명사 that 또는 which가 이끄는 구나 절이 문장의 의미의 본질적 요소면 that이 선호되며, 이는 선행사와 콤마로 분리되지 않는다. 좀 모자란 시인은 아마 이렇게 쓸 것이다. "The force which through the green fuse drives the flower."(이러면 독자가 코웃음 치기 십상이다.) 더 심한 경우도 있다. "The force, which through the green fuse drives the flower, / Drives my green age."(이 작가는 좋은 교열자를 고용하지 않는 한 출간하기는 글렀다.) "The force"는 "that through the green fuse"가 없으면 무의미하다. 이것이 없으면 "The force (…) drives my green age"가 남는다. 무슨 힘인지, 어떤 힘인지 알 수가 없다. 혹 〈스타워즈〉에서는 통할지도 모르겠다. "May the force, which through the green fuse drives the flower, be with you.(푸른 도화선을 통해 꽃을 몰아가는 힘이 너와 함께하기를.)" 빌 머리Bill Murray. 영화배우라면 이런 말을 할 법하지만 딜런 토머스나 루크 스카이워커〈스타워즈〉의 주인공는 그럴 리 없다.

나는 '제한적restrictive'이란 단어를 쓰지 않으려고 최대한 노력한다. 이것은 너무 기를 꺾는 느낌이 있기 때문이다. 의복에는 제한이 있다. 식단도 제한적일 수 있다. 제한적 규정은 가령 케네디 공항 활주로 옆에서 낚시를 하거나 구조대가 없는 바다에서 수영하는 행위를 금지한다.『웹스터』에 따르면 '제한하다to restrict'라는 말은 "경계 내로 한정하다"라는 뜻이다. 여러분은 어떨지 모르겠지만 나는 제한에 짜증이 난다.

제한절에 대한 사전 속 예문마저 불쾌하다.『웹스터』에서 "that you ordered"가 들어가는 예문은 "The book that you ordered is out of print(주문하신 책은 절판되었습니다)". 오, 이런!『랜덤하우스 칼리지 사전Random House College Dictionary』은 제한적 용법의 문법적 의미를 좀 더 긍정적으로 설명하지만("피수식어의 의미를 확정하거나 한정하는 단어, 구 또는 절에 적용되는") "that just ended"를 이용해 또 다른 불쾌한 예문을 제시한다. "The year that just ended was bad for crops.(바로 지난해는 흉년이었다.)" 불운의 연속이다. 내가 원하는 책은 절판됐고, 강냉이값은 폭등하게 생겼다.

여러분을 더 혼란스럽게 만들고 싶진 않지만 사실 이게 쉬운 문제는 아니다. 이번엔 비제한적 용법에 대한 『랜덤하우스 칼리지 사전』의 설명을 보자. "피수식어를 묘사하거나 보충하지만 그 정체를 확립하는 데 본질적이지 않은 단어, 구 또는 절에 적용되는 용법으로, "This year, which has been dry, was bad for crops(가물었던 올해는 흉년이었다)"에서 관계사절 "which has been dry"가 이에 해당한다. 영어에서 비제한절은 보통 콤마로 끊어 적는다." 대단히 명확한 설명이지만, 우리는 가뭄으로 여전히 고통을 겪고 있다.

"The year that just ended was bad for crops"와 "This year, which has been dry, was bad for crops"의 차이가 보이는가? 작가가 "This year"라고 쓰면 우리는 그가 어떤 해를 가리키는지 바로 안다. 따라서 This year was bad for crops라고 써도 의미는 분명하게 전달된다. The year was bad for crops라고 쓸 수도 있겠지만 이러면 문맥상 어떤 해를 가리키는지 알려줄 필요가 있다. 여기에 "that just ended"를 추가하면 그해가 확정된다.

'비제한적'은 '제한적'보다 듣기가 좋다. 나는 비제한적인 의복과 식단을 좋아한다. 비제한절에 대한 웹Ⅱ의 정의는 다음과 같다. "명사에 정보를 부가하지만 너무 느슨하게 연결되어 명사의 일정한 의미에 비본질적인 형용사절.(The aldermen, **who were present**, assented.참석 중이었던 시의원들은 찬성했다.) 기술절descriptive clause이라 불리기도 한다. 이러한 절은 콤마로 끊어 적지만 이와 대응하는 제한절은 그렇지 않다.(The aldermen **who were present** assented.참석한 시의원들은 찬성했다. = Such aldermen as were present assented.참석한 그러한 시의원들은 찬성했다.)" 우습게도 이 정의에선 which를 썼는데("an adjective clause **which** adds information"), 현대의 표준 미국 용법은 이런 경우에 that을 선호한다. an adjective clause **that** adds information.

나는 제한적 용법이란 말을 쓸 때면 항상 곰곰이 생각해봐야 한다. 우리는 뭔가 제한적이면 콤마가 필요하고, 콤마가 절을 제한하고 둘러싸서 별도로 둔다고 생각하기 쉽다. 하지만 그 반대다. 제한절은 자체가 수식하는 명사에서 너무나 큰 비중을 차지하기 때문에 구두점을 찍어 따로 구획할 필요가 없다. 콤마의 본래 목적은 분리하는 것인데, 제한절은 자신이 수식하는 것과 분리되길 원치 않는다. 그것과 하나가 되고, 그것의 본질적 요소가 되고, 그것과 완전히 동일해지길 원한다. 일단 제한적 용법의 개념을 파악하면(She was a graduate of a school that had very high standards그녀는 아주 수준 높은 대학의 졸업생이다), 나머지는 모두 비제한적인 것이라고 보면 된다(He graduated from another school, which would admit anyone with a pulse그는 아무나 충동적으로 받아들이는 다른 학교를 졸업했다).

사람들은 긴장하면 that을 써야 할 때 which를 쓰곤 한다. 정치인들은 중요한 말로 들리게 하기 위해 흔히 that 대신 which를 쓴다. 작가도 that 대신 which를 쓸 수 있다. 이건 큰 문제가 안 된다. which 대신 that을 쓰는 것보다 훨씬 낫다. 분명히 영국인은 which를 더 많이 쓰면서 이를 문제 삼지 않는다. 미국인은 대개 절이 제한적이면 that을 쓰고, 비제한적이면 which를 쓰면서 콤마로 끊어 적는다. 이러면 별문제 없다.

누구나 아는 좋은 예로서 제한적일 수도 있고 비제한적일 수도 있는 절이 주기도문에 있다. "Our Father, who art in Heaven.(하늘에 계신 우리 아버지.)"(마태복음 6장 9절) 여기서 "who art in Heaven"은 제한적인가, 비제한적인가? 신은 어디 있는가? 나는 비제한적이라고 생각한다. "who" 앞의 콤마를 보면 더욱 그렇다. 다시 말하면 "who art in Heaven"이라는 구는 아버지께서 계신 곳을 알려줄 뿐 아버지를 정의하지 않는다. 그래서 중간에 by the way를 넣어도 뜻이 통한다. "Our Father, who, by the way, resides in Heaven.(어쩌다 하늘에 계시는 우리 아버지.)" 이 문장은 "Our Father"가 호격, 즉 직접 부르는 말이 아니면 가능하다. 직접 부르는 말이라면 신에게 신이 있는 곳을 알릴 필요는 없기 때문이다. 성서에 따르면 예수는 그의 제자들에게 이 기도문을 가르쳤다. 만약 콤마가 없다면 기도하는 사람에게 또 다른 아버지(요셉?)가 있다는 것을 암시한다. 그러면 예수가 "who art in Heaven"이라는 구를 제한적으로 사용해서 천상의 아버지와 지상의 아버지를 구별했다는 말이 된다. 잠시 신학을 제쳐두고, 나는 내 동생과 더불어 이렇게 말할 수 있다. "Our father, who art in Cleveland." 이러면 내가 클리블랜드에 계시는 유일한 우리 아버지에 대해 말하고 있다는 사실을 누구나 이해할 것이다. 그리스어 신약성서엔 콤마가 없었는데, 번역을 거친 이후 그 의미를 이해하기 쉬워졌다. 성제롬Saint Jerome이 번역한 것은 "Pater noster, qui es in caelis." 비제한적이다. 듣기만 해도 콤마를 감지할 수 있다. 영국 성공회 기도서(1662년)에 영역되어 실린 문장은 "Our Father, which art in Heaven". 역시 비제한적이며, 훗날 "who"로 바뀐 "which"에서 성공회의 영향이 드러난다. 여기서 신은 창조주이고 아버지로 비유되었으며 일신교의 전통에 따라 오직 하나뿐이다. 그러나 1988년에 출간된 현대 성공회 성서는 "Our Father in heaven"으로 단순화하여 제한적 용법을 사용했다. 이는 지상의 아버지가 아닌 천상의 아버지를 뜻한다. 1928년 이후 가톨릭과 성공회에서 썼던 현대 영어 성서엔 콤마 없이 "Our Father who art in heaven"이라 적혀 있다. 아무래도 좀 어색하다. 콤마 없는 제한적 용법은 더 단호하다. 여차하면 지상의 아버지를 내칠 기세다. 콤마 있는 비제한적 용법은 그가 우리 모두의 아버지임을 시인하면서 그의 소재所在를 언급한다.

나는 종교인은 아니다. 그래도 이 정도면 신비롭지 않은가?

*

〈뉴요커〉에서 처음으로 한 건 올린 후에 나는 편집부 도서실에서 만난 친구 낸시 홀요크의 도움을 받으며 지냈다. 우리는 도서실에서 엄지손가락에 고무 골무를 끼고 일하는 사이좋은 자매 같았다. 그러다 그녀는 취합부로 올라갔는데, 나는 색인 작업을 3년 더 한 후에야 그녀와 같은 부서에서 일할 기회를 얻었다. 취합

collating이란 편집자, 작가, 교정자(보통 두 명), 팩트체커가 수정한 사항이 모두 인쇄에 반영되도록 깨끗한 교정지에 옮겨 적는 작업이었다. 내게 유리한 일은 아니었다. 내가 손으로 쓴 글씨를 남들이 쉽게 알아봐야 했는데 나의 필체는 초등학교 3학년부터 악화되고 있었다.

취합을 해보니 이곳이 어떻게 돌아가는지 알 수 있어서 좋았다. 취합은 모든 것이 연계되고 합해지는 단계였다. 나는 교정자의 수정 사항을 옮기면서 교정자가 하는 일을 배웠다. 한번은 명예훼손 소송 전문 변호사의 지루한 질의 사항을 축약하는 바람에 곤경에 처한 적이 있었다.(그럴 때는 고무도장을 쓰게 하면 좋았을 텐데.) 수효 또한 〈뉴요커〉 스타일로, 예컨대 "three hundred and sixty-five dollars a week"로 적어야 한다고 배웠다. 낸시가 이것을 내게 가르쳐줄 때 나는 "이렇게 쓰면 안 되잖아"라고 말했다. 난 수표를 쓸 때 "and" 없이 "three hundred sixty-five dollars"로 써야 옳다는 것을 알고 있었다. 낸시는 "그래도 여기선 이렇게 해"라고 응수했다. 좀 건방지게 들렸지만 어쨌든 그녀는 내가 배운 대로 하지 않으면 다 헛수고라는 사실을 분명히 알려줬다. 언젠가 낸시가 "네가 실수하면 내가 알려줄까?"라고 묻기에 내가 좋다고 했더니, 분하게도 내가 교정지의 수정 사항을 잘못 이해하고 그냥 붙여 써야 할 단어에 하이픈을 넣었다는 것을 알게 됐다. 취합 중에는 한 번에 한 페이지씩, 세 번 재확인하라는 가르침도 받았다. 한 페이지를 마치면 아까 했던 대로 한 줄씩 보고, 다시 한 줄씩 보고, 또 마지막으로 한 번 더 봤다. 마지막 확인은 글을 읽지 않고 기계적으로 수정 사항만 봤다. 지면 상단에서 시작해 시계 방향으로, 오른쪽 여백을 따라 내려와서 하단을 지나 왼편으로 올라갔다. 내가 뭔가를 놓칠 수 있다는 사실을 스스로 인정해야 했다. 그러지 않으면 내가 놓친 것을 잡을 수 없었으니까.

취합부장 에드 스트링엄은 수십 년간 〈뉴요커〉에 몸담으며 잡지를 위해 봉사하다 등에 혹이 생겼다. 평소 그는 오후 3시경에 출근했다. 그는 자신의 야심 찬 독서 목록을 흑백 표지 공책 여러 권에 기록했다. 그는 그때그때 관심 있는 특정 문화의 음악과 미술에 관한 책을 섭렵했다. 그리스에서 로마를 거쳐 유럽의 모든 나라에 체계적으로 접근했다. 프랑스, 독일, 스페인, 아이슬란드, 노르웨이, 스웨덴, 덴마크, 페로제도. 그는 특히 '철의 장막' 뒤편에 있는 나라들, 이를테면 폴란드, 체코슬로바키아, 헝가리, 루마니아의 문학에 심취했다. 그에게 〈뉴요커〉는 지긋지긋했다. 그가 무척 읽고 싶어 하는 것이 〈뉴요커〉에 실리면(예를 들면 스위스 작가 막스 프리슈의 『홀로세의 인간Man in the Holocene』의 번역판) 그는 그것이 책으로 나올 때까지 기다렸다. 〈뉴요커〉의 12포인트 캐슬런Caslon체로 인쇄된 글은 무엇이든 재미있게 읽을 수가 없었기 때문이다. 그는 자신이 맡은 모든 일을 분할했다. 단 두 페이지를 맡아도 그랬다. 더 긴 글이면 큼직큼직하게 나눴다. 일이 끝나면 그는 사무실에 남아 제도판같이 경사진 큰 책상이나 너덜너덜한 안락의자에서 책을 읽으며 담배를 피우고, 매점에서 사온 커피와 그 주변에 설탕을 뿌렸다. 그의 조수였던 나는(사람들이 나를 그의 '동료'라고 듣기 좋게 부르긴 했지만) 작은 부속실 책상에서 일했다. 에드는 제이 매키너니Jay McInerney의 소설 『밝은 불빛, 대도시Bright Lights, Big City』에 등장하는 고스트라는 인물의 모델 같았다. 밤에 복도를 어슬렁대는 백발의 창백한 남자. 나는 잭 케루악의『다르마 행려』속에서 에드에 관한 얘기를 발견했다. 그는 컬럼비아에서 만난 케루악, 긴즈버그와도 아는 사이였고, 술을 한두 잔 마시면 "좋다마다" 같은 말을 내뱉기 시작했다.

취합 작업에서 큰 고비는 이른바 '굴드 교정지'였다. 엘리너 굴드는 〈뉴요커〉의 전설적 문법학자이자 질의·교정자였다. 그녀는—멘사의 회원일 뿐만 아니라 멘사 내부에서도 임원 같은 부류에 속하는—공인된 천재였고, 숀은 그녀를 전적으로 신뢰했다. 그녀는 교정쇄를 전부 읽었다. 다만 픽션은 예외였다. 마르셀 프루스트나 애니 프루, 나보코프나 맬컴 글래드웰을 가리지 않고 그녀가 모든 작가를 똑같이 대했기 때문에 수년 전부터 윗선에서 그녀에게 픽션을 맡기지 않는 것 같았다. 명료성은 엘리너의 준칙이었고,『파울러의 현대 영어Fowler's Modern English』는 그녀의 성경이었다. 그녀의 손을 거친 교정지를 보면 연필로 그은 선이 온통 꼬불꼬불했다. 사실에 근거한 글은 세로 단이 90개에 달하는 경우도 있었는데, 그래도 숀은 그녀의 모든 질의를 빠짐없이 처리했다. 엘리너 굴드의 질의 중 압권은 어린이를 위한 크리스마스 선물에 관한 것이었다. 그 글을 쓴 작가는 옛날에는 모든 래기디 앤Raggedy Ann 인형 속의 작은 나무 심장에 "I love you"라는 글귀가 쓰여 있었다는 말을 반복했는데 엘리너는 여백에다 "그렇지 않았다"라고 썼다. 그녀는 어렸을 때 그녀의 래기디 앤 인형의 흉부를 절개하고 그 심장에 아무것도 쓰여 있지 않다는 사실을 직접 두 눈으로 확인해봐서 알고 있었다.

루 버크Lu Burke는 엘리너의 옆 사무실에서 일했다. 그녀의 책상

맞은편 벽엔 제임스 서버가 연필로 그린 자화상과 축구 선수, 그리고 타자기 앞에서 망연자실한 남자의 모습이 보였다. 그녀는 자존심이 강한 교정자였다. "교정지는 아무나 읽는 게 아니야"라고 말하곤 했다. 루는 앞서 〈라이프〉에서 근무했다. 〈뉴요커〉에선 픽션을 담당하면서 정확한 용법보다 작가의 목소리를 더 중시했고, 만화 속 대사와 뉴스 기사도 편집했다. 그 외에 다른 출판사의 실수를 풍자할 뿐 아니라 자사의 실수에 대한 각성을 촉구하는 칼럼도 그녀의 소관이었다. "〈뉴요커〉의 영광의 시절은 영원히 지나갔습니까?" 마음이 상한 한 독자가 타자기로 작성해서 보낸 편지의 한 구절이었다. 그는 우리 잡지의 지면 중에서 chaise longue기다란 의자이 "chaise lounge"로 잘못 표기된 부분을 발췌해서 함께 보냈다.(오하이오에선 후자처럼 발음하는데.) 이에 루는 아무도 모방할 수 없는 쾌한 필체로 "확실히 지나갔군요!"라는 의견을 덧붙여 그 편지를 회람시켰다. 이후 난 그와 같은 실수를 두 번 다시 하지 않았다.

루는 굽이 낮은 신발을 신고 청바지와 스웨터를 입고 장식이 달린 귀고리를 착용했다. 짧은 회색 머리에 새파란 눈동자를 지녔다. 그녀는 복도를 교도관처럼 순찰하듯 다녔고—그녀의 옆구리에 열쇠 꾸러미가 있는 듯했고—원고를 다루는 모든 신입 사원에겐 공포의 대상이었다. 인쇄물을 보석상이 감정하듯 살폈던 그녀의 책상 위엔 늘 확대경이 있었다. 바늘구멍이 송송 난 뚜껑이 달린 깡통 하나도 책상에 놓여 있었다. 피자 가게에서 볼 수 있는 고춧가루 용기만 한 크기였는데, 그녀는 이것을 갈색 종이로 감싸고 그 위에 콤마를 여러 개 그려놓고 "콤마셰이커Comma Shaker"

라고 적었다. 이것은 〈뉴요커〉의 '정밀한' 구두점 스타일에 대한 루의 비평이었다. 그녀는 우리가 콤마를 너무 많이 쓴다고 생각했다. 『파울러』 대신 『마인드 더 스톱Mind the Stop』이라는 얇은 책을 선호했던 그녀는 〈뉴요커〉 스타일의 일부가 우스꽝스럽다고 여겼다. 예를 들면 IBM은 오래전부터 스스로 점 없이 표기했는데 우리는 굳이 "I.B.M."이라고 썼다. "Time, Inc."엔 꼭 콤마를 찍었다. 실제로 그 출판사에서 쓰는 표기법(과 더불어 inc.와 ink 간의 말장난)을 망각한 듯이. 하여튼 이런 문제를 루만큼 열성적으로 지적한 사람은 없었다.

루는 거의 모든 면에서 엘리너와 반대였다. 그녀는 스스로 말했듯 글이 '무표정하게' 되는 것을 원치 않았다. 엘리너는 문장을 자신의 논리에 부합시키려 했고, 루는 거기에 생기를 불어넣으려 했다. 또 다른 동료인 앨리스 퀸Alice Quinn, 편집자은 언젠가 루가 편집 과정을 설명하면서 했던 말을 내게 들려줬다. "앨리스, 먼저 바윗돌을 치우란 말이야. 그다음 자갈을 골라내고. 그다음 모래를 빼내. 그럼 작가의 목소리가 살아나. 아무 손해 없이." 마치 장난으로 어린애에게 겁을 주듯 루가 새파란 눈으로 앨리스를 쏘아보는 모습이 눈에 보이는 듯했다. 그녀가 마친 교정은 그녀의 태도와 필체처럼 또랑또랑하고 설득력이 있었다.(그래, 그녀는 골목대장이었다.) 그녀에게 물어보려고 뭔가를 그녀 앞 책상 위로 가져가면—가령 선행사에 관한 미묘한 문제를 묻더라도—그녀는 눈에 거슬리는 오자를 포착해서 알려주곤 했다. "이 o는 빼." 이건 memento의 흉한 오자를 가리키며 한 말이었다.

취합 중 나의 판단은 예외적인 경우에만 필요했다. 예를 들면 작가와 교정자 간에 이견이 있는데 편집자가 어느 쪽을 선호하는지 불분명할 때, 또는 작가나 팩트체커가 무엇을 첨가할 때였다. 후자의 경우엔 교열을 거치지 않았으니 스타일을 정해야 했다. 취합부에서 근무한 시절 초기에 내가 내린 결정 중 하나는 copy edit의 스타일이었다. 나는 이것을 한 단어로 만들었다. "copyedit." 다음 날 엘리너 굴드는 내가 그렇게 고친 것을 되돌리고 스타일 메모까지 발부했다. 앞으로 명사 "copy editor"는 두 단어로 띄어 쓰고, 동사에는 하이픈을 넣어야 했다. "to copy-edit." 기이한 일이었다. 나는 결정을 내릴 때마다 나의 직감을 따랐는데 나중에 가서 보면 매번 엘리너 굴드의 결정과 반대였다.

취합 중에 작가에게 받은 교정지는 큰 지뢰밭이었다. 취합과 교열copy editing(두 단어로 된 동명사)이 겹치는 지점이기 때문이다. 나의 임무는 텍스트를 바로잡거나 개악하지 않고 교정지에 표시된 사항을 있는 그대로 (알아보기 쉽게) 서기처럼 옮겨 적는 것이었다. 그러나 오자까지 그대로 옮길 수는 없는 노릇이었다. 그렇다고 내가 주제넘게 거기에 괄호 속 물음표를 덧붙인들 알아줄 사람은 없었다. 다들 그게 누구의 짓인지 몰라 어리둥절할 만했다. 철자를 정정하는 일은—예컨대 annihilate에서 n이 두 개인지 확인할 때처럼—정답이 딱 정해져 있지만, 작가가 어떤 대상에 대해 immanent내재적라고 썼을 때 그의 의도를 판단하는 일은 그렇지 않았다. 실수일까? 아니면 철학적 견해일까? 나는 immanent의 용례 중에 이 단어의 의미를 명확하게 드러내는 것을 한 번도 본 적이 없다. 나는 엘리너 굴드에게 물어봤다. 그녀는 그 글을 읽고 친절하면서도 귀에 약간 거슬리는 목소리로 말했다. "이건 imminent^{임박한}로 봐야겠네.”

여태껏 내가 전혀 보지 못했고 사전에서도 찾을 수 없는 단어들을 자주 만났다. 그렇다고 존재하지 않는 단어는 아니었다. 내가 보지 못했을 뿐이다. 내가 보고 싶어 하지 않았기 때문에 그랬을 수도 있겠다. 나는 회의적이고 자기중심적인 성향이 있어서 심지어 내가 본 적이 없는 단어는 존재하지 않는다고 생각했다. 어느 해 크리스마스 식품 목록을 소개한 작가가 “terrine”을 써놓았다. “a terrine of foie gras.(푸아그라 한 테린.)” 난 “terrine”이란 단어를 본 적이 없었고(실제로 푸아그라가 가득 담긴 테린은 말할 것도 없고) 사전에서도 찾을 수 없었다. 리틀 레드웹에도, 무삭제본에도 없었다. 그래서 난 그것을 “tureen”으로 고쳤다. 차라리 punchbowl로 고치느니만 못했다. 내가 고기 파이를 많이 먹어보지 못한 가정에서 자랐다는 사실이 변명이 될 수는 없었다.(우리 가족 식탁에서 제일 사랑을 받은 것은 브라운 서브롤^{Brown 'n Serve rolls}이었다. 엄마가 이걸 자주 태워서 우리는 블랙 서브롤이라 불렀다. 우리 가족은 마가린을 먹었는데, 언젠가 내가 큰 식당에서 처음으로 버터를 먹고 맛이 이상하다고 불평했더니 같이 있던 대학 친구가 나를 무지하게 놀렸다.) 다행히 조직의 절차에 따라 작가를 포함한 몇 사람이 다음 날 교정지를 검토했고, 그 단어는 잡지에 “terrine”으로 실렸다.

*

내가 마침내 교열자가 된 이후, 다시 예전처럼 글을 즐기면서 읽을 때까지는 오랜 시간이 걸렸다. 나는 무슨 글이든 내 눈에 보이는 족족 교열했다. 포크너의 작품 중 내가 갖고 있던『촌락The Hamlet』문고본은 오자가 너무 많아서 등장인물 플렘 스놉스를 망칠 지경이었다. 그래도 이따금 교열 작업용 책상 앞에 편안히 앉아 있기만 해도 기분이 좋았다. 작가들 중엔 그리 뛰어나지도 않고 발전의 기미도 보이지 않는 경우가 있었다. 피겨 스케이팅 선수에 비유하자면 기술 점수는 꼬박꼬박 땄는데 예술적 표현력이 부족하고 의상도 볼품없는 경우에 해당한다. 흥미로운 주제를 솜씨 좋게 다루지만 맞춤법과 구두법에 너무 부주의해서 매력이 떨어지는 작가들도 있었다. 이와 달리 매우 세련된 산문을 구사하는 작가를 만나면 내가 그 글을 읽으면서 월급을 받는다는 사실이 믿기지 않았다. 존 업다이크, 폴린 케일Pauline Kael, 마크 싱어, 이언 프레이저Ian Frazier! 어찌 보면 이런 글이 가장 어려웠다. 읽으면서 내가 만족감에 도취됐기 때문이다. 그들의 글은 교열자가 제어할 수 있는 범위를 벗어나 있었다. 흠잡을 데 없는 원고에서 내가 끼어들 기회를 찾기 위해 계속 집중하기가 쉽지 않았다. 하지만 그러다 뭔가를 놓친다면 그것을 변명으로 삼을 수는 없었다. 철자의 스타일만 정하면 되더라도 이 또한 부담스러웠다. 올리버 색스는 어렸을 때 화학 실험 시간에 배운 대로 "sulphur"와 "sulphuric"을 고수했다.(〈뉴요커〉는 이보다 싱겁게 "sulfur" "sulfuric"으로 표기했다.) 나는 이전에 노라 에프론이 항공사의 고객 우대 규정을 패러디한「단골 여행객들께Dear Frequent Travelers」라는 글을 맡았다. 〈뉴요커〉는 l이 두 개 있는 travellers를 쓰는데, 아무래도 항공사에서 그렇게 쓸 것 같진 않았다. 보통 회사에선 l을 하나만 쓸 듯싶었다. 그래서 난 그대로 뒀다. 나중에 루 버크는 여기에 l을 추가했는데, 아마 그러면서 교열자들이 형편없다고 투덜거렸을 것이다. 결국 내가 고심 끝에 내린 결단은 빛을 보지 못했다.

폴린 케일이 pervert 대신 "prevert"를 쓴 적이 있었는데 알고 보니 그녀가 실수로 쓴 것이 아니었다.(자크 프레베르의 작품을 비평하며 쓴 것도 아니었다.) 다행히 그녀는 친절했고, 누군가 수정을 잘못하면 그를 탓하지 않고 그냥 원래대로 고쳐놓았다. 케일은 마지막 순간까지 수정을 거듭했다. 작가의 수정과 우리의 작업량이 비례하는 상황에서 작가가 '도넛'을 '커피 케이크'로 고치고 다시 '도넛'으로 바꿨다가 또다시 '커피 케이크'라 하면 우리는 화가 났지만 케일의 수정은 언제나 개선이었다. 한번은 내가 조판부에 있을 때 그녀가 손에 교정지를 들고 내게 다가왔다. 그녀는 뭔가를 적당하게 수정할 방법을 찾지 못해 고민하고 있었는데 마침 주위에 물어볼 사람이 나밖에 없었다. 우리는 앞서 18층 여자 화장실에서 얘기를 주고받은 적이 있었다. 내가 교정지를 보고 제안을 하나 했더니 그녀는 기뻐했다. "이제야 해결됐네요!"라며 그녀는 안도의 한숨을 내쉬었다.

존 맥피의 지질학 관련 글을 교열할 기회가 있었다. 그때 내가 맡은 「수상한 지대에서In Suspect Terrain」는 I-80 고속도로에 관한 것이었다. 나는 I-80을 잘 알고 있었다. 오하이오와 조지워싱턴브리지, 우리 부모님의 집과 내가 사는 집을 잇는 도로다. I-80은 오랜 세월에 걸쳐 생겼다. 1970년에 내가 대학에 입학하러 처음으로 동쪽 뉴저지로 갈 때 난 아버지와 함께 펜실베이니아 턴파이크turnpike. 유료 고속도로를 이용했다. 도중에 노리스타운을 그냥 지나칠 수 없어서 킹오브프러시아 모텔에서 묵고 혼앤드하다트에서 먹었다.(자판기가 진짜 좋았다. 우리는 샌드위치와 조각 파이를 고르고 조그만 유리창을 열어서 꺼냈다.) 이듬해, 델라웨어 협곡까지 이어지는 I-80이 개통되었다. 우리는 I-80 도로변에 차를 세우고 엄마가 싸준 샌드위치를 먹었다. 이후 나는 이 도로를 이용하면서 정차한 적이 많았는데, 예전에 아버지와 처음으로 갔을 때 멈춰 섰던 곳, 장대하고 아름다운 풍경이 펼쳐진 그 도로변을 다시 찾을 수가 없다. 그곳이 변했든가 아니면 내 눈에 더 이상 멋있게 보이지 않을 뿐인지 모르겠다. I-80은 해마다 동쪽으로 뻗어가서, 마침내 나는 델라웨어 강변의 46번 도로를 굽이굽이 돌아갈 필요가 없어졌다. 지금은 물론 I-80에서 벗어나 뉴저지를 통과하는 다른 길들을 발견하는 재미가 쏠쏠하다.

맥피의 글을 교열하는 동안 나는 침착하려 애썼다. 할 일은 별로 없었다. 맥피는 존 업다이크처럼 군더더기 없는 글을 써냈고, 게다가 그의 편집자—예전에 녹색 고무장화를 신고 승강기를 탔던—팻 크로의 작업은 깔끔하고 명확했다. 정말로 난 읽기만 하면 됐다. 내가 들은 바에 따르면 맥피는 그의 원고와 교정지를 대조하면서 〈뉴요커〉에서 손댄 것을 일일이 확인했다. 나는 때때로 철자를 확인하기 위해 사전을 찾아봤고(맥피의 철자는 늘 정확했지만 그래도 난 확인해야 했다), 복합어에 하이픈을 넣을지, 하이픈이 있는 글자를 그냥 붙여 쓰거나 두 단어로 띄어 쓸지, 또는 하이픈을 되살릴지 결정했다. "Interstate 80"의 첫 글자를 대문자로 쓰고, "I-80"에 하이픈을 넣고, "the interstate"를 소문자로 쓰는 것 역시 나의 임무였다.

그런데 「수상한 지대에서」의 2부에서 다음과 같은 문장을 읽었을 때 나는 실수를 발견했다고 생각했다. "그래도 바위기둥은 모두 비슷하며, 여기저기 틈새를 보인 채 떨고 있다. 이들의 미래는 얕은 착정식 보링과 새롭고, 드문new, and far between 지진 연구에 크게 의존한다." 손이 근질거리는 교열신이 문지방을 넘을락 말락 했다. 나는 그 여신을 영접하고 싶었다. 콤마에 손댈 생각은 없었지만 "새롭고, 드문"을 '적고, 드문few, and far between'으로 꼭 고치고 싶었다. 맥피가 저지른 끔찍한 실수를 내가 막아줄 것 같았다. 당시 나의 교열 작업이 끝나면 그 글을 읽을 사람들이 줄을 서 있었다. 엘리너 굴드부터 교정자 부대까지, 나보다 더 예리한 사람들이었다. 하지만 그들은 "new"가 few의 오자라고 판단하지 않았다. 만약 그들이 긴가민가했으면 담당 편집자를 통해 작가에게 문의할 수 있었고, 그건 실례도 아니었다. 하여튼 난 작가가 상투어를 잘못 쓴 것 같아 고치고 싶어 미칠 지경이었다.few and far between은 아주 드물다는 뜻의 관용구. 그날은 금요일이었다. 내가 요일까지 기억하는 이유는 만일 내가 그걸 고치면 실수를 저지른 것 같다는 예감에 주말 내내 시달릴 것이고, 이런 예감은 확신으로 급변하기 일쑤였기 때문이다. 사실 내가 저지를 수 있는 실수는 두 가지였다. 나의 영역을 넘어서는 것, 그리고 맥피의 정교한 산문에 흠을 내는 것.

결국 나는 손을, 연필을 쥔 그 근질거리는 손을 움직이지 않았고, 가벼운 마음으로 주말을 보냈다. 그날 그것을 그대로 놔두고 사무실을 나서자마자 마음이 편안해졌다. 맥피가 few를 써야 할 자리에 오자, 심지어 오타를 냈을 거라는 생각을 도대체 내가 왜 했을까?

현수분사dangling participle. 주어가 명시되어 있지 않은 분사 또한 판단을 요하는 흔한 문제다. 현수분사를 쓰면 문장의 주어를 분사와 결부시키거나 분사구에 별도의 동사를 부여하여 그것을 절로 전환할 수 있다.

현수분사의 대표적인 예는 화물차 검량소 앞의 표지판이다. "트럭은 점등하면 진입하시오." 분사구는 보통 주어와 결합한다. 비록 우리는 "트럭은 점등하면 진입하시오"를 보고 '신호등이 켜지면 트럭이 진입하면 된다'라고 이해할지라도 문법적으로만 보면 점등하는 것은 트럭이다. 적절하게 쓰인 분사의 예를 찾던 중에 나는 낚싯바늘에 걸려 꿈틀대는 피라미를 떠올렸다. 만약 그럴 때 대어가 다가오면 피라미는 아마 이렇게 말할 것이다. "알고 보니 나는 미끼였다." 그렇다. 분사구 "알고 보니"는 주어 "나"와 결합한다.

보통 사람들은 현수분사에 개의치 않으며, 우수한 작가들도 종종 현수분사를 구사하다 실수한다. 개중에 완고한 작가는 꼭 필요해서 그렇게 쓴 체하며 현수분사에 매달린다. 그가 잘 이해하는 의미를 그 문장이 전달해준다고 생각하기 때문이다. 이런 작가는 곧 끊어질 밧줄에 매달려 다른 나뭇가지로 건너뛰려는 셈이다. 대개 현수분사는 명백하게 완벽한 수정이 불가능하며, 따라서 형식적으로 흠이 있더라도 작가, 때로는 편집자조차도 그것을 그대로 두게 된다.

언젠가 나는 "온실 안의 찻잔 위로, 그녀의 기분이 우울해졌다"

라는 문장에 반대했다. 그러자 편집자가 "그냥 두면 안 돼요?"라고 짜증스레 말했다. 나는 그녀의 기분이 찻잔 위를 떠도는 것은 아니라고 주장했다.(뭐, 그럴 수도 있겠지만, 그날 나는 유독 직해를 하고 싶었다.) 결국 문장이 바뀌었다. "우리가 온실 안에서 차를 마시는 사이, 그녀의 기분이 우울해졌다." 이러면 눈에 튀는 것은 없는데 현수분사가 있을 때보다 왠지 침울한 분위기가 덜하다.

작가가 뛰어날수록 현수분사는 더 복잡해진다. 다음은 훌륭한 소설가 에드워드 오빈Edward St. Aubyn의 문장이다. "그의 할머니가 계신 요양원의 기다란, 물청소하기 쉬운 복도를 걸으면서, 간호사의 구두 고무창이 찍찍 끌리는 소리는 그의 가족의 침묵을 더욱 병적으로 느끼게 만들었다." 산문의 마법사가 쓴 소설 네 편이 실린 680쪽 분량의 책에서, 정교하게 다듬어진 수만 문장 중 하나에서 흠을 찾아내는 것이 심술궂게 보일 수 있겠다. 그래도 나는 한다. "기다란, 물청소하기 쉬운 복도를 걸으면서"(박봉을 받고 복도에서 대걸레질하는 청소부, 바닥에 굳은살처럼 두껍게 칠해진 왁스, 희미하지만 가시지 않는 오줌 냄새를 떠올리게 하는 문구)의 주체는 "찍찍 끌리는 소리"도 아니고 (섬뜩하게 위생적인) "간호사의 구두 고무창"도 아닌, 소유격에 묻혀버린 "간호사"다.

이 문장을 수선할 배짱이 있는 편집자에게 주어지는 방안은 두 가지다. 하나는 분사구에 능동의 주체를 부여하는 것이다.("그의 할머니가 계신 요양원에서 간호사가 기다란, 물청소하기 쉬운 복도를 걷는 동안, 그녀의 구두 고무창이 찍찍 끌리는 소리는…….") 또는 주어가 분사구의 수식을 받도록 주절을 고쳐볼 수도 있다. "그의 할머니가 계신 요양원의 기다란, 물청소하기 쉬운 복도를 걸으면서, 간호사는 그녀의 구두 고무창이 찍찍 끌리는 소리로 (…)" 이러면 또 꼬여버린다. 침묵을 더욱 병적으로 느끼게 만드는 것은 간호사가 아니라 찍찍거리는 소리다. 나는 이 문장을 개선할 방법을 모르겠다. 만약 이 문제를 작가에게 얘기하면 그는 고쳐 쓰거나, 잘못된 점이 없다고 말할 것이다. 따라서 자연스럽게 세 번째 방안이 생긴다. 그냥 두면 된다. 현수분사를 고치는 것보다 감수하는 게 더 쉬울 때가 있다. 이번 예문의 경우, 우리가 이유를 알든 모르든 불균형을 이루는 그 꺼림칙한 현수분사가 <u>으스스</u>한 요양원의 복도를 걸어가는 느낌을 전하는 데 도움이 된다.

얼마 전에 나는 독보적인 조지 손더스의 글에서 현수분사를 다뤄야 했다. 픽션 작가인 손더스의 문체는 조야할 때가 많다. 착하고 가정적이지만 어리석은 남자의 일기 형식을 빌린 그의 글(『셈플리카걸 다이어리The Semplica-Girl Diaries』)을 이틀간 읽었더니 나 역시 손더스의 파편화된 글발처럼 생각하기 시작했다. 촌놈처럼 말하는 사내. 타잔 같은 내적 대화. 집에 가서, 독한 거 한잔, 이왕이면 네그로니.(보드카 말고 진.) 내일 다시 하자.

현수분사에 사람들이 익숙하다는 것을 알면서도 나는 그 이야기의 첫 단에 있는 현수분사를 고치고 싶은 마음을 억누르기 힘들었다. "학교에서 애들을 데려오는데, 범퍼가 파크 애버뉴에서 떨어졌다." 손더스의 문장을 형식적으로 보면 범퍼가 학교에서 애들을 데려오고 있다.("파크 애버뉴"는 낡은 뷰익 자동차를 뜻한다.) 그렇지만 이것을 고치면 어투가 손상된다. 화자의 일기는 간략한 메모같이 쓰여서 주어가 자주 생략된다.("서서 집을 바라보는데, 슬펐다.") 범퍼 문장을 고치는 가장 쉬운 방법은 앞의 구에 주어를 넣어서 온전한 절("내가 학교에서 애들을 데려오는데")로 만드는 것이지만 이러면 글맛이 줄어든다. 우리는 타잔이 정규교육을 받았다고, 아니 적어도 교육방송을 시청했다고 믿고 싶을지라도 그의 말투를 바꾸고 싶어 하진 않는다. 글이 전보 같은 문체로 쓰였기 때문에, 나는 그 문장에서 '내가'가 암시되어 있고 범퍼는 (떨어지기 전까지) 눈에 띄지 않게 붙어 있었다고 이해했다.

글 중에 숫자(수사)도 있었는데 나는 이를 본능적으로 건드리지 않았다. 일기에 가계부를 쓸 때 $200을 "two hundred dollars"라고 적을 일은 없다. 글 중에 덧셈표와 등호도 있었다. 대화문엔 따옴표가 없었다. 작가의 목적은 "미래의 사람들"을 위해 "시대의 삶을 보여주는" 것이다. 그러니 미화할 필요가 없다. It is to be hoped that 대신 "hopefully"를 써도, 소괄호 안에 또 소괄호를 써도 (대괄호보다는 나으니) 괜찮다. "He too once had car whose bumper fell off(그의 차 범퍼도 떨어진 적이 있다)"에서 "too"의 앞뒤에 콤마가 있을 거란 기대는 버려야 한다.

내가 묵과할 수 없는 것은 철자다. 작품 속 어린아이가 쓰는 몇 단어("herts" "daulter")는 작가가 고의로 틀리게 만든 것이라 고칠 필요가 없었다. 하지만 단지 다를 뿐 틀리진 않아서 작가가 고칠 것 같지 않은 철자들도 있었다. 예를 들면 우리는 끝에 ue가 붙는 예스러운 catalogue를 선호하고, 앞서 언급했듯 접미사 앞에서 강세 없이 발음되는 자음자를 두 번 쓴다. totalling, traveller.(나의 자동 교정기는 이런 군글자 l을 억지로 참고 있다.) 다행히 조지 손더스는 자동 교정기와 달리 이런 철자법을 수용했다. 작품 속 화자가 철자를 이런 식으로 쓰진 않겠지만 독자는 알아차리지 못한다. 사실 〈뉴요커〉의 독자는 우리가 철자를 이런 식으로 쓰지 않으면 알아차릴 것이다. 어쨌든 정자법을 명분으로 독자의 몰입을 방해할 수는 없다.

화자의 딸 릴리^{Lilly}의 이름 철자에 대해 질의하고 싶진 않았다. 나라면 l을 한 번만 썼겠지만, 그녀는 내 딸이 아니다. 조지 손더스에 의해 말하는 화자의 딸이다. 자기 딸의 출생신고서를 작성한 그 화자보다 더 잘 아는 사람이 어디 있겠는가? 이런 경우와 달리, 한 등장인물이 그의 회사에서 화자의 봉급을 "garner^{비축}"할 거라고 말하자 화자의 아내 팸이 "garnish^{압류}"라고 쌀쌀맞게 정정하는 상황이 있다. 나는 한발 더 나아가고 싶었다. 일반적으로 동사 to garnish는 칵테일을 만들 때 마지막에 오렌지 조각 같은 것을 올려 장식한다는 뜻이다.(아까 그 네그로니에 어울리겠다.) 여기서 정확한 단어는 garnishee다. 사실 『웹스터』는 표제어 garnish의 뜻풀이 중에 garnishee를 부기했지만, 우리는 규정상 다른 단어 아래 소형 대문자로 덧붙은 단어가 아니라 『웹스터』에서 선호하는 철자, 즉 볼드체로 인쇄되고 정식으로 정의된 단어를 사용한다. 『웹스터』는 사람들이 비표준 철자로 사용하는 단어도 많이 포함하고 있다.(『웹스터』는 올바른 철자를 설명하면서 miniscule이라는 야만적 철자를 포함하고 있는데, 예전에 루 버크는 내가 minuscule 대신 i가 두 개 들어간 철자를 허용했다고 생각하고 나를 몰아세운 적이 있다.) 그래서 나는 교정 작업의 끝을 이 질의로 장식했다. 팸은 남의 말을 바로잡는 중이고 남편보다 더 똑똑하니 그녀의 말이 정확하면 안 될까요?

나의 질의를 어김없이 작가에게 전한 편집자는 나중에 작가가 거절했다는 소식을 내게 알려줬다. 그리고 이런 말도 했다고. "그 사람이 나보다 많이 알진 못할 거예요."

좋다. 내 봉급을 압류하라. 어차피 맞춤법은 핵심이 아니니까. 핵심은 단어니까. 압도적인 효과를 위해 적절한 순서로 쓰인 적절한 단어들. 교열자의 임무는 단어를 적절한 철자로 쓰는 것이다. 하이픈 넣고, 하이픈 빼고. 반복하고. 철자의 함의를 기억하자. 철자도 필자의 직물이다.

'HEESH' 문제

　나는 항상 성sex과 성별gender의 의미가 헷갈린다. 프랑스어 수업 시간에 메리 에이브럼 수녀가 테이블(la table)이 여성이라고 가르친 순간부터 나는 의심스러웠다. 난 이유를 알고 싶었지만 그녀는 답하지 못했다. 그녀는 언어가 논리적이지 않다는, 혹은 논리적으로 설명될 수 없는 관용어도 있다는 생각을 내 머릿속에 주입하려고 노력했다. 테이블이 여성인 이유는 없다. 그냥 그렇다. 언제나 그랬고 영원히 그럴 것이다. 따라서 언어에는 우리가 관습에 의거하지 않으면 알 수 없고 해결할 수 없고 설명할 수 없는 것들이 많다. 이렇게 생각하던 에이브럼 수녀도 "내가 가장 최상으로 좋아하는 것"이라는 말이 틀렸다는 지적을 받았을 때는 반박했다. la table의 성별은 변하지 않더라도 성별의 의미는 변할 수 있다. 메리 에이브럼 수녀처럼. 그녀는 구약성서에서 따온 이름과 오랜 습관을 벗어던지고 수녀원을 뛰쳐나와, 흡연을 가장 최상으로 좋아하는 야한 계집이 되었다.

　나는 대학교 3학년 때, 여성학의 개척자 일레인 쇼월터가 강의하는 〈문학 속 여인들〉이라는 수업을 들었다. 논쟁이 한창이던 시절이었다. '미즈Ms.'라는 경칭이 새로 만들어졌고, 글로리아 스타이념은 〈미즈〉 잡지를 막 발행하기 시작했으며, 노먼 메일러는 시청에서 페미니스트들과 언쟁을 벌이고 있었다. 하지만 페미니즘은 내게 낯설었다. 난 그저 바지를 입고, 우리 엄마를 미워하고, 남자들을 냉대하면 되는 줄 알았다. 수업 중에 우리는 여인들의 선구적seminal 작품들을 읽었다. 『노란 벽지The Yellow Wallpaper』『자기만의 방』『구붓하게 베들레헴을 향해Slouching Towards Bethlehem』.(그때는 이런 문맥에서 seminal이란 단어를 쓰면 면박을 당하기 십상이었다. 그게 정액semen이랑 무슨 상관인데?) 성차별 언어에 대한 토론도 했다. '여자 작가'라고 부르면 모욕인가? '여자 운전자'만큼 듣기 싫은 말인가?

여자가 무엇이든 — 주방장, 우주 비행사, 대법관 등 — 될 수 있는 시대에 접어들면서 전통적으로 여성의 직업을 따로 나타내는 단어(hostess, waitress, usherette)는 점차 사라졌다. 파울러는 여자의 선거권(파울러식으로 말하면 '여성의 선거권')이 인정되기 시작할 무렵 『현대 영어 용법 사전』을 편찬하면서, 전통적으로 남자들이 차지했던 일자리를 얻는 여자들이 늘어날수록 '여성 호칭'이 더 많이 필요해질 것이라는 선의의 예상을 했다. 하지만 그 예상은 빗나갔다. authoress여류 작가는 유행하지 못했고, 빅토리아 시대 이후엔 생색내는 말로 들렸다. 그리고 내가 아는 여성 시인들 중에 poetess(또는 female poet)라고 불리길 원하는 사람은 없었다. 영어에서 여성 접미사는 지소사指小辭 같은 느낌을 준다. 이를테면 '가끔 시에 손을 대는 조그만 아가씨'.

이제 '미즈'는 의외로 널리 쓰이고(〈미즈〉 잡지도 여전히 발행 중이다), actress와 comedienne은 굴절 없는 actor와 comedian에 거의 포섭됐다. 우리가 새로운 중성 직명을 택한 경우도 있다. 비행기 안에서 남자도 커피를 나르기 시작하면서 stewardess가 flight attendant로 바뀌었고, 이제 식당에 가면 server가 있고, 우편물을 배달하는 사람은 postal carrier다. 〈가디언〉의 어법 전문가이자 아일랜드인인 데이비드 마시는 남녀 구별이 필요하면 "남성male과 여성female이라는 단어가 전적으로 적합하다"라고 제안하며 그래미 시상 부문을 예로 들었다. "최우수 국제 여성 아티스트." 그렇지만 적합한 단어에 대한 합의는 아직 이뤄지지 않았고, 상황에 따라서 여성이라 불리면 울컥하는 여자들도 있다. 그런 상황은 오직 생식기능에만 초점을 맞춰 여자를 넓적다리와 가슴살만 쓸모 있는 닭처럼 취급하는 것 같다.

lady doctor와 lady dentist라는 말을 쓰는 사람들도 있던데, 이는 직업에다 귀족적 취향과 생물학적 특성을 뒤섞은 괴상한 조어다. 남성에겐 부유한 지주를 뜻하는 gentleman farmer가 있다.(lady farmer는 동일한 효과를 내지 않지만 lady rancher라면 대응할 만하다.) male nurse와 male stripper, male prostitute는 여성의 요새에 남자들이 진출하고 있는 현실을 반영하는 교차 용어다. 일반적으로 영어에서 직명에 성별을 부기하는 것은 불필요하며 대개 모욕적이다. 유모와 산파, 마담처럼 생물학적 구별을 전제하는 몇몇 직업이 아니라면 왜 성별을 밝혀야 할까? 사실 강고하고 유용한 여성 어미를 지닌 불멸의 영어 단어도 약간 있다. 그리스어에서 온 heroine여걸과 라틴어에서 온 dominatrix가학적 성행위를 하는 여자. 한번 만나봐라, 성차별을 일삼는 녀석들아.

＊

로버트 그레이브스와 앨런 호지가 저술한 『당신의 어깨 너머로
보는 독자The Reader over Your Shoulder』 중에 성별에 관한 글이 있는데,
만약 에이브럼 수녀가 이 글을 인용했다면 우리의 고민을 많이
덜었을 것 같다. "영어는 (⋯) 구조적으로 유별난 이점을 지닌다.
우선 굴절이 드물고 성별이 없다. 비교적 단순화 경향이 약했던
로망어와 게르만어는 여전히 성별을 유지하며 굴절이 잦다. 이들
은 종교적 인습이나 금기를 위해 모든 개념—나무, 질병, 요리기
등—의 성을 가정하고 고려했던 원시시대 이래 살아남은 장식적
언어다."

여기서 그치지 않고 그레이브스가 덧붙인 말은 만일 내가 1969
년에 에이브럼 수녀에게 전해 들었으면 나의 학업을 덜 힘들게
만들었을 만한 것이다. "성별은 비논리적이다. 한편으로 실제 성
을 나타내지만(예: le garçon소년, la femme여자), 다른 한편으로 단어
를 변장시킨다(예: la masculinité남자다움, le féminisme페미니즘, le festin
향연, la fête축제)." 후사의 예를 보면 '남지다움'은 여성이고 '페미니
즘'은 남성이다.

나는 외국어에서 명사를 보고 성별을 추측하는 데 소질이 없
다. 거의 매번 틀린다. 예전에 내가 현대 그리스어에서 명사의 성
별을 완전히 터득하려고 간직했던 필기장을 얼마 전에 우연히 다
시 발견했다. 현대 그리스어에서 성별은 라틴어와 독일어같이
남성, 여성, 중성으로 구분되며 때때로 단어의 끝부분이 성별 파
악을 위한 단서를 제공한다.(-omicron sigma는 남성, -eta는 여성,

-omicron은 중성.) 하지만 우리를 속이기도 쉽다. 많은 단어들이 고대 이래 '타락'했기 때문에, 가령 남성 어미에서 시그마가 탈락한 중성 단어처럼 보일지라도 기실 고대부터 줄곧 여성인 경우도 있다. 나는 이러한 성별에 정통하려는 포부를 지니고, 연금술에서 비롯된 상징들을 각 명사 옆에 표기했다. 원 위에 발기하듯 위로 향한 화살표는 남성, 출산하는 모습처럼 원 아래 십자를 그린 것은 여성. 중성의 상징은 내가 발명했다. 원 밖에 화살표와 십자를 모두 그리고, 통행금지 표지처럼 원 안에 빗금 하나를 그었다. 가관이었다. 마치 내가 모든 명사를 우리 안에 가두려는 사람 같았다.

이후 나는 이탈리아어를 공부할 때, 자유연상을 기억술로 활용하며 모든 단어의 성별을 하나하나 힘겹게 외우려 했다. 직업을 나타내는 단어는 영어와 비슷해서 쉬운 편이었다. 이탈리아어에서 poetessa는 모욕이 아니다. 그저 시인의 여성형일 뿐이다. 이와 마찬가지로 dottoressa, contessa, professoressa는 각각 의사, 백작, 교수의 여성형이다. 그런데 유리잔을 뜻하는 bicchiere가 남성이라는 사실은 어떻게 기억하면 좋을까? 일단 발음이 비커와 비슷해서 화학과 더불어 남자 화학자 루이 파스퇴르가 떠오른다. 그러므로 bicchiere는 남성이었다. 하지만 역시 화학자였던 퀴리 부인도 떠올라서 헛갈렸다. 병bottle을 뜻하는 bottiglia 끝의 a를 보고도 이 단어가 여성이라는 확신이 들지 않을 때는 맥주병 라벨에 보이는 세인트 파울리걸St. Pauli girl을 생각했다. 우유를 뜻하는 latte는 남성이라서 직관에 반했다. 포유하는 사람은 여자니까. 나는 고민 끝에 내가 경험했던 밀크맨을 떠올렸다. latte, 남성.

물론 태어나자마자 성별 언어를 접하는 사람은 엄마의 (남성적) 젖을 먹으면서 이런 형식을 소화한다. 만약 내가 어린 시절에 라틴어를 배우며 놀았으면 나중에 커서 성별 개념을 이해하기가 한결 수월했을 것이다.

영어는 성별을 은연중에 지닌다. 우리는 예부터 선박을 '그녀 she'라고 지칭한다. 언뜻 보면 요즘은 그런 경향이 좀 약해진 듯하지만, 우리가 특정 보트에 애착을 느끼기 시작하면 그 보트는 '그것 it'에서 '그녀'가 되고 여성 이름을 부여받기 십상이다. 나도 내 자동차를 여성으로 지칭하는 것이 자연스럽게 느껴진다. 그녀는 나이 많은 에클레어. 내가 하프를 배우러 다닐 때 선생님의 집 거실에—금도금, 흑단 또는 새눈무늬 단풍나무로 제작된— 콘서트 하프가 가득했는데, 선생님은 내게 하프도 배와 같이 '그녀'라고 일러주었다. 배, 자동차, 하프가 이탈리아어에서 모두 여성명사라는 사실은 우연일까? la nave, la macchina, l'arpa. 우리에겐 모어 mother tongue(혀를 뜻하는 라틴어 lingua와 그리스어 glossa는 모두 여성)와 모국이 있다.(조국 fatherland도 있지만.) 미국은 영국의 딸이라 불린다. 여성처럼 남성도 은연중에 쓰인다. 1993년에 로레나 보빗이 그녀의 남편 존 웨인 보빗의 성기를 절단한 사건이 일어났을 때, 〈뉴요커〉의 청탁을 받은 한 유명 작가가 그녀의 재판에 관한 기사를 써서 익명으로 실으려 했다. 그의 글은 (게재되지 못했지만) 사내에서 지하신문처럼 돌아다녔다. 집을 나선 로레나 보빗이 아직도 자신이 남편의 성기를 손으로 쥐고 있다는 사실을 알아차린 상황을 묘사한 대목에서 작가는 "그녀는 그를 him 들판에 던졌다"라고 썼다. 물론 그 성기는 남성의 부속물이지만, 거기에 곧바로 문법적 성별을 부여한 것을 보고 나는 두 가지를 깨달았다. 자신의 성기에 대한 남자의 집착, 그리고 그 집착이 그의 어원과 직결돼 있다는 사실. 남자들이 거기에 인칭대명사를 붙이는 데는 그럴 만한 이유가 있다.

대명사는 심오하다. 내 친구는 언젠가 자기 아버지에게 "네 엄마를 그녀라고 부르지 마라"라는 말을 들었다. 내 친구는 그게 정확한 단어인데 뭐가 잘못인지 알 수 없었다. 하지만 그녀의 아버지는 그게 무례하게 들렸다. 그의 딸이 한낱 대명사로써, 즉 마크 트웨인이 그의 수필 「지독한 독일어」에서 독일어 대명사 sie(그녀)에 대해 썼듯 "단 세 글자로 된 작고 연약하고 가여운 것"으로써 어머니를 업신여긴다고 여겼다. 어쩌면 내 친구의 아버지는 '그녀'라는 말을 들으면 부녀가 연합해서 엄마를 적대시하며 대명사로 음모를 꾸미는 듯한 기분을 느꼈을 수도 있겠다. 하지만 왜 '그녀'가 모욕이 될까? 어째서 일개 대명사가 그렇게 많은 것을 표현할까? 독일어에서 모든 명사와 모든 관사(정관사, 부정관사), 형용사는 그 격과 성별에 따라 형태가 변한다. 성은 세 가지(남성, 여성, 중성)요, 격은 네 가지(주격, 대격, 여격, 속격)이다. 이러니 배울 게 엄청 많다.(트웨인도 나처럼 성별 때문에 애먹었다. 앞서 언급된 수필에서 그는 이렇게 적었다. "모든 명사에 성별이 있는데 성별을 나누는 이치나 체계는 없다. 그래서 각각의 성별을 일일이 외워야 한다. 다른 방도는 없다. 이렇게 하려면 두꺼운 비망록 같은 기억력이 필요하다. 독일어에서 젊은 숙녀는 성이 없는데 순무는 성이 있다. 순무를 그렇게 존중하게 만든 원인은 무엇인지, 아가씨에게 그토록 무심한 까닭은 무엇인지 생각해보라.")

대명사의 쓰임새는 언어마다 미묘한 차이가 있다. 우리는 you 의 비공식적 형태인 thou, thee, thine을 더 이상 쓰지 않는다. 이 와 달리 독일인과 이탈리아인은 공식적인 Sie와 Lei 외에 비공식 적 형태(du와 tu)를 계속 쓰고 있다. 독일어와 이탈리아어에서 공 식적인 '당신'에 해당하는 단어는 대문자로 시작하는데, 1인칭 단 수(ich와 io)는 소문자다. 이는 영어의 관습과 반대되는데, 그럼 독 일어나 이탈리아어를 쓰는 사람이 타인과 맺는 관계 속에서 자신 을 바라보는 방식엔 어떤 특징이 있을까? 실제로 이탈리아인은 대명사를 쓰고 싶지 않으면 쓰지 않아도 된다. 동사의 형태 속에 그런 정보가 함축돼 있기 때문이다. 일본어는 성별이 전혀 없다. 동사의 다양한 활용으로써(남자면 호기로운, 여자면 얌전스러운) 화 자와 상대와 객체의 관계를 표현한다. 가끔 영어를 잘하는 일본 사람이 아직도 '그'와 '그녀' '그것'을 혼동하는 것을 보면 우리는 재밌다. 존 레넌에 관한 2010년도 다큐멘터리에서 오노 요코는 존에게 아름다운 실크 파자마를 선물했던 날을 회상하며(파자마 를 단수 "pajama"로 일컬으며) 말했다. "그녀가 그에게 딱 맞았어요."

*

영어에서 성별 문제는 독일어만큼 복잡하지 않고 존 레넌의 실 크 파자마처럼 별나지도 않지만 끝없는 논쟁을 유발한다. 그중 최대의 난제는 선행사가 혼합됐거나('그 또는 그녀') 알려지지 않 았거나 무관할 때 우리가 통상 여성을 포함시켜 사용하는 남성대 명사다. 영어에서 문법적 성별의 마지막 요새로 남은 3인칭 단수 대명사 여섯 개, 즉 he, she, him, her, his, hers는 밀도 높은 유구한 단어요, 닳고 닳은 올망졸망한 난물로서 현대 영어 용법에서 가장 까다로운 주제가 되었다.

브라이언 가너는 『가너의 현대 미국 어법Garner's Modern American Usage』에서 이 점을 '대명사 문제'라는 제목 아래 요약했다. "영어에는 person, anyone, everyone, no one 같은 양성 일반 단어는 많은데 양성 단수 인칭대명사는 없다. 그 대신 he, she, it이 있다. 우리는 전통적으로 남성대명사 he와 him을 써서 남성과 여성을 포함한 모든 사람을 지칭했다. 이런 관습에 대한 비판이 증가하면서 성차별 언어에 관한 가장 어려운 문제를 야기했다." 밀른Alan A. Milne이 말했듯 "영어가 체계를 제대로 갖췄다면 (…) he와 she를 동시에 의미하는 단어가 있었을 테고, 그럼 나는 이렇게 쓸 수 있었을 것이다. 'If John or Mary comes, **heesh** will want to play tennis.' 이러면 훨씬 편리했겠다."

확실히 그랬겠다. 영어의 이런 결점을 보완하려는 시도는 수없이 많았다. he-she와 she-he, s/he와 he/she, s/he/it은 시원찮은 시도였다. 사실 빗금이 있는 he/she는 1963년도 사전에 실려 있다. she/he는 실려 있지 않다. 『웹스터』의 표제어는 "Sheetrock 석고판 상표명"에서 바로 "sheikh아랍 국가의 족장, 가장"로 넘어간다. 둘 다 퍽 남성적인 단어다. woman에 man이 들어 있듯 she에는 he가 들어 있지만 he는 이를 좋아하지 않는다. she는 he가 없으면 아무 데도 안 간다. "heesh"는 she가 뒤로 걷다가 he에 부딪쳐 뒤돌아보는 모습 같아 사랑스러운 느낌을 준다. 과연 곰돌이 푸의 창조자이자 크리스토퍼 로빈의 아비인 밀른이 쓸 만한 재밌는 단어다.

미국에서 중성 또는 양성 공통 대명사를 위한 탐색은 1850년경 누군가 ne, nis, nim을 제안한 이후 계속되었다. 온갖 알파벳을 이용한 대안들이 속출했다. 이들을 다 모아놓으면 흡사 주기율표처럼 보인다. 선택의 폭이 너무 넓으면 좋은 것 하나를 고르기 어려운 법인데, 중성 3인칭 단수 대명사의 경우가 그러했다. hse는 기발하고 미니멀리스트의 약어처럼 경제적이지만 발음이 안 된다. ip, ips(1884년)와 ha, hez, hem(1927년), shi, shis, shim(1934년)과 (치질hemorrhoid로 발전할 위험이 있는) himorher(1935년)도 있었다. 혹자는 만다린어에서 ta와 ta-men을 빌려 쓰자고 제안했다.(그래, 제안은 자유니까.) shem과 herm은 노아의 후손처럼 들리고, ho, hom, hos는 혹 쓰이게 되면 '창녀ho' 문제에 부닥칠 것이다. se와 hir는 성에 속박된 사람들이 온라인에서 많이 쓰는 말이고, ghach는 클링온〈스타트렉〉에 등장하는 외계 종족의 언어다. 그리고 탐색은 진행 중이다. mef(male e female의 약자?)는 어떤가? hu는 human, per는 person에서 따온 것이고 jee, jeir, jem은 정체를 알 수 없지만 스크래블 게임에서 유용할 듯하다. ze와 zon은 독일어처럼 들린다. 나머지는 대부분 외계인의 언어 같다.

1970년에 페미니스트 시인 메리 오로번Mary Orovan은 인권선언문 같은 문서에 쓰일 co와 cos를 제안했다.(수전 앤서니를 기리는 자리에서 오로번은 성호를 그으며 여권신장을 도모했다. "성모와 성녀와 성손녀의 이름으로. 아-우먼." 성모교회는 여성적일 수 있겠지만 성모는 페미니스트가 아니다.) e, em, eir를 사용하는, 마이클 스피박Michael Spivak의 이름을 딴 방안(1983년)도 있다. 이른바 스피박 대명사는 일리노이 주 스코키 출신의 크리스틴 엘버슨Christine M. Elverson의 발상에 근거한 것인데, 그녀는 1975년 시카고 실업단체에서 주최한 중성대명사 선발 대회에서 대상을 차지한 인물이었다. 그녀의 수상작은 they, them, their에서 th만 떼어낸 ey, em, eir였다.

이 모든 방안은 강요되었다. 이와 달리 실제 회화에서 생겨난 중성대명사로서 기록으로 전하는 유일한 예로 yo가 있다. 이것은 "2000년대 초·중반 볼티모어 시내 여러 학교에서 자생했다". "Peep yo"는 '그녀 또는 그를 봐'라는 뜻이다. yo는 이미 영어에 속해 있다는 이점이 있기 때문에 보급 가능성이 높다. 볼티모어 사람들은 이를 써왔다.

가장 야심 차면서도 실없는 방안은 마셜 대처라는 법학 교수가 2014년에 제안한 것일 듯싶다. 그는 구구절절한 설명을 하면서 ee/eet를 쓰자고 주장했다. 요컨대 영어는 끊임없이 진화하고 확장하므로 "남성별, 여성별, 중성별 선행사를 (…) 지칭하는" 대명사처럼 긴절한 것을 수용할 수 있어야 한다고 그는 말했다.

문법학자들은 대처의 말을 듣자마자 그가 성과 성별을 혼동하고 있다고 공박할 것이다. 엄격히 말하면, 아주 엄격히 말하면 '남성'과 '여성'은 성을 나타내는 명사고, '남성적'과 '여성적'은 남자와 여자에 관한 것 또는 적당한 것을 의미하는 형용사다. 여성적 간계, 남성적 거동 등등. 그리고 '성별'은 최근까지 문법적 용어로만 한정되었다. 파울러는 이렇게 썼다. "사람이나 생물에 대해 남성 또는 여성이라는 의미로 남성적 또는 여성적이라고 말하면 (허용되거나 문맥에서 이탈해) 익살맞거나 낭패를 본다."

대처는 그가 발명한 주격 대명사 ee/eet('그 또는 그녀'/'그, 그녀

또는 그것')의 격을 변화시켰다. 그가 제안한 소유대명사는 hisers 다.(scissors와 운이 같다. "예: 이혼 판결에서 부부 재산이 한쪽 배우자에게 주어지면 그 재산은 hisers다.") 목적격(대격) 대명사는 herim과 herimt이다.("herim은 perimeter의 첫 두 음절과 운이 같은데" 누군가 헛기침하는 소리 같다.) 대처는 반론에 대비하기 위하여, 스웨덴 사람들이 중성대명사("hen")를 발명해서 취학 전 아동들에게 가르치며 성별에 대한 고정관념을 불식하고 있다고 지적했다. 그리고 경칭 '미즈'가 성공을 거두었다는 사실도 언급했다.

하지만 '미즈'는 우리가 온라인으로 비행기 표를 사면서 클릭할 때나 쓰는 피상적 호칭이다. 대명사는 언어 속에 뿌리 깊게 자리를 잡았고, 그동안 강요된 방안들은 모두 실패했다. 방안이 더 논리적일수록 막상 그것을 상용하려면 더 어색했다. 발명된 대명사들은 문제를 해결할 만큼 녹아들지 못했고, 사라져야 할 때가 오면 곧 자리에서 일어나 손을 흔들며 작별을 고했다.

화성인의 언어 같은 것을 고안하지도, 중국의 활판술에 착안하지도 않았던 파울러는 영어의 이런 단점에 대처하는 세 가지 임시방편을 거론했다. 첫째, 이른바 남성 규칙을 적용하여 '그'를 남성대명사 또는 여성대명사로 사용할 수 있다. 둘째, 다소 어색하더라도 '그 또는 그녀'와 '그 자신 또는 그녀 자신' 같은 형식을 취할 수 있다. 셋째, 성별 없는 특정 복수형 '그들'을 사용하되 이것이 성별 문제의 해결책인 한 숫자 규칙을 적용하지 않는다. 첫 번째 방편은 유서 깊은 것이다. 남성 규범주의자들은 "성이 두드러지지 않거나 중요하지 않은 경우에는 남성형으로써 남자가 아닌 사람, 즉 vir(사내)가 아닌 homo(인간)를 지칭할 수 있다"라고 생각한다. 실제로 사전 속에 man이 모든 인간을 의미한다는 정의도 있는데, 페미니스트들이 정치적 목표를 좇으면서 자구에 집착하며 마음의 여유를 잃었을지도 모른다. 그럴 때가 있다. homo와 vir는 물론 라틴어지만, 라틴어를 모르는 사람도 다른 영어 단어에서 그 의미를 유추할 수 있다. homo는 종(호모사피엔스)을 나타내며, vir의 의미는 virile로 구체화된다. 정력이 왕성하거나 남자답다는 뜻이다. 하지만 문학 속 여인들을 다룬 수업에서 일레인 쇼월터가 지적했듯, 가령 월경이나 출산에 관한 기사에서 남성 규칙을 엄격히 적용하는 것은 부적절하다.

두 번째 방편인 '그 또는 그녀'라는 어구는 좀 거북스러워도 격변화에 아무런 문제가 없기에 널리 쓰이고 있다. 그러다 보니 〈뉴요커〉에는 신진 작가들에 관한 책을 비평한 드와이트 가너의 글 중에 이런 오자가 실린 적도 있다. "그러면 작가 지망생은 그녀의 또는 그녀의 개인적 절망의 구렁텅이에 빠질 수 있다." 혹 이것을 페미니스트의 승리로 여기는 사람이 있을지 모르겠지만, 문장의 뜻은 너무 침울하다. 절망의 구렁텅이를 여자 작가들이 독점하고 있다는 뜻이니까. 복합 단수가 아무리 널리 쓰이더라도 매번 '그 또는 그녀' '그를 또는 그녀를' '그의 또는 그녀의'라고 쓰는 일은 꽤 성가시다.

이미 많은 사람들이 그의 그리고 그녀의 마음을 돌이켜 세 번째 방편을 택했다. 복수형 '그들의their'가 인기 있는 해결책으로 부상했다. 규범주의자들은 이를 반기지 않는다. 파울러는 "끔찍한 '그들의'"라 말했고, 브라이언 가너는 체념하듯 이렇게 적었다. "남성 단수 인칭대명사가 총칭으로서 좀 더 오래 쓰이겠지만 이것은 결국 단수와 복수로 번갈아 쓰이고 있는 '그들'로 교체될 것이다." 기술주의자들은 이를 더 낙관적으로 바라보고 『옥스퍼드 영어사전』을 참조하여 흠정역성서와 셰익스피어, 루이스 캐럴, 새커리의 작품 속에 있는 '그들의'의 용례를 인용했다. 일례로 "사람은 그들의 출생을 돕지 못한다"가 있다. 〈가디언〉에서 일하는 낙천적인 데이비드 마시는 말했다. "그들이 도울 수 있으면 당신도 도울 수 있다. 사실 영어에도 you의 단수형(thee, thou, thy)이 있었고 이는 지금도 몇몇 방언에서 쓰인다. (…) you는 이런 단어들을 점점 밀어내면서 복수뿐만 아니라 단수에도 적합하게 되었다. 이 과정에서 별다른 진통은 없었던 듯하다." 복수 '그들'과 단수 선행사 사이의 부조화를 해결하기 위해 단순히 '그들'을 단수로 재설정하는 편법도 있다. 기존의 비평가들은 대개 화자는 작가가 아니라 등장인물이라는 점을 간과했다. 대부분이 픽션 속 대화라서 무엇이든 가능하다. 새커리는 『허영의 시장』에서 베키 대처에 대해 말하는 로절린드다. "'사람은 그들의 출생을 돕지 못하지요'라고 로절린드는 관대하게 대답했다."

이런 말까지 하고 싶지 않지만, 일상 회화에서 '그의 또는 그녀의'라는 뜻으로 '그들의'를 쓰는 것은 잘못이다. 이것은 성별 문제를 해결하며 명백히 구어에서 유행하고 있지만, 그 과정에서 숫자를 희생한다. 단수 선행사는 복수 대명사를 취할 수 없다. 그래도 이런 일은 다반사고 구어에선 더욱 그렇다. 이는 합당하지 않다. 우리의 단수 여성대명사와 남성대명사, 우리의 킹과 퀸과 잭의 앞을 왜 천한 양성 복수 대명사가 가로막는가? 우리가 양성 공통어에 대해 그렇게 법석을 떨지 않았다면 남성대명사가 스르르

녹아들어 은은한 '그'가 되었을 것이다. TV 비평가 에밀리 너스바움Emily Nussbaum의 글을 검토하던 중에 나는 단수 선행사를 지칭하는 "그들의"를 발견하고 이를 '그의'로 고치는 편이 나을 것 같아 질의했는데, 너스바움은 — 은은한 '그의'는 그녀에게 은은해 보이지 않아서 — 일말의 가부장적 대명사도 원치 않았고, 그 대신 "그의 또는 그녀의"를 고집했다. 나는 이것이 눈에 거슬렸지만 그녀의 글이라서 그녀의 방식을 따랐다.

사실 이러한 임시방편들이 우리의 주목을 끌지 않으면 제일 좋은데 우리는 기어이 문장을 고쳐서 문제를 없애려고 노력할 때가 많다.(교열자도 자신이 없어야 하는 순간을 알아야 할 때가 있다.) 오랫동안 〈뉴요커〉의 전속 작가였던 마크 싱어는 보르슈트 벨트Borscht Belt, 뉴욕 주에 있던 유대인 휴양지에서 코미디언이 써먹을 법한 매력적인 글 속에 통속적인 '그들의'를 사용했다. 엘리너 굴드가 '숫자 문제'라고 부른('여성 문제'처럼 들리기도 하는) 것을 피하려면 그의 문장을 완전히 뜯어고쳐야 했다. 대안으로 one's는 어떨까? one's는 어감이 너무 딱딱해서 아무도, 파울러도 싱어도 진지하게 고려하지 않았다. 싱어는 그의 언어가 언중의 대화 방식을 반영하길 바랐다. 그것이 비합리적인 기대는 아니었고, 그는 그에 걸맞은 언어를 구사하며 재미를 유발했다. 나는 한발 물러서서 문법에 어긋나는 것도 잡지에 실리도록 용인했다. 그러면 먼 훗날 그것이 〈뉴요커〉에 실렸었다는 이유만으로 문법에 맞는 것으로 인정될 수도 있다. 오, 이런! 사실 나는 교열자로서 보수주의자의 편이다. 나의 임무는 손상하지 않는 것이다. 그러나 한 사람으로서, 그리고 한 작가와 독자로서 나의 입장은 여러 가지다. 자연스럽게 들리는 다른 복수 대명사를 찾는 너스바움과 자신의 고집을 굽히지 않는 싱어를 나는 존경한다. 어쨌건 그들의 대명사는 결국 녹아들었다. 바로 우리가 바라던 바다.

네 번째(heesh 및 그 일족까지 꼽으면 다섯 번째) 가능성을 타진하는 사람은 없는 듯하다. 좀 섞어보면 어떨까? 여자가 여성대명사를 쓰고 싶으면 그냥 쓰면 안 될까? 그리고 이따금 남자가 '그녀'나 '그녀의'를 쓰면 안 되는 이유가 있을까? 가너는 이를 언급하지만("누구든 그녀 스스로 볼 수 있듯이") 대체로 정략적 목적을 지닌 미국 학자들의 책략으로 치부하며 거부하고 비웃는다. "그런 구절은 남성대명사가 있는 구절로 빈번히 교체되거나 일부의 글에서만 일관되게 쓰일 것이다. 대다수의 독자들이 더 이상 이 용법을 이상하게 여기지 않는 날이 올지 안 올지 알려줄 수 있는 것은 세월뿐이다." 그는 경고를 덧붙였다. "이 용법엔 두 가지 위험이 따른다. 첫째, 언외의 의미가 글을 침범할 수 있다." 난 이게 무슨 뜻인지 잘 모르겠지만 생트집으로 보인다. "둘째, 이런 방편은 장기적으로 여자들에게 불리할 가능성이 높다. 소수의 작가들만 이를 채택할 것이기 때문이다: 나머지는 일반적 남성대명사를 계속 사용할 것이다." 여기 가너가 찍은 예사롭지 않은 쌍점은 일반적 남성대명사를 계속 사용하는 사람들이 품을 복수심을 암시한다. 어쩌면 볼드체로써, 언어에 대한 남성의 주도권을 강화하려는 듯, 여인류에게 새로운 모욕을 가할 기세로.

그래도 "소수의 작가들" 중엔 가너가 좋아했던 데이비드 포스터 월리스도 있다. 그렇게 여성대명사를 사용하는 시도를 적어도 나는 공감한다. 대명사를 사용할 때 애처가 기질을 발휘하는 남성 작가들을 나는 특히 좋아한다. 오, 내 안의 뮤즈여, 사나이답게 꿋꿋이 3인칭 여성 단수를 사용하는 소수의 남자들을 찬양하라!

*

이런저런 임시방편에 내가 관심을 더 가진 이유는 내가 '대명사 이식'을 경험했기 때문인 듯싶다. 대명사가 우리의 삶에 얼마나 친밀하고 깊숙하게 자리 잡고 있는지 보여주는 실례로서, 자신이 평생 알고 지낸 사람을 다른 대명사로 바꿔 불러야 하는 상황보다 더 확실한 것은 없다. 내가 이탈리아어를 열나게 공부하면서 a로 끝나는 명사(주로 여성)와 o로 끝나는 명사(주로 남성)를 분류하고 또 e로 끝나는 것들을 이해하려고 한창 애쓰고 있을 무렵, 성과 성별의 차이가 어학 교재에서 튀어나와 나의 현실을 파고들었다. 내 남동생이 성전환자라고 선언했다. 나보다 두 살 어린 디^{Dee}와 나는 친했다. 적어도 나는 우리가 친하다고 생각했다. 우리는 클리블랜드에서 함께 자랐고, 우리 둘 다 뉴욕으로 나가 살면서 서로 친구로, 때로 이웃으로 자주 터놓고 지내는 협력자이자 술벗이었다.

나는 sibling^{동기同氣}이라는 격식 있는 단어를 감사히 여긴다. 형제나 자매를 일컫는 양성 공통의 단어가 없는 언어도 있다. 고대 그리스어엔 동복^{womb-mate}이란 뜻을 지닌 단어가 있었지만 이탈리아어엔 il fratello(형제)와 la sorella(자매)만 있기에, 성전환 수술을 받은 동기를 말하려면 이리저리 곡용하는 수밖에 없다. il sorello, la fratella, la fratello/sorella, il sorello/fratella. 이탈리아어 수업을 들으며 처음 작문을 시작했을 때 내가 적은 문장들 중 하나는 "Mio fratello vuole essere mia sorella"였다. "내 남동생은 내 여동생이 되고 싶어 한다."

아이가 태어나면 주위 사람들이 제일 먼저 알고 싶어 하는 것은 무엇인가? 딸인지 아들인지 물어본다. 사람의 정체성에서 가장 기본적인 것에 대한 질문이다. 나는 자라면서 내 동생이 남자아이라는 사실을 아주 많이 의식했다. 나를 그와 비교하며 내 처지를 판단했고, 내 눈에는 그가 나보다 훨씬 나은 대우를 받는 듯 보였다. 그는 설거지를 하지 않아도, 가짜 벽난로 둘레의 타일을 닦지 않아도 괜찮았다. 게다가 그는 나중에 커서 우리 엄마처럼 매일 거들을 착용할 필요도 없었다. 난 질투를 느꼈다. 어느 동화 속의 누나처럼 그가 가진 모든 것을 탐냈다. 참으로 모든 것을. 나는 여자로서 자부심을 느끼지 못했다. 그래서 내 동생이 성인이 된 후에 그동안 늘 여자가 되고 싶었다고 말했을 때, 남성의 몸을 여성의 영혼에 걸맞게 개조하겠다는 의사를 밝혔을 때 나는 위협과 배신을 당한 기분이 들었다.

언어에서 성별이 장식적이며 단어를 꾸미는 방식이라는 생각은 인체에도 적용된다. 외모 중에서 우리를 남성 또는 여성으로 규정짓게 만드는 것들(가슴, 엉덩이, 불룩한 부분)은 종의 생존에 필수적인 동시에 장식적이다. 립스틱과 하이힐은 굴절이며 여성적 징표다. 유혹, 성인용 앱. 단어의 끝에 추가로 달려 있는 글자들은 문법의 생식기다. 그리고 대명사는 우리의 골수에 박혀 있다.

얼마 후 내 동기와 나는 '대명사 전쟁'을 벌였다. 요양원에 계시는 우리 아버지를 돌봐드리기 위해 우리가 클리블랜드에 갔을 때

벌어진 일이었다. 그때 우리 엄마는 오리건에서 내 오빠의 가족과 성탄절을 보내고 계셨다. 첫째 날, 아버지를 뵈러 같이 요양원에 가기 전에 디가 립스틱에 볼연지까지 바르고 아래층으로 내려왔다. "아침 9시에 참 많이도 발랐네"라고 나는 말했다. 우리가 클리블랜드에 있는 동안 디는 쇼핑을 가고 싶어 했고, 특히 남성에서 여성으로 전환한 사람에게 적당한 구두를 찾기가 어렵다고 내게 말했다. 나는 시내 아케이드 상가에 체격이 큰 여자들을 위한 구두 가게가 있다는 기억이 나서 전화번호부를 뒤져 확인했다. '마루 키다리아가씨 신발 가게.' 우리는 같이 시내로 갔다. 여점원은 나를 디의 엄마라고 생각하는 것 같았다. "그는 숙녀화를 찾고 있어요"라고 나는 말했다. 그 순간 아차 싶었다. 하지만 디는 구운 캐슈너트 한 봉지를 들고 오물오물하면서 아무런 반응을 보이지 않았다. 그녀는 버클이 달린 짧은 검정 가죽 부츠 같은 구두 한 켤레와 밑창이 두껍고 끈이 달린 갈색 단화 한 켤레(남녀 겸용의 구두도 있어야 했다), 그리고 끈 없이 쉽게 신고 벗을 수 있는 신발 몇 켤레를 골랐다. 내가 봐도 의외로 잘 어울렸다. 그/그녀는 구입한 구두를 마루 키다리아가씨 신발 가게 백에 담아 자랑스레 들고 다녔다. 우리는 기쁜 마음으로, 오래된 단골 술집 오토모제르에 한잔하러 갔다. 사람들이 노래하고 춤추는 모습이 담긴 옛날 사진들이 여기저기 걸려 있고, '어항'이라 불린 손잡이 없는 두툼한 술잔goblet에 맥주를 담아 주던 곳이었다. 새 구두를 사고 들뜬 디의 기분은 — 여자는 누구나 새 구두를 사랑하니까 — 나 역시 이해할 만했다. 디가 슬리퍼처럼 휙 벗을 수 있는 신발을 한 번도 신어본 적이 없었다고 얘기할 때는 내 마음이 짠했다.

우리는 클리블랜드에 일주일 정도 있었는데, 그동안 디는 중고품 매장들을 샅샅이 뒤지고 다니면서 쇼핑백에 여자 옷을 가득가득 담아 돌아왔다. 소매가 희한하고 목둘레가 심하게 파인 스웨터, 스카프와 깃털 목도리까지 침대 위에 무더기로 쌓였다. 디는 하루에 몇 번씩 옷을 바꿔 입으며 머리와 화장 스타일을 시험했다. 디가 화장실 안에서 치장하는 동안 나는 오기가 나서 밖에서 기다렸다. 내가 한 여성으로서 지닌 취향은 가장 보수적인 방향으로 굴절되어—챕스틱을 바르고 굵은 산탄처럼 생긴 귀고리를 다는 식으로—표출되었다. 내가 부엌에 있을 때 내 동기가 그의/그녀의 새로운 젖통을 강조하는 상의를 입고 나타나면 나는 놀란 듯 다시 쳐다봤고, 내가 설거지할 때 유리잔에 남은 립스틱 자국을 보면 확 짜증이 났다. 디는 미친 열네 살 같았다.

긴장이 고조되자 디는 말했다. "난 내 집으로 갈까 봐." 나는 원치 않는 일이었다. "나 휴가 보내러 왔는데," 디가 설명했다. "밖에 나가서 시험해볼 기회란 말이야. 사람들이 내가 여자라는 걸 알게, 적어도 여자라고 생각하게 만들려면 화장이 중요해. 근데 언니는 너무 못되게 굴어." 한번은 내가 디를 차에 태우고 집 앞 차도로 나가려고 후진 중이었는데, 마침 디가 작은 립글로스 용기와 브러시를 꺼내 덧칠하고 있을 때 내가 브레이크를 세게 밟았다. 난 재밌었다.

난 미안한 마음이 들어 앞으로 잘해주겠다고 말했다. 그날 밤에 우리 엄마가 귀가할 예정이라서 디는 불안했다. "엄마를 보는건 처음인데"라고 디는 말했다. 사실 엄마가 디를 처음 보는 셈이었지만 난 입을 다물고 있었다. 우리는 화해 기념으로, 그레이트

레이크스 브루잉컴퍼니에 저녁을 먹으러 갔다. 손님이 많아서 우리는 빈자리가 날 때까지 바 쪽에 서 있어야 했다. 예전에는 내 남동생과 함께 술집에 오면 편했다. 내가 가만히 서 있으면 그가 바에 가서 두 잔을 가져왔다. 하지만 이제 나는 남동생과 함께 있지 않았다. 그는 자신을 여자라고 생각하는 사람이었다. 나는 디를 여자로 보려고 노력했다. 키가 크고, 갸름한 얼굴에 옴팡눈. 눈썹은 볼품없고 치아는 엉망이었지만 그런 건 잘 관리하면 괜찮을 것 같았다. 섬세한 얼굴에 고운 피부. 나의 피부. 우리 엄마 피부.

마침내 우리는 자리에 앉아서 음식을 주문했다. 내가 수다를 떨면서 무심결에 마음을 놓았을 즈음에 종업원이 음식을 가지고 왔다. "치즈버거 시키신 분?"이라고 그가 말했다.

"그의 거예요"라고 나는 말하고, 포크를 집어 들고 다시 얘기를 시작했다. 그런데 뭔가 뒤틀렸다. 디는 입맛이 없는 듯했다. "왜 그래?" 나는 물었다. 양파 조각을 종업원이 잊어버리고 안 갖다 줘서 이러나? 디는 고개를 돌렸다. 우는 건가? 울 일이 뭐가 있지?

"해도 너무해." 디가 말했다. "'그의 거예요'라고 말해놓고 그렇게 말한 것도 몰라."

난 소스라치게 놀랐다. 우리 사이가 좋아졌다고 생각했는데 그 대명사 하나가 우리 사이에 대포알처럼 떨어졌다. 나는 내가 쓰던 대명사를, 어린 시절부터 자신 있게 써오던 단어들을 바꿔야 하는 현실을 받아들이기 힘들었다. '그' '그를' 또는 '그의'라고 말하면 내 동기의 마음에 상처를 낼 수밖에 없단 말인가? 성별을 나타내는 대명사를 쓰려면 언제나 그 전에 생각해야만 했기에 난 마치 외국어로 말하는 것 같았다. 디를 '그'라고 부르면 그녀의 기분이 얼마나 많이 상하는지 잘 알면서도 내가 대명사를 바르게 쓰는 데에는 엄청난 노력이 필요했다.

아마 그 종업원은 디를 여자라고 생각했을 텐데 나의 부주의한 한마디가 그녀의 꿈을 짓밟았다. 내겐 그때가 꿈이었다. 당시 나는 디를 진짜 여자라고 여길 사람이 아무도 없을 거라고 생각했다. 하지만 디는 서서히 해냈다. 우리가 식당 안으로 들어서면 "숙녀 두 분이요!"라는 소리를 들었다. 처음에 나는 다들 기만을 당하고 있다고 생각했는데, 없는 사람을 있다고 착각한 사람은 결국 나였다.

그날 밤 엄마가 집에 왔다. 엄마는 디에게 아주 자상했다. 아침에 (펜실베이니아를 가로지르는 장거리 주행을 앞두고 있어서 완전한 저녁 화장이 필요했던) 디가 화장실에 있는 동안 나는 도넛을 사 가지고 왔다. "예쁘네." 아래층으로 내려온 디를 보고 엄마가 말했다. 옷에 대해 엄마와 잠시 얘기를 나누면서 디는 신이 났다. 그녀는 여자들이 하는 이야기를 가족 중의 여자와 나누고 싶어서 죽을 지경이었다. 디가 중고 가게에서 사 모은 것들은 커다란 가방 두 개에 담겨 있었는데, 엄마는 "네가 새로 산 거 다 보고 싶어"라고 말했지만 난 빨리 나가자고 막 재촉했다. 그날은 그해의 마지막 날이었고, 나는 디와 함께 그녀의 의상 일체를 신고 맨해튼을 거쳐 그녀의 집까지 가기로 했다. 엄마는 구두도 눈여겨보았다. "이 구두를 신으니까 네 발이 더 작아 보이네." 바로 디가 듣고 싶어 했던 말이었다.

"그가 귀여워 보이지?" 엄마가 내게 말했다.

"그녀,"라고 내가 운을 떼자 디가 생긋 웃었다. "그녀가 귀여워
보이지."

당신과 나 사이

나는 대학원을 다닐 때 버몬트 주 시골에 홀로 살면서 자동차가 작동하는 법을 배우기로 결심했다. 내 차에 문제가 생기면 내가 직접 해결하고 싶었다. 내가 몰던 것은 1965년형 플리머스 퓨리Ⅱ, 짙은 청록색 차였다. 앞 유리창이 커서 바깥 경치, 특히 겨울에 노을을 바라보기 좋았다. V형 8기통 엔진이었는데 그건 내게 무의미했다. 난 주유하고 오일 체크하고 펑크 난 타이어를 교체할 줄도 알았지만 딱 그뿐이었다. 우리 아버지는 내연기관의 작동 원리를 배우려 했던 나를 방해했었다. 차가 작동하는 법을 알고 싶다고 내가 말했을 때 아버지는 이렇게 말했다. "쉬워, 이것만 알면 돼. 키를 구멍에 넣고 돌려."

고마워요, 아빠. 우리 아버지는 동네 주유소에 있는 정비사와 친분을 쌓아두면 좋다는 말을 보태며 으쓱했다. 하지만 내가 살던 시골에는 그런 주유소가 없었고 마블 스토어에 주유기 하나만 있을 뿐이었다. 어쩌다 거기서 내가 다른 볼일이 있어 차에 키를 꽂아두고 내리면, 뒤에서 다른 차가 기다리고 있을 때는 마블이 내 차를 옮겨주었다. 나는 동네 고등학교에서 일주일에 한 번씩 저녁에 성인을 대상으로 하는 차량 정비 교육과정에 등록했다.

첫째 날 저녁, 차량 정비 교사는 내가 여태 이해한 적이 없는 단어를 사용했다. "개스킷." 뭔지 몰라도 내가 망가뜨린 적은 한 번 있었다. 유타 주에 있는 아슬아슬한 협곡 도로에서 내가 친구의 차를 너무 빨리 몰다가 그랬다. 그때 개스킷 교체 비용이 상당했는데, 그 후 그 차는 이전과 같지 않았다.(미안!) 이제 드디어 난 개스킷이 뭔지 알아내기로 작심했다. 그래서 손을 들고 물었다. "개스킷이 뭐예요?" 중고차 판매원같이 생긴 교사는 또 내가 모르는 세 단어를 사용해 개스킷을 정의했다. "크랭크케이스" "피스톤" "카뷰레터"……. 난 지금도 개스킷이 뭔지 잘 모른다.

문법에도 난해한 단어들이 있고 문법학자들은 끊임없이 그런 단어들을 입에 올리지만 우리는 그걸 몰라도 언어를 사용할 수 있다.("키를 구멍에 넣고 돌려.") 『글쓰기의 요소The Elements of Style』를 집필하기 전에 화이트는 그가 "보닛 아래서 일어나는 일에 대한 정확한 개념"이 없는 작가라고 자인했다. 그렇지만 언어가 작동하는 원리를 이해하고 그 기법을 터득하려면 우리는 소매를 걷어붙이고 잉크투성이인 자에게 다가가 각 부분의 명칭을 배운 후되도록 복잡하지 않고 단순한 정의를 통해 그것들이 어떻게 어울려 돌아가는지 봐야 한다. 보닛을 고정하는 작은 고리를 찾아서 내가 보닛을 열고 지지대로 받칠 때까지 조금 기다려주길 바란다. 난 요즘 사람들이 지닌 아주 조악한 언어 습관을 진단할 작정이다.

*

이건 당신과 나 사이라서 하는 말인데, 가령 신발을 파는 점원이 나를 설득하기 위해 몸을 앞으로 구부리며 "Between you and I……"라고 말하면 나는 괴롭다. 영어에 길든 내 전신이 몸서리친다. 또는 영화 속 인물이 한 소녀에게 "It's just not right, lumping you and I together(너와 날 싸잡는 건 치사해)"라고 불평하거나 아카데미 여우주연상을 받은 배우가 친구에게 "for getting Sally and I together(샐리와 저를 만나게 해줘서)" 고맙다고 말할 때도 마찬가지다. 그 순간에 흥분해서 그럴 수도 있겠다. 어쩌면 사람들은 집에선 좀 속되게 me를 써도 괜찮지만 공식적인 자리에서 그러면 부적절하다고 생각할지도 모른다.

깐깐이들은 지난 수백 년 동안 이것을 지적해왔는데, 우리는 1961년까지만 거슬러 올라가보자. 그해 드와이트 맥도널드는 『웹스터』 제3판에 대한 소론에서 "between you and I"를 널리 알려지고 퍼진 위격solecism이라 일컬었다.(위격은 '실수'의 고상한 표현인데, 특히 언어 사용자의 허풍과 무지를 드러내는 용례를 지칭한다.) 데이비드 포스터 월리스는 『가너의 현대 미국 어법』을 비평한 그의 에세이 「권위와 미국 어법Authority and American Usage」 서문에서 과오 목록을 작성하며 "between you and I"를 두 번째로 올려놓았다. 월리스는 걸출한 깐깐이였다. 그는 자신을 일컬어 오만한 작자라 했지만.(그의 어머니는 영어 교사였다.) 다행히 그는 최첨단의 산문을 절묘하게 적중히 쓰는 재능을 지녔고, 그래서 그렇게 깐깐해도 괜찮았다. 한편 가너는 세로 단 하나하고 절반 분량의 글로 "between you and I"를 다루는데 이는 "주로 교양 있는 화자가 세련되게 보이려고 좀 무리하다 크게 실족하면서 저지르는" 문법적 오류라고 설명했다.

이런 일은 늘 일어난다. 옛날 시트콤 〈신혼여행객The Honeymooners〉에서 랠프 크램든은 에드 노턴을 차버리고 새로운 볼링 파트너를 찾고 나서 노턴에게 말한다. "We have already reserved that alley for Teddy and I.(그 레인은 테디하고 내가 이미 예약했어.)" 랠프는 우월감을 과시하는 중이다. 그는 말을 그다지 조리 있게 하는 편이 아닌데("어머나 어머나 어머나 어머나"), 그보다 다른 사람들("너', 샐리, 테디)을 먼저 언급하는 바람에 그 어순이 빚은 혼선으로 틀린 대명사를 선택하고 말았다.

우선 이 모든 실수의 이면에 있는 의도를 칭찬하자. 그 신발 가게 점원과, 마음에 상처를 입은 아들(또는 각본가)과, 유명 영화배우는 모두 겸손하게 다른 사람을 먼저 언급하고 있다. 하지만 만일 그들이 그렇게 공손하지 않았다면, 그래서 수시로 자신을 먼저 언급했다면 그들은 각자의 잘못을 깨달았을 것이다. 비밀 얘기를 "between I and you"로 시작하거나, 누군가 "lumping I and you together" 한다고 불평하거나, 친구에게 "for getting I and Sally together"로 고맙다고 말할 사람은 없다. 랠프 크램든도 이렇게 말하진 않을 것이다. "We have already reserved that alley for I and Teddy." 이러면 무척 도도하게 들리긴 하지만. 우리가 말할 때 자신을 먼저 언급하면서 I 대신 me를 쓰면 me가 옳다는 것을 실감할 수 있다. "between me and you" "lumping me and you together" "getting me and Sally together". 혹시 이러면 아무래도 무례하게 보여서 엄마나 초등학교 선생님한테 나무람을 들을 것 같으면 me를 뒤로 옮기면 된다. 그럼 알맞은 문법과 예의를 동시에 갖추게 된다. "between you and me" "lumping you and me together", 감사한 이유는 "for getting Sally and me together". 벤슨허스트의 불멸의 버스 운전사 랠프 크램든의 경우에는 "reserving an alley for Teddy and I"라고 해도 괜찮다. 재키 글리슨<신혼여행객>의 제작자 겸 주인공은 코미디언이었고, 그는 그의 인물을 최대한 우스꽝스럽게 만들어야 바람직했기 때문이다. 이야기에 재미를 더하는 랠프의 실수는 그의 상처 입은 자존심뿐 아니라 노턴보다 더 세련되게 보여서 우월감을 느끼려는 그의 욕구를 반영한다. 이와 동시에 그것은 관찰자인 우리에 대한 그의 무지를 드러내며 우리로 하여금 우월감을 느끼게 한다. 대화 형식 속 말실수의 효과다.

이런 실수는 가정에서, 직장에서(는 곤란한데), 휴가 중에도, 어느 버스 운전사의 휴일에도 일어난다. 일명 페니와 지터라는 부부 한 쌍이 라커웨이에 있는 내 방갈로에 놀러 와서, 내가 그릇에 담아 탁자 위에 내놓은 체리를 게 눈 감추듯 먹는다. 지터가 말한다. "Don't put a bowl of cherries in front of Penny and I.(페니하고 내 앞에 체리 그릇은 놓지 마요.)" 내가 대접한―그리고 나도 좋아하는―체리를 그들이 좋아하니 난 기쁘다. 그런데 난 지터가 "in front of Penny and me"라고 말하기 전에는 체리를 치울 생각이 없다. 사실 난 그의 애처가 기질이 맘에 든다. 그는 그의 아내에게 매우 다정다감하다. 하지만 난 그의 말투가 귀에 거슬려서 다음번에 또 체리를 대접할지 말지 생각해보련다.

우리 회사에서 한 사람이 편집부의 모든 직원에게 단체 이메일을 발송한다. "톰 밴더빌트의 『트래픽』을 갖고 계신 분은 비키

나 저에게 알려주세요.please contact Vicky or I." 나는 "Vicky or me!"라고 컴퓨터에 대고 중얼거린다. "이 정도는 알고 있어야지! Please contact I는 말이 안 되잖아." 실은 난 당사자에게 아무 말도 하지 않지만, 내가 가진 『트래픽』을 그에게 빌려주지도 않는다. 그런데 놀랍게도 그의 부하 직원 한 명이 이메일로 전체 답장을 쏘아 그녀의 상사를 바로잡는다. "Vicky or **me**." 다음에 그녀가 대리로 승진할 기회가 있을 때 통과할지 탈락할지 난 궁금하다. 내가 지극히 존중하는 사랑스럽고 당찬 문학 자매 중 한 명인 내 친구 루세트는 자신과 동생을 항상 "Kate and I"라고 경우 바르게 일컫는다. 둘은 대단히 우애롭고 서로 잘 챙기는 자매다. 그런데 루세트가 "Kate and I"로 전치사구를 만들면, 즉 "He sent flowers to Kate and I" 같은 말을 하면 나의 피부와 내부 기관 사이의 격막 같은 것이 오그라드는 기분이 든다. 나는 딱 한 번 "Kate and **me**"라고 속삭였다. 세계 일류 대학교 영어학과의 학과장인 그녀를 난처하게 만들고 싶진 않았다. 그러자 그녀는 "대화잖아!"라고 응수했다. 하긴 이 모든 사례의 출처는 대화나 이메일이다. 우리의 대화 장면을 비디오로 녹화하거나 그 말을 돌에 새긴 사람은 없었다. 게다가 언어학자들도 그녀 편이다. 그들마저 "Kate and I" "Vicky and I" "Penny and I"를 각각 한 묶음으로 보면서, 이들이 문장 속에서 기능상 'Kate and me' 'Vicky and me' 'Penny and me'로 바뀌어야 할 때조차 대중은 이들을 그대로 고수하는 경향이 있다고 말한다. 그들은 이러한 어구를 "The King and I"처럼 그 앞뒤에 따옴표가 있는 듯 취급한다. 난 〈왕과 나〉를, 특히 율 브리너와 데버러 커의 '셀 위 댄스' 장면을 아주 좋아했다.(이건 당신과 나me 사이라서 하는 말인데, "게팅 투 노우 유Getting to know you" 장면은 없어도 될 것 같다.)

내 친구 다이앤이 페이스북에 올린 글 중에 이런 일화가 있었다. 어느 날 그녀의 아들이 그녀에게 말했다. "That's what they did for Nolan and I.(걔들이 놀런하고 저한테 그렇게 했어요.)" 그녀는 "Nolan and **me**"라고 말했다. 이에 그녀의 아들은 "언어는 진화해요. 요즘엔 Nolan and me가 틀렸다고 생각하는 사람들이 많을걸요"라고 주장했다. 그러고 그는 결정타를, 엄마의 가슴에 못을 박는 결정타를 가했다. "그리고 누가 그런 거 신경 써요?"

그녀의 페이스북 친구들이 댓글로 "me"를 연달아 남겼는데, 그중 몇 명은 그녀의 아들이 말했듯 언어가 진화한다는 생각에 동의하며 "you and me"도 "I and thou"의 전철을 밟을 거라고 예견했다. 다이앤은 또 다른 예를 들었다. "내가 지난여름에 내 선글라스를 찾고 있었는데, 제이미가 내 것처럼 보이는 걸 들고 있길래 내가 'Are those they?(그게 그거니?)'라고 물었어. 그랬더니 이 녀석이 'No, those are not they(아뇨, 그게 그거 아닌데요)' 이러면서 킥킥거리더라."

혹은 〈이파네마의 소녀〉라는 노래를 생각해보자. 나는 포르투갈어(실상 브라질어)로 된 가사를 알지 못하지만, 아스트루드 지우베르투가 영어로 불러 유명해진 이 감미로운 보사노바재즈 삼바에는 내가 들을 때마다 신경이 쓰이는 대명사 하나가 들어 있다. 바다로 가기 위해 매일 지나가는 아름다운 한 소녀를 한 남자가 지켜본다. 그는 그녀를 사랑하지만 "She looks straight ahead—not at he.(그녀는 똑바로 앞만 보네, 그는 안 보고.)" 어이구. 왜 이렇게 됐을까? 깐깐이도 카이피리냐브라질 칵테일 한잔하면서 좀 편안하게 들을 수 있으면 얼마나 좋을까? 실은 이 노래를 들으며 좋아했던 사람들이 이를 악문 사람들보다 더 많았다. 내가 한 언어학자에게 물었더니 그녀는 "전 그게 장난인 줄만 알았어요"라고 말했다. 알고 보니 이를 악물고 있었던 또 다른 사람은 원곡에 영어가사를 붙인 노먼 김블Norman Gimbel이었다. 원래 그가 썼던 가사는 "She looks straight ahead, not at **me**(그녀는 똑바로 앞만 보네, 나를 안 보고)"였기 때문이다. 이것을 고쳐서 여기에 "he"를 넣은 장본인은 그 가수였는데, 아마도 영어를 충분히 습득하지 못한 상태에서 가사를 그녀의 입장에 맞추려고 그리했을 듯싶다.(애초 이 노래의 가사는 남자 가수를 위해 썼었다.) 어쨌든 대중의 반응을 보면 아무것도, 그 무엇도 이파네마 소녀의 매력을 떨어뜨릴 수는 없을 것 같다.

"those are they"나 "not at he"는 그저 웃음거리가 될 수도 있겠지만 나는 계속 궁금하다. 우리는 왜 신경을 쓸까? 단지 습관 때문일까? 우리의 민감한 감수성을 보호하기 위한 것일까? 우리는 아이들에게 '대명사를 올바로 쓰지 않으면 나중에 커서 대통령이 될 수 없다'라는 경고조차 할 수 없다. 수십 년 만에 한 번 나올까 말까 한 달변가 대통령 버락 오바마도 "a very personal decision for Michelle and I(미셸과 저를 위한 매우 사적인 결정)" "graciously invited Michelle and I(미셸과 저를 정중히 초대했습니다)" 같은 말을 하기 때문이다. 나는 길리언 플린의 『나를 찾아줘』에서 다음과 같은 구절을 보고 신이 났다. "The woman remained in the car the whole time, a pacifiered toddler in her arms, watching her husband and me trade cash for keys.(여인은 줄곧 차 안에 남아, 고무젖꼭지를 빠는 아기를 안은 채, 그녀의 남편과 내가 현금과 열쇠를 교환하는 모습을 지켜보고 있었다.)" 물론 "her husband and me"는 올바른 용법이다. 잘했어, 길리언 플린! 난 이런 말까지 하고 싶었다. 이 책이 맥도널드 버거 못지않게 수십억 부가 팔리기를! 이후 나는 그 문장이 작가의 생각이 아니라 등장인물의 생각이라는 사실을 깨달았는데(어차피 작가의 생각이기도 하겠지만), 결국 그 인물은 올바른 문법에 오히려 누를 끼칠 만큼 구차한 천성 속물이었다.

어찌 보면 나는 돈키호테같이 이미 패한 전투에 매달리는 중이겠지만, 난 "이에 대한 주의를" 노어 웹스터처럼 "단호하게 촉구한다". 어째서 "between you and me"는 맞고 "between you and I"는 틀리는가? 이따금 찬찬히, 대화를 이루는 부분들을 분류하고 문법의 패턴을 배우면서 그 미점과 경제성을 파악한다면, 이 용법을 확정하기가 한결 수월할 것이다.

*

이제 동사 to be와 타동사, 동사의 앞뒤에 오는 명사, 그리고 명사와 동사에 따르는 전치사를 순서대로 살펴보자. 모두 문장 속 기능에 관한 것이다. 이를테면 응용역학이다.

가장 중요한 동사는 영광스러운 동사 to be다.(am, are, is, was, were, will be, has been.) 문법학자들은 이를 교접copulative동사라고 부른다.(그들 중 상당수는 '연결linking동사'라는 명칭을 선호하지만 나는 대학 3학년 언어학 시간에 '교접동사'를 처음 듣고 귀가 솔깃해졌다. 영어 문법이 재밌을 수도 있겠다는 예감이 그때 처음 들었다.) 교접동사는 명사들을 끼워 맞추는 기능이 있어서, 배관공이 파이프를 연결하고 수나사를 암나사에 끼워 넣듯(실제로 쓰이는 배관 용어다) 둘을 하나로 만든다. 교접동사는 등호와 유사한 기능을 지닌다. "I am a copy editor(나는 교열자입니다)" "My plumber is a saint(나의 배관공은 성자입니다)" "You are the reader(당신은 독자입니다)".

이런 간단한 문장에서 명사와 대명사(I, you, copy editor, plumber, saint, reader)는 모두 동일한 문법적 범주에 속한다. 문법상 이러한 문장 속에서 명사(또는 이것의 강력한 화신인 대명사)가 맡은 역할이 곧 '격case'이다. 주어로 쓰인 명사(I, my plumber, you)는 주격에 속하며, 이와 동사로 연결된 명사(copy editor, saint, reader)도 주격에 속한다. 이것이 교접동사의 힘이다.(제목에 is나 be가 소문자로 적혀 있으면 난 화가 난다. 작다고 하찮게 여기지 말자!) 주격의 라틴어식 용어는 nominative인데, 라틴어를 잘 모르는 사람도 쉽게 이해할 수 있다. 영어 to nominate는 '이름하다'라는 뜻이고, 명사는 항상 무엇의 이름이기 때문이다. 하지만 모든 동사가 to be 와 같은 기능을 지닐 수는 없고(그렇게 행세하는 동사는 좀 있지만), 명사는 주격으로 한정되지 않는다. 이는 문장의 유형에 따라 달라진다.

타동사transitive verb라 불리는 것이 있다. 난 transitive라는 단어에 정이 들지 않는다. 이를 대신할 단어가 있으면 좋겠다. 이 또한 라틴어에서 왔지만 우리가 겁먹을 필요는 없다. 우리는 trans가 '건너서' 또는 '통과하는'을 의미한다는 사실을 유추할 수 있을 만큼 라틴어에서 유래한 영어 단어들을 충분히 알고 있다. transmit(건너편에 놓다), translucent(빛을 통과시키는). 우리는 센트럴파크 '횡단로transverse'를 이용해 센트럴파크를 통과하거나 건너다닌다. 타동사는 주어의 특정 행위를 다른 명사, 즉 주어에 그다지 동화되지 않은 목적어로 전이시킨다(건네준다). "The mechanic inspects the car(정비사가 차를 검사한다)" "The car fails inspection(그 차는 검사를 통과하지 못합니다)" "The engine needs oil(엔진오일을 넣어야 돼요)". 타동사는 목전의 것을, 그것을 실현할 무엇을 가리킨다. 정비사가 검사한 대상은? 차. 이 차가 통과하지 못한 것은? 검사. 엔진에 필요한 것은? 오일. 이 명사들은 각 동사의 직접목적어이고, 목적어로 쓰이는 명사는 목적격에 속한다. 목적격을 라틴어식으로 말하면 대격accusative인데, 이와 직결된 예문을 들어보겠다. "I accused the mechanic of overcharging me.(나는 내게 바가지를 씌운 정비사를 고소했다.)" 나는 여러분에게 외국어 학습을 권하고 싶은데, 외국어를 공부하다 보면 '대격'이라는 단어를 자주 접하게 된다. 난 대학 4학년 때 독일어를 공부하면서 비로소 이것에 대해 알게 되었다.

내가 왜 이런 얘기를 할까? 왜냐하면 독일어와 그리스어, 라틴어를 포함한 다른 언어들엔 대격이 있고, 그중 일부 언어들(특히 그리스어, 독일어, 라틴어, 아일랜드어)에서 명사는 주어와 목적어일 때 취하는 형태가 서로 다르기 때문이다. 문법학자들은 이러한 형태의 변화를 '굴절'이라 부른다. 또 다른 언어들을 살펴보면 격이 세 개, 네 개, 다섯 개, 일곱 개 내지 열다섯 개에 이르고, 명사뿐만 아니라 그에 따르는 모든 것(관사, 형용사) 또한 적합한 형태로 굴절되어야 한다. 영어는 이러한 수고를 많이 덜어줬다. 오직 우리의 대명사, 자고로 유서 깊은 대명사의 굴절만이 앵글로색슨족과 우리를 잇는다. 더 나아가, 우리의 대명사가 작동하는 방식은 다른 언어들에서 명사와 대명사가 작동하는 방식과 동일한 면이 있으므로, 영어와 다른 언어들(포르투갈어, 네덜란드어, 라틴어, 고대 그리스어)이 공유하는 격의 체계를 통해 우리는 세계사의 일부로 자리매김한다.

어린아이는 대명사를 굴절시키는 방법을 더듬더듬 배운다. "Her is a sweetheart"는 완벽하고 진정한 아기의 말이다. 퀸스에 사는 내 친구는 이런 말을 잘한다. "Me and him are going away for the weekend." 주말에 놀러 가서 좋겠네! 난 이럴 때 나서서 정정하지 않는다. 난 사람을 언어로써 구속하려고 애쓰지 않는다. 원칙적으로 말하면 교접동사는 술어에 주격을 요한다. 그리고 주격 대명사는 정해져 있다.(I, you, he/she/it, we, you, they.) 어느덧 아이가 자라 그의 여동생에 대해 이렇게 말한다. "She is a sweetheart."(아마 이만큼 자랐으면 그는 더 이상 이렇게 생각하지 않겠지만.) 편집부 도서실의 내 상사 헬렌 스타크는 회사에서 그녀의 남편 아이라에게 전화를 걸면 "Hi, it's I"라고 말하며 통화를 시작한다. 이것만 봐도 헬렌이 얼마나 엄정한 사람인지 알 수 있다. 내 친구 다이앤이 그녀의 선글라스를 찾으면서 "Are those they?"라고 물었을 때 그녀의 아들은 웃었지만, 만일 브리얼리스쿨에서 그녀를 가르쳤던 선생님들이 그 질문을 들었다면 흐뭇해하셨을 것이다. 그리고 〈심슨 가족〉에서 호머의 아버지 에이브 심슨은 한때 '분노의 에이브Raging Abe'란 이름으로 레슬링을 했었는데, 번스 씨는 이 사실을 알고 나서 "You were he!"라고 외쳤다. 그의 훌륭한 문법이 그를 나쁜 놈으로 낙인찍었다.

그런데 목적어를 취하지 않는, 교접동사가 아닌 동사도 있다. 자동사는 주어로 반사된다. 타동사는 목적어에 대한 주어의 행위를 지시하지만 자동사는 오로지 주어 자체의 행위를 표현한다. "Humpty Dumpty sat on the wall(험프티 덤프티가 담장 위에 앉았네)" "The self-driving car took off by itself(자율주행차가 저절로 출발했다)" "The little dog laughed to see such a sight(강아지가 그 광경을 보고 웃었다)". 교접동사는 특별한 고성능 범주에 속하는 자동사다.(목적어를 취하지 않는다.) 『타동 뱀파이어The Transitive Vampire』에서 캐런 엘리자베스 고든은 교접동사의 목록을 제시한다. 여기엔 to be 형식의 동사뿐만 아니라 "감각동사(look, hear, taste, smell, sound)와 appear, seem, become, grow, prove, remain 같은 동사"도 포함된다. 이런 동사들은 교접 기능을 지니며 단순한 자동사가 아니기 때문에 우리는 "it tastes well"(well은 부사)이 아니라 "it tastes good"(good은 형용사)이라고 말한다. 여기서 동사는 앞선 명사에 의미를 부여하고, 명사는 부사가 아닌 형용사의 수식을 받는다. 그래서 "I felt badly"가 아니라 "I felt bad"다. to feel badly는 얼빠진 채로 이리저리 더듬거린다는 뜻이 돼버린다. 동사 "felt"는—고든의 목록엔 없지만 분명히 감각동사로서—단순히 부사의 수식을 받지 않고 "bad"와 주어를 융합한다.

혹자는 이렇게 물을 수 있겠다. "It's me again"의 경우처럼 우리는 주격의 자리에 목적격을 쓸 수도 있는데 왜 목적격의 자리에 주격을 쓰지 못할까? 문법은 배관 설비와 비슷하다. 두껍진 휴지를 처리하도록 설계된 것이 있고, 이보다 더 오밀조밀해서 홑

겹 휴지만 처리할 수 있는 것이 있다. 두 겹 처리를 위한 설비에 홑겹을 넣고 배수하면 괜찮지만, 홑겹 처리만 가능한 설비에 두 겹을 욱여넣으면 고생을 자초한다.

흥미로운 실수이긴 하다. 사람들은 주격 대명사가 더 공식적이라고 생각하는 것 같다. 달리 말하면, 이탈리아어와 프랑스어와 독일어에서 you에 해당하는 공식적 형태와 비공식적 형태가 구분되어 있듯이 영어에는 I와 me 사이에 이런 구분이 있다고 생각하는 것 같다. I는 me의 공식 버전이 아니다. me가 왠지 더 친근하게 들리는 건 사실이다. 공적인 자리에서 말하는 사람은 이런 친밀한 분위기를 피하고 싶을 것이다. I, he, she, we, they는 각각의 목적격 단어보다 더 딱딱한 어감이 있다. me, him, her, us, them이 더 부드럽고 유순하다. 그래서 더 손쉽게 쓰인다. 자신의 행위에 대한 책임을 떠안는 담대한 주어와 달리, 거기에 따라붙는 목적어가 되는 것이라 그럴 듯싶다. 가수가 발성 연습을 하듯 우리도 이렇게 연습하면 도움이 되지 않을까? Between you and **mi-mi-mi-mi-mi**.

자동차를 이용한 비유로 설명할 수도 있다. 내가 아는 한, 헤드 개스킷은 밀봉하는 부품으로서 엔진의 윤활유가 다른 곳(카뷰레터? 크랭크케이스? 아니면 솔레노이드?)으로 새어나가지 않게 막는다. 바로 이곳에서 연료와 산소를 적정한 비율로 혼합하여 피스톤을 움직이고 모터를 돌려서 자동차를 달리게 한다. 대명사는 윤활유다. 동사는 휘발유, 명사는 공기다. 격은 이 모든 것이 순조로이 작동하는 데 필요한 개스킷이다. 이 시스템은 누군가 실수할 때만 드러난다. 만약 시동이 꺼지면, 우리는 키를 구멍에 꽂은 채로 돌리면 된다.

*

일단 주격과 대격, 교접동사를 확실히 알고 나면 또 다른 흔한 용법 문제인 who와 whom의 구별은 곤돌라를 타고 활주하듯 쉬워진다. 이 문제를 어렵게 여기는 사람들이 많지만 고민할 가치가 전혀 없는 것이라고 생각하는 이들도 있다. 스티븐 핑커의 말대로 "who/whom 구별은 사라지는 중이다. 미국에선 신중한 필자와 젠체하는 화자만 whom을 고집한다." 이를 반박할 사람은 없을 듯하다. 〈가디언〉의 스타일 편집자 데이비드 마시가 저술하고 제목을 붙인 『누구를 위하여 종은 울리나For **Who** the Bell Tolls』는 어법에 관한 책인데, 그 표지 그림에서 존 던의 저 유명한 시구 중 "m"은 지워지고 있다. whom은 정말로 사라지는 중일지도 모른다. 하지만 베네치아도 마찬가지다. 우리는 여전히 그곳에 가고 싶어 한다.

"For whom the bell tolls" 이외의 경우에 whom이 적절했던 적이 있었는가? 그럼 적절했을 때는 어떻게 쓰였던가? "For whom the bell tolls"는 그 시 속에서 직접목적어다. "And therefore never send to know for whom the bell tolls.(그러므로 사람을 보내 누구를 위하여 종이 울리는지 알려고 하지 마라.)" 이것은 '무엇을?'이란 질문에 대한 답이다. 사람을 보내 무엇을 알려고 하지 말라고? 그런데 이 경우에 "whom"은 전치사 "for"의 목적어일 뿐이다. 그 종은 누구를 위하여 울리는가? 이는 영어에서 다섯 단어로 이루어진 가장 의미심장한 시구다.

who는 대명사가 주어이거나 술어 주격일 때 쓰이고 whom은 대명사가 직접 또는 간접 목적어이거나 전치사의 목적어일 때 쓰인다. 그런데 난관이 하나 있다. 즉, 목적어가 그냥 명사가 아니라 절이라서 마치 문장 속의 문장같이 또 다른 주어와 동사와 목적어를 품을 때가 있다. 이때 당황하지 말자. 잠시 노를 배 안으로 거두고 표류하다 보면 이해가 된다.

다음의 무미건조한 구문은 하마터면 whom이 who로 바뀔 뻔했던 사례다. "The dissident blogger, whom the government had recently allowed to travel outside of the country.(정부가 최근에 국외 여행 허가 대상자로 인정했던 반체제 블로거.)" 만약 우리가 이 절을 한 문장으로 고치고 관계대명사를 인칭대명사로 바꾼다면 그 격이 확연해진다. The government had recently allowed **her**(목적격) to travel outside of the country.

그런데 AAA(미국자동차협회)에서 나에게 우편으로 보내는 〈C&T(Car & Travel)〉 잡지에는 who로 바뀌어야 마땅한 whom이 있었다. "If someone approaches you waving a big pair of greasy jumper cables, tell him that you've contacted your roadside service provider and the police, whom will be there shortly.(누군가 기름때 묻은 커다란 점프 케이블 한 쌍을 흔들며 당신에게 다가오면, 당신은 이미 연락한 긴급 서비스 담당자와 경찰이 곧 도착할 것이라고 그에게 말하면 된다.)" 누가 곧 도착하는가? 경찰이 곧 도착한다. 경찰은 이 절의 주어이므로 관계대명사는 주격으로 남아야 한다.

사이버 공간은 who로 바뀌어야 마땅한 whom으로 넘치는데 그런 건 웬만하면 무시하면 된다. 읽다가 한번 멈칫하면 그만이다. 하지만 그것을 담은 문장 전체가 매력적이라서 그냥 지나치기 어려운 경우도 있다. 이런 문장을 보면 페이스북에 올려놓고 즐기고 싶어지기 마련이다. 내 친구 리틀 애니 반데스가 게시한 글 중에서 가슴에 와닿는 멋들어진 문장 하나를 인용해도 그녀가 날 용서해주리라 믿는다. 애니는 이렇게 적었다. "In this bright fall light the damage humans be wearing is so in your face that its near impossible to not love—even those whom are screaming for a bitch slap.(이 청명한 가을빛 속에 인간들이 지닌 상흔이 너의 얼굴에도 있어 사랑하지 않을 수 없다. 호된 비난을 자청하고 있는 자들까지도.)"

애니의 생각에 일리는 있다. 그녀의 사랑을 받는 목적어는 논리적으로 목적격이어야 하고 who의 목적격은 whom이니까. 그러나 그녀가 목적어 자리에 넣은 것은 ("impossible not to love" 뒤의 them으로 암시되는) 단순한 명사가 아니라 유희적이고 도발적인 절이다. "Those(humans)"는 주어, "are screaming"은 동사고, "for a bitch slap"은 그들이 자청하는 것을 알려주는 전치사구다. '그런 인간들'이 자청하고 있기에 바로 그들이 절의 주어고, 따라서 비난을 원하는 인간들이 문장 속에서 목적어의 역할을 맡고 있을지라도 그 대명사는 주격이어야 한다. 한번 자문해보자. 누가 호된 비난을 자청하고 있는가? 정답은 they, 즉 주격 대명사다. 그러므로 주격 who가 옳다.

"Some public display of affection photos remind me of 'Best

In Show' owners walking their dogs—except the relationship between one and their pet children is true— Sometimes some human PDAs really skeeve me out (…) the goo goo eye ones where ya can tell whom is top dog-oy vey maria Im cranky today.(공개적으로 애정을 과시하는 사진들을 보면 나는 도그쇼에서 우승한 개가 주인과 함께 걷는 장면이 생각난다. 반려동물과 그 주인의 관계가 진실한 경우도 있겠지만. 때때로 인간의 PDA는 나를 찌증 나게 한다. (…) 추파를 던지는 눈빛을 보면 당신은 누가 승자인지 알아볼 수 있다. 오 이런 세상에 나 오늘 괴까다롭네.)"

젠장, 이걸 읽는 사람이 더 괴까다로워지겠다. 난 동사 "skeeve"가 마음에 들고, "PDA"가 public display of affection을 의미한다는 것도 알겠고(처음에 난 무슨 성병인 줄 알았지만), "the goo goo eye ones"에 하이픈이 없어도 참을 만하다. 그런데 여기서도 "ya can tell"의 목적어(무엇을 알아볼 수 있는가?)는 한 문장의 형식을 취하는 절이다. Who is top dog?(누가 승자인가?)

난 이 글에 깃든 껄끄러운 감성에 호감을 느끼지만, 강 한복판에 떨어져 솟아 있는 커다란 컨테이너 같은 문법 오류 때문에 그 효과가 반감된다. 이 점을 기억하자. who는 문장 중간에 있다는 이유만으로 whom으로 변하지 않는다. who 또는 whom의 선택은 그것이 문장의 목적어나 전치사의 목적어로서 갖는 기능이 아닌, 그 주위에 자리 잡은 일련의 단어들 속에서 그것이 갖는 기능에 달려 있다. 짧게 끊어보자. You can tell he(또는 she) is top dog. 'You can tell him(또는 her) is top dog'는 말이 안 된다. 바로 이거다. who와 whom은 대명사의 대역을 맡는다. who

는 he, she, they, I, we를 맡고 whom은 him, her, them, me, us
를 맡는다.

　공교롭게도 이 모든 규칙은 구어보다 문어에 더 많이 적용된
다. 그러니 구어에선 모험을 감행할 필요가 없다. 확신이 없어 긴
가민가할 때는 who(또는 whoever)를 쓰면 된다. 그리고 기억하
자. who는 문장 중간에 있다는 이유만으로 whom으로 바뀌지 않
는다.

　whom을 올바로 쓰는 일은 의외로 쉽다. 이것을 올바르게 쓰면
기품이 서린다. 잘못 쓰면 문맥을 방해한다.

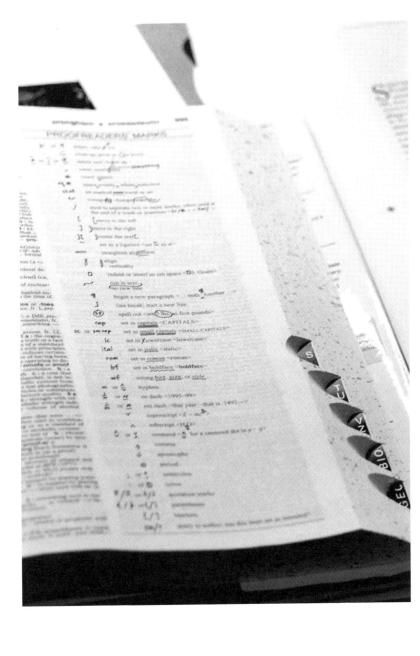

콤마 콤마 콤마 콤마, 카멜레온

콤마는 1490년경 베네치아의 인쇄업자 알도 마누치오 Aldo Manuzio 에 의해 고안됐다. 이런저런 것들을 분리해 혼동을 방지하기 위한 것이었다. 그리스어 komma는 '잘린 것', 단편 segment을 의미한다.(알도는 르네상스 전성기에 그리스 고전을 인쇄하고 있었다. 콤마는 르네상스 시대의 산물이다.) 그런데 콤마가 유행하면서 혼동을 초래하기 시작했다. 근본적으로 시각의 차이를 보이는 두 학파가 있다. 한 학파는 듣기를 중시해서, 악보 부호처럼 휴지 pause를 나타내기 위해 콤마를 사용한다. 따라서 우리가 글을 소리 내어 읽을 때 콤마는 숨을 돌릴 곳을 일러준다. 다른 학파는 문장의 기본 구조를 밝혀 문의를 명확히 전하기 위해 구두점을 사용한다. 각 학파는 상대편이 길을 잃었다고 믿는다. 팽팽하지만 어이없는 상황일지 모른다. 못대가리 하나 위에 최대한 앉을 수 있는 천사의 숫자를 추정하는 신학자들 간의 논쟁처럼. 허먼 멜빌이 쓴 한 문장에, 또는 비근한 예를 들면, 〈뉴요커〉에 실린 한 문장에 콤마를 몇 개나 넣을 수 있을까?

얼핏 보면 간단한 연속 콤마도 쟁점이 될 수 있다. 연속 콤마는 세 개 이상의 사물을 나열할 때 and 앞에 온다. 연속 콤마가 있으면 내가 좋아하는 시리얼은 'Cheerios, Raisin Bran, and Shredded Wheat'. 연속 콤마가 없으면 내가 한때 좋아했던 시리얼은 'Kix, Trix and Wheat Chex'.(질문: 알파벳 수프알파벳 모양의 파스타가 든 수프는 있는데 왜 구두점 시리얼은 없을까? 우유 속에서 모양을 유지하는 고섬유질 시리얼 콤마를 개발하기가 그렇게 어려운가?) 연속 콤마 지지자들은 이것이 모호성을 방지해주기 때문에 있는 편이 낫다고 말한다. 나도 동의한다. 더구나 난 게을러서, 접속문을 쓸 때마다 마지막 항목 직전의 and 앞에 있는 콤마가 실제로 모호성을 방지하는 효과가 있는지 없는지 따져보지 않고 그냥 연속 콤마를 일관되게 사용하는 것이 더 편하다. 나는 연속 콤마가 없어서 명백하게 모호한 접속문의 예를 들려고 노력해봤는데 적당한 게 생각나지 않았다. 그런 모호한 예가 도저히 생각나지 않아서 나는 연속 콤마가 아예 없어도 되지 않을까 싶었다. 우리 회사에서 이런 주장은 이단시되지만, 난 차라리 확 말해버리고 화형을 감수하겠다. 사실 and만으로 충분하지 않은가? 접속문에서 이것은 결국 콤마와 같은 역할을 한다. "Lions and tigers and bears, oh my!" and 앞의 콤마는 불필요하다. 난 콤마 변절자였다.

다행히 인터넷에는 연속 콤마가 없어서 어색한 접속문이 많다.

"We invited the strippers, JFK and Stalin.(우리는 스트리퍼들, JFK 그리고 스탈린을 초대했습니다.)"

(이 문장을 사진과 함께 보여주는 온라인 사이트에서 두 가지 사항에 대한 투표를 진행하고 있었다. 연속 콤마 찬성 또는 반대, 그리고 JFK와 스탈린 중 옷차림이 더 나은 스트리퍼 고르기. 연속 콤마 찬성과 스탈린이 우세했다.)

"This book is dedicated to my parents, Ayn Rand and God. (이 책을 우리 부모님, 에인 랜드 그리고 신에게 바칩니다.)"

(이 또한 널리 인용된다. 신의 짝으로 힐러리 클린턴이 쓰이는 경우도 있다.)

자신의 "두 전처, 크리스 크리스토퍼슨 그리고 웨일런 제닝스를 동반한" 컨트리앤드웨스턴 가수도 있었다.

어쨌든 둘 중 하나를 선택해 일관성 있게 쓰면서 잘잘못을 따지지 않으면 그만이다. 정말 그러면 될까? 어쩌면 각 접속문의 특성을 판단하여 연속 콤마가 필요하면 넣고 필요 없으면 삼가는 편이 더 나을지 모른다. 미국과 영국에는 연속 콤마를 사용하지 않는 신문사가 많은데, 이는 뉴스가 지면이나 화면에서 빠르게 읽힌다는 생각을 반영한다. 뉴스는 오래가지 않는다. 덧없는 것이다. 이런 인쇄물 내지 텍스트는 간소화되어 가뿐해야 한다. 아마 언젠가, CNN이나 원타임스스퀘어의 건물들을 휘감으며 이어지는 무한한 뉴스의 리본처럼, 뉴스피드 스타일로 기사 항목들 사이에 점 세 개(줄임표)만 찍는 방식이 보편화되는 날이 올 것이다. 그럼 모든 텍스트가 셀린Louis-Ferdinand Céline. 프랑스 소설가의 문장처럼 보이겠다. 분명 광고(간판, 도로표지, 네온사인)는 구두점을 거부한다. 연속 콤마를 생략하면 시간과 공간이 절약된다. 『웹스터』 제3판의 편집자들은 콤마의 개수를 줄여 80쪽을 절약했다.

하지만 여러분이 여유가 있다고 가정해보자. 지금 여러분이 빅토리아시대의 소설 또는 베네치아의 역사에 관한 책을 읽는 중이고, 읽으면서 입술을 움직이거나 모든 단어를 머릿속으로 또박또박 발음한다고 가정해보자. 콤마를 꼭꼭 씹을 시간이 많다. 만일 회사에서 내가 연속 콤마를 사용하지 않은 글을 맡는다면 난—정교에서 신교로 개종하듯—순응하겠지만, 지금 여기서는 연속 콤마를 충실히 사용하고 있다. 이것이 실제로 종종 모호성을 방지할 뿐만 아니라 내 눈에도 익었기 때문이다. 이것은 매우 효과적으로 산문에 활력을 불어넣을 수 있다. 문장이 울타리라면 연속 콤마는 일정한 간격으로 박힌 말뚝이다.

그런데 사람들이 연속 콤마를 '옥스퍼드 콤마'라고 부르는 것을 보면 나는 언짢아진다. 어째서 하필 옥스퍼드일까? 연속 콤마를 사용하는 더 엄격하고 보수적인 이 선택이 대체 왜 그 대학, 즉 목깃 끝을 단추로 채우고 대학 이름이 적힌 셔츠와 끈이 달린 남녀 겸용의 신발을 파는 대학교에 귀속되어야 할까? 하버드 콤마나 러트거스 콤마, 콘허스커 콤마가 아닌 까닭은 무엇일까? 난 옥스퍼드에 한 번 올라가(내려가?)봤다. 런던에서 당일치기로 가서 오두막집 정원과 초가지붕, 그리고 숙녀용과 농부용으로 나뉜 입구도 보고 펍에 들러 점심도 먹었는데, 내가 그렇게 소외감을 느꼈던 적이 또 있을까 싶다.

옥스퍼드 콤마는 옥스퍼드대학교 출판부에서 연속 콤마를 고수하기 때문에 생긴 명칭이다.(하지만 옥스퍼드대학교 홍보부에선 그것을 사용하지 않는다. 홍보부 직원들은 그걸 시간과 공간의 낭비라고 여기는 것 같다. 이 부서의 일은 항상 바쁘게 돌아가기 때문에 걸리적거리는 것을 원치 않는다. 연속 콤마는 시민과 대학 사이의 분쟁에 끼어 있는 졸때기다.) 연속 콤마를 옥스퍼드 콤마라 부르면 한층 더 고상하게 보이면서 좀 거들먹이는 듯한 느낌을 준다. 요즘 애들은 트위터에 자기소개를 하거나 매치닷컴match.com에 프로필을 작성할 때 자신의 품격을 과시하기 위해 이것을 이용(또는 '참조')한다. 옥스퍼드 콤마를 이용하는 사람은 외출하기 전에 자기 셔츠 앞에 과자 부스러기라도 묻지 않았는지 확인할 가능성이 높다. 영국인들은 옥스퍼드 콤마에 대해 이중성을 보인다. 그들은 콤마에 이름을 붙여놓고 그것을 겉치레라고 내치면서, 콤마를 충실히 찍는 우리 미국인들을 비웃는다.

*

찰스 디킨스는 듣기에 치중해 구두점을 찍은 대표적 작가다. 디킨스는 생전에 그의 작품을 낭독해서 유명해졌다. 만약 사업가 기질이 있는 법의학자라면, 한 배우로 하여금 디킨스의 저서를 소리 내어 읽게 하면서 디킨스가 찍은 콤마를 기준으로 그 작가의 폐활량을 측정하는 장치를 발명할 수 있지 않을까 싶다. 디킨스는 쓴 글자의 수만큼 돈을 받았고(요즘 필자들도 그런다), 그래서 이 사실이 그의 엄청난 다작의 이유로 흔히 거론되는데, 난 그가 구두점 덕분에 보너스를 받은 것 같다는 생각이 든다. 디킨스는 특히 주어와 동사 사이에 콤마를 넣길 좋아했다. 이는 현대에 구두법에 대한 시각 차이를 보이는 두 학파가 공통적으로 실수라고 지적하는 몇 가지 사항 중 하나다. 우리는 디킨스의 글을 중간에 멈추지 않고 두 쪽 이상 읽기 힘들다. 예컨대 『니콜라스 니클비』 중의 이런 부분에서 걸린다. "But what principally attracted the attention of Nicholas, was the old gentleman's eye. (…) Grafted upon the quaintness and oddity of his appearance, was something so indescribably engaging (⋯)(그러나 니콜라스의 주목을 유난히 끈 것은, 나이가 지긋한 신사의 눈동자였다. (⋯) 그의 진기하고 기이한 외모에는, 형언할 수 없을 만큼 매력적인 무언가 접목되어 (⋯))"

현대적 기준으로 보면 이렇게 콤마를 툭툭 던지는 나쁜 버릇을 지닌 디킨스는 스퀴어스 씨『니콜라스 니클비』에 등장하는 냉혹한 교장의 지도를 받아야 한다. 분명히 디킨스의 콤마는 목소리에 힘을 싣기 위해 잠깐 멈추는 지점으로서, 작가가 글을 소리 내어 읽는 동안 (낭독자의 머릿속에서만이라도) 약간의 긴장감을 부여한다. "The first house to which they bent their steps, was situated in a terrace of respectable appearance.(그들의 발길이 처음으로 향한 집은, 멋지게 보이는 층진 대지에 자리 잡고 있었다.)" 당대엔 이것이 유행이었지만 어쨌든 번잡스러웠다. 이렇게 나대는 콤마는 동사와 목적어 사이에도 끼어들기 일쑤였다. 다음은 1856년에 디킨스가 쓴 편지 글의 일부다. "She brought me for a present, the most hideous Ostrich's Egg ever laid.(그녀는 내게 선물로 가져왔어요, 이제껏 타조가 낳은 가장 흉측한 알을.)" 이 문장은 콤마가 있어서 일단 대명사를 직접목적어로 오독하도록 유도하다가 — "She brought **me** for a present(그녀는 나를 선물로 가져왔어요)" — 이후 진짜 직접목적어를 드러낸다. "the most hideous Ostrich's Egg ever laid." 난 지금 여기서 디킨스가 과대평가되었다는 말을 하려는 게 아니다. 그의 콤마는 역사적 기록이고, 디킨스의 작품에선 대화가 큰 비중을 차지한다. 그렇지만 만일 내가 디킨스를 교열한다면 (기쁨을 만끽하며) 그의 콤마를 흩뜨리고 싶을 테고, 예컨대『우리의 서로

아는 친구Our Mutual Friend』속의 보핀 씨나『니콜라스 니클비』속의
인펀트 피노미넌^{한 소녀 배우의 별명}에 몰입하는 재미를 콤마가 방해하
도록 내버려두지 않을 것이다. 난 아무리 생각해도 지금 우리가
구두점을 찍는 방식이 옳은— 말하자면 지금 우리가 구두법 르
네상스 시대에 살고 있는— 것 같다. 그리고 우리는 주어와 동사,
또는 동사와 목적어를 분리하는 용도로 콤마를 남용하면 안 된다
는 점을 적어도 디킨스를 통해 배울 수 있다.

*

구두법은 고안된 후 성장하고 발전하며 의약품이나 여성용 모
자처럼 다양한 이론과 실제에 적용되었다. 허먼 멜빌은 구두점을
찍는 데 무지하게 서투른 사람이었거나 당대 교열 관습의 희생자
였다. 혹은 둘 다였거나. 1850년에 처음 출간된『화이트재킷, 혹
은 군함의 세계White Jacket; or, The World in a Man-of-War』에서 예문을 들
어보자.

"Often I have lain thus, when the fact, that if I laid much
longer I would actually freeze to death, would come over me
with such overpowering force as to break the icy spell, and
starting to my feet, I would endeavour to go through the com-
bined manual and pedal exercise to restore the circulation.(나
는 자주 그렇게 누워 있다가, 더 오래 누워 있으면 진짜 얼어 죽을 수 있다
는 사실이, 얼음의 주술을 깨뜨릴 만큼 압도적인 힘으로 나를 덮치면, 내
발부터 시작해서, 수족을 함께 움직이며 혈액순환을 회복하려고 애쓰곤

했다.)"

이 문장에는 파격적인 부분이 많이 있다. 멜빌은 왜 "the fact that" 구를 분절했을까? 그는 that 앞에 콤마를 자주 넣는다. 이것을 which와 혼동했을 가능성이 있다. 멜빌은 운율을 고려하며 구두점을 찍었고 이로써 낭독의 방식을 제시했지만, 현대적 기준에 따르면 그의 콤마는 독서에 도움이 될 때보다 방해가 될 때가 더 많아서 훌륭한 해체의 대상이 된다.

우리가 일군의 단어들을 콤마로 끊을 필요가 있는지 알려면, 양 콤마 사이에 있는 구나 절이 없어도 그 문장이 자연스럽게 성립하는지 확인하는 방법이 있다.

"Often I have lain thus, when the fact would come over me with such overpowering force as to break the icy spell (…)(나는 자주 그렇게 누워 있다가, 사실이 얼음의 주술을 깨뜨릴 만큼 압도적인 힘으로 나를 덮치면 (…))"

무슨 사실? 이 문장은 얼음의 주술을 깨뜨린 "the fact"가 무엇인지 우리가 미리 알고 있어야만 이해가 된다. 물론 이 예는 이미 오염됐다. 앞서 우리가 온전한 문상을 읽고 죽음의 그림자를 봤기 때문이다. 하지만 만약 우리가 이 문장을 처음 접한다면, 그리고 어떤 사실이 (얼어 죽을지 모를) 화이트재킷을 덮쳐 그를 움직이게 만들었는지 알지 못한다면 우리는 고개를 갸웃거릴 것이다. 문장의 의미에 필수적인 절은 콤마로 끊기면 안 된다. 콤마를 방지하기 위해 문법학자들이 만든 어려운 단어를 쓰자면, 제한절이다.(사람들은 우리가 콤마를 넣기만 한다고 생각하지만 실은 그렇지 않다.) 제한적인 구는 의미를 조인다. 이 세상의 모든 사실 중에서 해당 사실만을 보이지 않는 띠로 묶는다.

그래서 문장의 구두점을 살짝 고쳐봤다.

"Often I have lain thus, when the fact that if I laid much longer I would actually freeze to death would come over me with such overpowering force as to break the icy spell, and starting to my feet, I would endeavour to go through the combined manual and pedal exercise to restore the circulation."

나는 "death" 뒤의 콤마를 "that" 앞의 콤마와 한 쌍으로 취급해서 같이 없앴다. 콤마는 수녀처럼 보통 짝지어 다닌다. 멜빌(혹은 그의 교열자)은 이 문장에서 독자가 'death would come over me(죽음이 나를 덮치겠다)'로 읽지 않도록 "death" 뒤에 콤마가 필요하다고 생각했던 것 같다. 하지만 "death" 뒤의 콤마는 주어와 동사를 분리하는 대죄를 저지른다. 멜빌이 찍은 콤마들은 마치 큰 파도가 이는 바다 위의 배 안에서 던진 다트같이 과녁에서 많이 빗나갔다. 그는 "death" 뒤에 콤마를 찍을 필요가 없었다. 멜빌의 어순(구문)을 보면, 문장에서 같은 계통에 속하는 부분들을 함께 뭉치려고 노력한 흔적이 역력하다.

만약 그가 콤마 두 개를 꼭 쓰고 싶었다면 다음과 같은 문장이 더 나았을 것이다.

"Often I have lain thus, when the fact that, if I laid much longer, I would actually freeze to death would come over me (…)"

시험 삼아 "if" 절을 빼보자.

"Often I have lain thus, when the fact that I would actually freeze to death would come over me with such overpowering force as to break the icy spell (…)(나는 자주 그렇게 누워 있다가, 진짜 얼어 죽을 수 있다는 사실이 얼음의 주술을 깨뜨릴 만큼 압도적인 힘으로 나를 덮치면 (…))"

뭔가 허하다. 여기서 "would"는 특정한 전제, 즉 화이트재킷이 얼어 죽을 만한 조건("if")을 요한다. "if I laid much longer." 따라서 우리는 그런 콤마가 필요 없다. 아니, 우리는 그런 콤마를 거부한다. 하지만 멜빌은 그것을 각별히 좋아했다. 그는 틀림없이 큰 드럼통만 한 콤마셰이커를 가지고 있었을 것이다.

예문의 후반부 "and starting to my feet, I would endeavour to go through the combined manual and pedal exercise to restore the circulation"에선 콤마를 "starting to my feet,"의 앞에도 찍을 수 있었다. 이러한 구성에선 콤마를 두 개 쓰거나 하나도 쓰지 않는 법이다. 만약 문장이 "starting to my feet,"라는 구로 시작한다면 콤마 하나만으로 완벽하지만, 예문에서 이 구는 접속사 "and"에 연결되며 중문重文을 이루기 때문에 콤마가 있으려면 그 앞뒤에 다 있어야 한다. 우리는 "and, I would endeavour to go through the combined manual and pedal exercise (…)"라고 쓰진 않는다.

"Often I have lain thus, when the fact that if I laid much longer I would actually freeze to death would come over me with such overpowering force as to break the icy spell, and, starting to my feet, I would endeavour to go through the combined manual and pedal exercise to restore the circulation."

분사구 앞뒤의 콤마는 논리적일 뿐만 아니라 의미를 강화한다.

일단 멈추고 다시 시작함으로써 갑작스러운 움직임의 효과, 즉 얼음 틀 같은 문장 속에서 화이트재킷이 튀어나오는 듯한 효과를 낸다. 이 부분에 콤마가 전혀 없어도 괜찮다.

"Often I have lain thus, when the fact that if I laid much longer I would actually freeze to death would come over me with such overpowering force as to break the icy spell, and starting to my feet I would endeavour to go through the combined manual and pedal exercise to restore the circulation."

그런데 이러면 포스트모던 멜빌 같다. 콤마는 바로 옴짝하는 동작이다. 이것은 화자에게 그의 발을 힘겹게 움직일 시간을 준다. 그래서 콤마를 덜어내면 멜빌의 개성이 약화되고 문장은 진액이 빠져 한결 건조해 보인다. 콤마는 활기를 더한다.

하여튼 접속사에 이어지는 도입구에 콤마가 쌍으로 따라다닌다는 규칙은 곧잘 무시된다. 〈뉴요커〉의 경우 콤마를 두 개 찍거나 아예 찍지 않는 것이 공식 스타일이지만, 문장에 오독의 소지가 있을 때는 콤마를 하나만 찍으며 스타일을 어기는 편집자들이 많다. 이건 타협이다. 난 멜빌의 문장에 이를 적용하면서 다음과 같이 그의 콤마를 수정하려니 좀 김이 샌다. 19세기에 그가 이 부분에서 구두점을 사용한 방식은 현대적 기준에 이미 부합하기 때문이다.

"Often I have lain thus, when the fact that if I laid much longer I would actually freeze to death would come over me with such overpowering force as to break the icy spell, and starting to my feet, I would endeavour to go through the combined manual and pedal exercise to restore the circulation."

멜빌의 글은 틱^{tic} 장애가 있지만, 그는 언제나 단어를 적소에 배치한다. 일단 이 작가의 매력에 빠지면 그런 틱 장애를 그냥 보아 넘기게 된다. 우리는 작가가 말하는 내용에 더 관심을 기울이고, 그러다 보면 당대의 편집 관례를 그가 파악한 정도를 가늠하는 일은 뒷전으로 밀린다.

*

〈뉴요커〉는 '정밀한' 구두점 스타일을 사용한다. 우리는 도입절을 콤마로 분리하지만(다만 픽션에선 예외도 허용한다) 그것이 (since나 although를 제외한) 접속사 뒤에 이어지거나 그 의미가 제한적일 때는 콤마로 분리하지 않는다. 무엇이 제한적이라고 규정하기가 언제나 쉬운 일은 아니다. 이는 판단을 요한다. 예를 들면 벤 야고다^{Ben Yagoda}는 〈뉴요커〉에서 콤마가 가득한 문장 하나를 인용하며 〈뉴욕타임스〉에 온라인 기사를 실었다. "Before Atwater died, of brain cancer, in 1991, he expressed regret (…)(애트워터는 1991년에 뇌종양으로 죽기 전에 유감을 표명했고 (…))" 이 인용문에 대해 야고다는 이렇게 적었다. "콤마를 died나 cancer 뒤에 찍는 간행물이 또 있을까? 유독 〈뉴요커〉는 그런다. 그리하지 않으면(또는 그렇게 생각하지 않으면) 애트워터가 여러 가지 원인으로 여러 번 죽었다는 얘기로 들릴까 봐 그런다." 그는 "물론 멍청한 짓이다"라고 덧붙였다. 〈뉴욕타임스〉와, 저널리즘을 가르치는 야고다는 '간략한' 구두점 스타일을 선호한다. 이는 모든 단어가 함께 흐르고 모든 구나 절이 동등한 비중을 가지며 독자들이 스스로 납득하도록 그들을 놔두는 스타일이다. 일부 독자들은 스스로 납득하는 자신의 능력을 너무 자랑스러워한 나머지 우리에게 불평을 늘어놓는 편지를 쓰면서, 각각의, 단어, 뒤에, 콤마를, 찍어서, 우리의 방식이 잘못되었다고 지적한다.

나는 야고다의 의견에 은밀히 동의했다. 한번은 내가 굴드 교정지로 작업하고 있었는데—엘리너의 교정지에 표시된 수정 사항을 교정자의 교정지에 옮기는 중에—이런 불길한 생각이 들었다. '혹시 엘리너가 틀리면 어쩌지?' 만약 이 모든 콤마와 하이픈과 교묘한 용법이 양성 망상의 산물로 판명되면 어찌할까? 레이건 정부 시절에, 레이건이 치매에 걸렸다는 사실을 다들 알고 있었지만 아무도 어찌할 수 없었다. 나라는 자동적으로 굴러갔다. 만일 엘리너와 〈뉴요커〉도 그와 같다면 어떡할까? 그녀는 나이가 많이 들었고 말년에는 귀가 먹었기 때문에 안타깝게도 말소리와 단절된 채 그것을 재현하는 단어들을 손질할 따름이었다. 이에 대해 어느 누구도 아무것도 할 수 없었다. 교열부에 들어가 엘리너에게 "연필을 내려놓고 책상에서 물러서세요"라고 말할 사람은 아무도 없었다. 국가가 레이건에게 예속되어 있었듯이 우리는 그녀에게 예속되어 있었다. 나는 자리에서 벌떡 일어나 내 상사의 사무실로 가서 말했다. "혹시 엘리너가 미치면 어떡해요?" 난 상사가 짓는—'그걸 이제야 알았어?'라고 되묻는 듯한—표정을 보고 우리가 이미 그 길로 접어든 지 한참 되었다는 사실을 깨달았다.

〈뉴욕타임스〉에서 〈뉴요커〉의 콤마를 조롱한 후 나는 콤마세이커를, 루 버크가 콤마의 무차별 살포에 항의하기 위해 마련한 그것을 한동안 응시했다. 사실 〈뉴요커〉에서 콤마는 무차별적으로 쓰이지 않았다. 그것은 문장에서 그 의미와 밀접한 관계가 없는 부분들을 구획했다. 야고다가 비웃음의 대상으로 삼은 문장의 요점은 애트워터가 죽기 전에 유감을 표했다는 것이다. 그를 죽게 만든 것과 이로 말미암아 그가 죽은 때는 작가 제인 메이어가 독자의 호기심을 해소하기 위해 제공한 가외의 세부 사항일 뿐이다. 사망의 원인과 시기는 문장의 의미에 본질적인 것이 아니다. 따라서 비제한적이다. 이 문장을 손질할 기회가 내게 있었다면 난 부고에 해당하는 부분을 속삭임같이 괄호로 묶었을 수도 있겠다. "Before Atwater died (of brain cancer, in 1991), he expressed regret (…)" 흔히 괄호는 거대한 콤마와 같고, 콤마는 쪼그만 괄호와 같다. 한데 누구라도 문장의 구두점 때문에 헷갈려서 단어들의 의미를 제대로 이해하지 못할 수 있으니 슬픈 노릇이다.

얼마 후 나는 콤마에 대한 항의 편지 한 통을 받았는데, 그 발단은 마크 피셔가 쓴 글의 첫 문장이었다. "When I was in high school, at Horace Mann, in the Bronx, in the nineteen-seventies, everyone took pride in the brilliant eccentricity of our teachers.(내가 1970년대, 브롱크스에 있는, 호러스맨 고등학교에 다닐 때, 우리 선생님들의 기상천외한 면을 다들 자랑스러워했다.)" 이 문장의 핵심은 호러스맨 학생들이 그들의 별난 선생들과 재미있게 지냈다는 점이다. 하지만 이것을 읽을 때 콤마에만 주목하는 사람은 그 점을 놓치게 된다. 정밀한 구두점은 디킨스나 멜빌의 콤마와 달리, 중지와 개시를 유도하는 것이 아니다. 〈뉴요커〉는 여러분에게 매 콤마마다 멈춰서 숨을 돌리라고 요구하지 않는다. 그것은 정밀한 구두법의 목적이 아니다. 콤마는 정보의 종속 관계를 신중히 설정한 결과다. 나는 이 콤마들 중 빠져도 될 만한 것이 하나도 보이지 않는다. 작가는 오직 한 고등학교, 즉 브롱크스에 위치한 아주 특별하고 독특한 사립학교에 다녔고, 그가 거기에 다닌 시기는 1970년대였다. 이러한 정보는 학생들과 선생들의 유대에 관한 이야기를 기대하게 만드는 문맥을 배제하면 별로 흥미롭지 않다. 구두점은 이를테면 점자點字다. 얕은 돋을새김처럼 문장의 지세에 강약을 부여한다. 이것은 잘게 쪼개는 듯 보이지만 여러분이 글을 잘게 쪼개면서 읽을 필요는 없다. 알도 마누치오가 고안한 콤마는 이제 논리적 극치에 달했다. 이는 광기가 아니다. 멍청한 짓도 아니다. 문장에서 중요한 부분을 미묘하게 보여줄 뿐이다. 다른 간행물은 여러분이 스스로 납득하도록 내버려둘 것이다. 혹 당신이 그것을 선호한다면 언제든 그런 잡지를 보면 된다.

*

2013년 여름, 친구의 결혼식에 참석하러 뉴헤이번에 갈 때 제임스 설터의 『가벼운 나날』 한 권을 들고 갔다. 덩컨이라는 오래된 호텔에서 이 책을 읽기 시작했는데, 그때 난 약간 우울한 상태였다. 난 예일대학교에 가지 못했고, 만약 내가 내 친구에게 더 다가갈 수 있었으면 가톨릭 신자와 고전주의자의 유쾌한 결합을 이뤘을 텐데 이제 그는 결혼했다. 『가벼운 나날』은 결혼에 관한 책이다. 특히 결혼 생활의 표면과—맨해튼의 통근권 내 지역의 그림엽서 같은 배경에서 벌어지는 근사한 만찬과 사치스러운 크리스마스 프로젝트(그 집의 딸들은 조랑말도 갖고 있다)—그 기저에서 시작되는 균열을 이야기한다. 제임스 설터는 필명이다. 이 작가의 본명은 제임스 호로위츠. 그의 픽션은 〈뉴요커〉에 실린 적이 없었지만 근래에 우리의 전속 작가 닉 파움가르텐이 그에 관해 긴 글을 썼고 그것이 사내에서 엄청나게 회자되었기에 나는 따로 시간을 내서 그것을 읽었다.

나는 제임스 설터의 작품을 처음으로 맛보는 중이었다. 그의 산문은 정교하고 손질이 매우 잘되어 있어서 나는 사족 같은 콤마가 찍힌 문장을 보고 놀랐다. "Eve was across the room in a thin, burgundy dress that showed the faint outline of her stomach.(방 저쪽에 서 있는 이브의 얇은, 버건디 드레스는 그녀의 배의 윤곽을 살며시 내비쳤다.)" 난 여기서 멈췄다.

교열부 수습생이던 시절에 내가 맡은 임무 중 하나는 〈뉴요커〉에 실릴 크리스마스 쇼핑 목록을 정리하는 일이었다. 상품을 최대한 매력석으로 소개하는 문단이 끝없이 이어졌다. 어린이와 남자를 위한 선물, 집을 위한 선물, 온갖 별미를 나열한 문단의 연속이었다. 그런데 여자를 위한 선물이 나를 가장 힘들게 했다. 여성용 상품은 예외 없이 의류를 포함했고, 여기엔 색상과 직물, 보풀, 목둘레선, 소매길이에 관한 형용사가 줄줄이 따라붙었다. "쥐색의 우모 펠트로 만든 복고풍 알파인 실내화" "검붉은 여우 모피의 화려한 장식에 비밀 지퍼 호주머니가 있는 자줏빛 스웨이드 안나 카레니나 머프muff"(985달러!) "촘촘한 모피처럼 손뜨개질

한 앙고라 코트" "통이 넓고, 무릎 아래로 내려오는 치마바지" "잎사귀 무늬가 있는 검정 실크 자카르 카디건 롱코트".(이 뒤로 가격과 — 종종 소유격으로 표시되는 — 상호 및 주소가 이어진다. 철두철미하게 찍힌 구두점과 함께.) 나는 쇄도하는 형용사 속에서 헤매곤 했다. 명사 앞 형용사들 사이의 콤마를 지배하는 규칙은 무엇일까? 나는 굴드 교정지를 보면서 형용사가 명사에 부여하는 성질이 때에 따라 어떤 차이가 있는지, 그리고 왜 기다란 일련의 형용사들 사이에 콤마가 전혀 없어도 되는 때가 있는지 알아내려고 노력했다. 용법 지침서를 보니 and로 교체될 수 있는 콤마는 거기 있는 게 적절하다는 규칙이 있었다. 나는 제임스 설터의 문장으로 'and 실험'을 해봤는데 thin and burgundy는 불합격이었다. 만약 내가 근무 중에 이 문장을 만났다면 콤마를 빼고 a thin burgundy dress로 만들었을 것이다.

이 결정은 두 형용사가 등위等位가 아니라는 논리에 근거한다. 둘은 같은 계열에 속하지 않는다. 한 형용사("burgundy")가 다른 형용사("thin")보다 더 끈끈하게 명사("dress")에 달라붙는다. 미국 어법 전문가 브라이언 가너는 또 다른 시험법을 제시한다. 형용사의 순서를 바꿔보라. 우리 중에 a burgundy, thin dress라고 말할 사람이 있을까? 난 안 한다.

나는 이것이 애초에 작가가 찍은 콤마인지, 그렇다면 교열자가 이것을 실수로 지나쳤는지 궁금했다. 교열자가 추가한 것 같진 않았다. 내가 읽은 『가벼운 나날』은 오자가 하나도 없었다. 그럼 이 콤마는 작가의 고집 때문에 남은 것일까? 문맥을 고려해보자. "Eve was across the room in a thin, burgundy dress that showed the faint outline of her stomach." 작가는 그 직물의 얇은 상태를 강조해서 그녀의 배의 어렴풋한 윤곽을 음미하려는 심산이었을까? 그렇다면 난 그가 음탕하진 않더라도 현혹됐다고 생각했다.(그녀의 이름은 이브. 분명히 유혹하는 여자다.) 하지만 내가 쓸데없는 콤마 하나 때문에 좋은 독서의 기회를 날려버려야 할까? 그것은 디킨스의 작품에서 날 막지 못했고, 설터의 작품에서도 날 막지 못할 것이었다. 나는 계속 읽었다.

　내가 전적으로 공정했다고 말하진 못하겠다. 『가벼운 나날』에는 리처드 포드가 쓴 서문이 있는데, 난 예전에 그의 작품에서 콤마 하나를 빼려고 했던 적이 한 번 있었다. 내 눈에 거슬렸던 콤마는 대화체 문장의 첫 단어 "So" 뒤에 있었는데, 포드는 그것을 그대로 두고 싶어 했다. 서문의 저자로 리처드 포드가 선택된 것을 보고 나는 제임스 설터도 리처드 포드처럼 그의 구두점에 대해 고집스럽겠다는 생각이 들었다. 그는 일일이 청음聽音을 하듯 모든 문장을 자신이 직접 지휘해야 직성이 풀리는 사람들 중 한 명인 것 같았다. 난 포드의 서문을 읽지 않았다. 난 작가가 직접 쓰지 않은 서문은 절대 읽지 않는다. 그것이 나의 독서를 방해하거나 심지어 나로 하여금 그 책을 읽고 싶지 않게 만든 적도 있기 때문이다. 언젠가 내가 봤던 아동 도서—트릭시 벨든 혹은 벳시와 테시—시리즈에 『아이반호』가 인용돼 있길래 그 책을 읽기 시작했는데, 소문자 로마숫자로 쪽수가 적힌 학구적인 지면에 질려서 월터 스콧 경에게 다가가지 못했다. 이후 난 지금까지 『아이반호』를 읽지 않았다.

　도중에 난 다시 멈췄다. "She smiled that stunning, wide

smile.(그녀는 기막힌, 커다란 그 미소를 지었다.)" 내 눈에 stunning and wide란 구는 적당해 보이지 않고 wide and stunning도 마찬가지다.(만약 wide, stunning smile이었으면 그냥 읽고 지나갔겠지만.) 화자는 앞서 그 인물의 커다란 미소에 대해 얘기했고(그래서 "that stunning, wide smile"에서 "that"이 있고), 이를 재차 언급하며 그 미소의 매력을 강화하고 있다. "stunning"은 커다란 미소를 수식한다. 등위 형용사가 아니다. 콤마 금지.

또 있다. "It was as if they were aboard ship: some old, is-land steamer.(그들은 마치 배를 탄 듯했다. 좀 낡은 외륜선.)" "island steamer"는 기선의 일종이다. 누군가 이 구절을 some old island ^{좀 오래된 섬}에서 온 기선으로 오해할 위험은 없다.

선박에 관한 예가 하나 더 있다. "The ship was enormous (…) the vastness of its black, stained side overwhelmed them.(배는 엄청 컸다. (…) 검은, 얼룩진 측면의 광대한 면적이 그들을 압도했다.)" 이 콤마는 "black"과 "stained" 사이에 떠도는 하이픈을 쫓아내려는 듯 보인다. 그것은 a black-stained side^{검게 얼룩진 측면}가 아니라 a black side, stained^{얼룩진 검은 측면}다. 즉, a black stained side.

다시 말하지만 (내가 보기에) 이렇게 튀는 콤마 네 개 때문에 독서의 즐거움이 줄어들진 않았다. 다만 난 그때마다 멈춰서 그 출처가 어디인지, 작가인지 편집자인지, 그리고 그에 대한 논의가 있었는지 궁금해했다. 제임스 설터는 분명 밝은 귀와 높은 안목을 지녔다. 그의 필명은 속취가 나면서도^{salter의 뜻은 '제염업자'} psalter ^{시편}라는 단어를 연상시킨다. 그는 제목 "Light Years"(『웹스터』에 따르면 "light-year^{광년}")에 하이픈을 넣지 않음으로써 그 의미를 변용시켰다. 저 멀리 우주에서 바라본 듯한 태평한 나날. 나는 잠시 비판을 멈추고, 그가 극히 정밀하게 사용한 콤마들 중 하나를 소개하겠다. "He sailed on the *France* in the noisy, sad afternoon. (그는 소란한, 슬픈 오후에 프랑스호를 타고 나아갔다.)" sad and noisy, noisy and sad. "noisy"는 뱃멀미를 뜻하는 그리스어에서 유래한 nausea구역질를 연상시키므로 대단히 효과적이다. 언어에 이토록 민감한 작가가 괴팍한 구두법 취향을 지닐 수 있을까?

이렇다 보니 나는 나의 콤마 감각이 의심스러울 지경이었다. 어떤 날엔 thin and burgundy가 괜찮게 들렸다. 근무 중에 "a stout, middle-aged woman통통한, 중년 여자"이라는 구절을 봤을 때 난 자동적으로 콤마를 빼는 동작을 취하면서 이내 긴가민가했다. stout and middle-aged? 이건 아니다. middle-aged and stout? 이건 더더욱 아니다. 그냥 a fat old lady뚱뚱한 늙은 숙녀와 같다고 보면 되지 않을까? fat and old? old and fat? 늙은 뚱뚱한 숙녀? an old fat lady는 곡예단의 뚱뚱한 숙녀가 야심만만한 젊은 뚱뚱한 숙녀에게 밀려 일자리를 잃고 훗날 후자도 역시 뚱뚱한 늙은 숙녀가 되는 상황을 상상하게 만든다. 이런 식으로 생각하니 난 미칠 지경이었다.

나는 제임스 설터에게 편지를 보내 그의 콤마에 관해 물어보기로 결심했다. 그는 답장했다.

"저는 때때로 콤마에 관한 규칙을 무시합니다. 대체로 관례를 지키고 스트렁크와 화이트『글쓰기의 요소』의 공저자의 권고를 따르는 편이지만요. 구두점은 명료성과 강조를 위한 것이지만, 저는 또한, 글이 뒷받침해준다면, 구두점이 문장의 음조와 리듬에도 기여한다고 느낍니다. 물론 이를 위해 무슨 허가가 필요하진 않지요. 자유를 누릴 수 있으니까요."

시인이 아니라 작가가 리듬을 추구하면 교열자들은 서로 눈짓을 곧잘 주고받는데…… 하여튼 제임스 설터는 의문시된 각 콤마의 존재 이유를 이어서 설명했다. 내가 짐작했던 대로 "Eve was across the room in a thin, burgundy dress that showed the faint outline of her stomach"에서 그는 콤마로써 드레스 속 배의 윤곽선을 강조하고 싶어 했다. "그냥 얇은 버건디 드레스는 아니었어요"라고 그는 적었다. "얇은 드레스인데, 색상이 버건디였죠. 저는 독자가 그 얇은 상태를 의식하길 바랐어요. 그러니 추측을 잘하셨네요. 아마 교열자가 없애려 했던 그 콤마를 제가 남겼을 거예요." 이와 마찬가지로 "stunning, wide smile"에서도 그는 당구공을 회전시키며 치듯 "stunning"에 콤마를 찍어 그 충격을 조절하고 싶어 했다. 그다음 예문에 대해서 그는 이렇게 적었다. "그것을 오래된 섬이라고 생각하는 독자는 없겠지만, 제가 그 구절을 읽을 때 old와 island에서 잠깐 멈추는 느낌이 있어서 그 순간을 제거하고 싶었어요." 그런데 내가 읽을 때 그 콤마는 멈추는 순간을 제거하지 않고 도리어 확보했다. 마지막 예문에 대한 그의 설명은 이러했다. "검은 얼룩진 측면은 너무 느슨loose하다고 생각해요. 지적하신 대로, 검게 얼룩진 것이 아니고 검은 데에 얼룩이 진 거예요. 콤마는 이것을 나타내요." 그가 사용한 "loose"라는 단어는 구두점에 대한 멜빌의 은유, 즉 콤마는 산문을 조여 깔밋하게 만든다는 주장에 부합한다. 마누치오는 문장의 부분들을 분리하기 위해 콤마를 고안했지만, 이것은 단어들을 떼어놓는 경우

못지않게 함께 묶는 데에도 효율적이다.

만일 루 버크가 이러한 해명을 들었다면 코웃음을 치지 않았을까 싶다. 비록 제임스 설터가 콤마의 기능에 대해 어긋한 생각을 품고 거기에 마법에 가까운 힘을 귀속시킬지라도 나는 이를 감사히 여긴다. 그는 작가로서 자신이 일으킨 효과를 적확히 판단하지 못할 때도 있지만 적어도 숙고는 하고 있다. 콤마는 만능이 아니다. 때로는 방해가 된다. 그는 또 다른 책을 추천하며 그의 편지를 끝맺었다. "『스포츠와 여가』의 콤마는 더 낫습니다."

*

저명한 영국 작가 세 명이 〈뉴욕타임스〉에 출현했을 때 나는 두근거리는 마음으로 읽었다. 살만 루슈디가 마틴 에이미스와 이언 매큐언의 대화를 소개한 글이었다. 리포터였던 제니퍼 슈슬러는 그들을 문학계의 "테너 삼인조"라고 불렀다. 청중이 미리 제출한 질문지를 루슈디가 소리 내어 읽었다. 그중 이런 질문이 있었다. "자신의 지서 중에서 고치고 싶은 부분이 있나요?" 슈슬러가 지적했듯, 이 질문을 큰 소리로 읽는 루슈디의 목소리는 톡 쏘는 느낌이 있었다. 매큐언은 "그의 첫 작품집에서 콤마를 좀 없애버리고 싶다고 시인했다". 이런 고백은 내가 제임스 설터에게 내심 듣고 싶었던 말이었다.

하지만 알고 보니 매큐언이 말한 것은 그가 고집을 부려 남은 쓸데없는 콤마가 아니라 마침표 대신에 찍힌 콤마였다. 모든 초등학교 선생님은 온전한 문장들을 마침표 대신 콤마로 분리하는 것을 '콤마 폴트fault'라고 부르며 용납하지 않는다. "나는 왔노라, 나는 보았노라, 나는 이겼노라" 같은 문장에선 그래도 괜찮지만, 문장이 이보다 길어지면 마침표는 선택이 아니라 필수다. 이것은 구두점에 대한, 논쟁의 여지가 없는 신조다. 문장 끝의 마침표는 우리를 멈추게 하고 곧 새로운 문장이 시작된다고 우리에게 알린다. 이것이 없으면 맺고 끊는 데가 없는 천박한 문장이 남는다. 그렇지만 아주 수준 높은 픽션을 보면 뜻밖에도 문장들이 콤마로 이어진 경우가 종종 있는데…… 만약 그 글이 출간되었다면 그런 콤마는 실수가 아닐 가능성이 높다. 누군가, 대개 작가가 강요했을 법하다. 급행 스타일의 문장들은 우리에게 화자에 관해 뭔가 더 알려줄 수 있다. 이탈리아 작가 엘레나 페란테(필명)는 숨이 막힐 듯이 한 문장에서 다음 문장으로 넘어가는데, 이것이 누적되면 이야기 속에 엄청난 긴박감을 조성하는 효과를 발휘한다. 나는 매큐언의 초기 작품집을 찾지 못했다. 아마 그런 콤마 때문에 진압을 당했나 보다. 아무튼 그는 뉘우치는 듯 보인다. 그의 여러 소설에서 발췌된 글이 〈뉴요커〉에 실릴 때 내가 교열을 맡았는데, 그때 종지부 자리에 찍힌 유해한 콤마를 봤던 기억은 없다. "저는 베케트에게 홀려 있었어요." 매큐언은 그가 초기에 시도했던 것을 말했다. "온점을 빼고 콤마를 넣는 게 재밌는 묘책이라고 생각했어요. 그런데 지금은 그게 전혀 묘책으로 보이지 않아요."

그가 그의 교열자 말에 귀를 기울였으면 지금 후회할 일이 그렇게 많지 않았을 텐데.

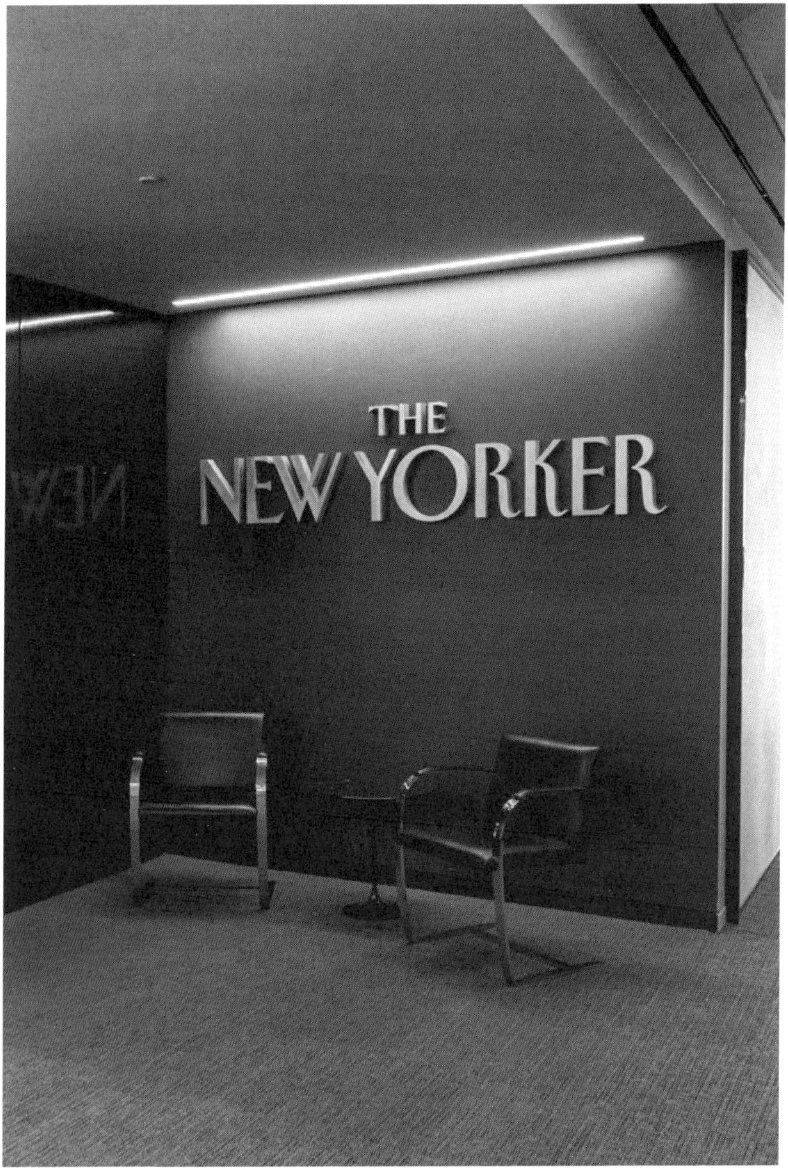
THE
NEW YORKER

누가 '모비딕'에 하이픈을 넣었을까?

나는 항상 책을 쓰고 싶어 했지만 그게 너무 어려워 보였다. 어떻게 모든 글줄을 지면의 오른쪽에 가지런히 맞출까? 난 소녀 시절에 우리 집 지하에서 장난감 타자기로 이 문제를 해결하지 못해 난감했었다. 그때는 '우측 정렬' 아이콘만 클릭하면 단어들이 자동적으로 팽창하거나 수축하여 한 줄에 딱 들어맞는 날이 올 줄은 꿈에도 생각지 못했다. 사실 정렬은 작가의 문제가 아니라 식자공의 문제였다. 구텐베르크 이후 식자공은 하이픈을 애용하며 언제든지 단어들을 손쉽게, 때로는 발음이나 어원을 고려하지 않고 분철했다.

사람들은 단어 분철에 의외로 민감하게 반응한다. 오래전에 도데카네스 제도에게 해 _{동남부 그리스령의 여러 섬} 근해의 선상에서 내가 만난 한 남자는 English와 England를 분철하는 〈뉴요커〉의 방식이 못마땅하다며 내게 불평을 늘어놓았다. 우리는 발음을 기준으로 단어를 분할하는 『메리엄웹스터』에 의거해 "En-glish"와 "En-gland"로 표기한다. 『웹스터 뉴월드 사전』(을 비롯한 다른 사전들)은 의미 단위에 따라 단어를 분할하기에 "Eng-lish"와 "Eng-land"로 적는다. 나와 같은 배를 탄 그는 glish와 gland가 분리되어 다음 줄에 오면, 특히 세로 단의 맨 위의 줄에 있으면 짜증이 난다고 말했다.

나도 짜증이 났다. 이곳 에게 해에서 한 미국인이—그의 황갈색 허시퍼피간편한 단화의 일종를 보고 짐작건대 대학교 영어학과 교수가—단어 분철을 운운하며 나를 들볶고 있었다.(그는 그가 지불하는 구독료에 대해서도 툴툴거렸다.) 실은 나도 그 방식이 마음에 들지 않았다. 외따로 있는 glish와 gland는 보기 좋지 않다. 그렇지만 나는 우리가 해오던 방식에 오랫동안 길들어 있었고, 나의 휴가 중에 그것을 변호해야 하는 상황에 놓이니 부아가 치밀었다.

뜨거운 활판과 활자가 사용되던 시절이 있었다. 당시 식자공은 손수 g를 다음 줄로 내려서 이 인기 없는 결과를 달성했다. 1980년대 초반에 전자출판의 시대가 도래했을 때 초기의 컴퓨터는 단어를 분철하지 못했다. bedroom에 하이픈이 생기면 be-droom이 되곤 했다. 이후 누군가 컴퓨터에 사전을 통째로 집어넣으며 단어 분철 기능을 더했고, 이로써 교열자들은 스스로 단어에 하이픈을 넣을 수 있게 되었다. 우리는 n과 g 사이에 커서를 놓고 옵션-시프트-하이픈 키를 누르기만 하면 나의 의도대로 English를 얻는다. 하지만 언어는 기술이 따라올 수 없을 만큼 빠른 속도로 증식하고 있다. 내가 〈뉴욕타임스〉에서 본 것 중에 "ret-weet"(retweet), "ju-ghandle"(jughandle: 우측 차선에서 좌회전하도록 만들어진 도로 형태로서, 특히 뉴저지의 명물), "Toscaes-que"(Toscaesque: 푸치니의 오페라 〈토스카〉에 비유할 때 쓰는 말) 등이 있었다. 인쇄물의 행을 정렬할 필요가 있는 한, 이를 위한 인간의 자리는 남아 있을 것이다.

영어에는 외국에서 건너온 단어, 철자는 변함없는데 문맥에 따라 의미가 달라지는 단어, 그리고 저속으로 촬영된 꽃잎처럼 열리고 닫히는 변화를 겪는 단어가 워낙 많기 때문에, 우리를 대신해 일하기로 작정하고 전문 문장가들조차 혀를 내두를 만큼 파격적인 결정을 내리는 컴퓨터에 대해 우리가 우위를 점하려면 인간의 손길이 특히 중요하다. 한번은 인쇄소로 넘어가기 직전의 글에서 cashier가 "ca-shier"로 쪼개진 것을 내가 발견했다. 분명 cash-ier가 맞을 텐데, 나는 의심스러워서 『웹스터』에서 그 단어를 찾아봤더니 두 가지 뜻이 실려 있었다. "ca-shier"는 타동사로 "해고하다", 주로 "징계로서 파면하다"를 의미하며 유의어로 "reject, discard"가 있다. 한편 "cash-ier"는 명사로 "돈을 출납하는 사람"을 의미한다.(나의 첫 꿈은 출납원이 되는 것이었다. 그러면 그 돈을 모두 내가 지니는 줄 알았다.) 컴퓨터는 동사 cashier와 명사 cashier를 구별하지 못하고 전자를 선택했던 것이다.

이와 같은 일이 bumper에도 일어났다. 이것이 "bum-per"로 쪼개져 있었다. bumper가 bump 뒤에서 끊어진다는 사실을 누가 모를까? 난 다시 사전을 봤다. 아니나 다를까 bumper의 첫 번째 표제어는 "bum-per", 명사로서 "가득 차 넘칠 듯한 컵이나 유리잔"을 의미한다. 이보게, 난 자네의 섬세한 국제음성기호 한 범퍼를 들이켜야겠네. 두 번째 표제어도 역시 "bum-per"로 쪼개지는데, 이는 "유별나게 큰"을 의미하는 형용사로서 "bumper crop 대풍작"이라는 용례가 있다. 마지막 세 번째 표제어로 "bump-er"가 나온다. 명사로서 "충돌하는 것" 또는 "(충돌 시) 충격을 완화하거나 손상을 방지하는 장치, 특히 차량의 앞뒤에 설치된 바bar"를 의미한다. 아! 그러니까 컴퓨터는 접미사 er이 붙은 어형을 미처 소화하지 못한 채 사전을 게워냈구나. 나는 p와 e 사이에 커서를 놓고 옵션-시프트-하이픈 키를 눌렀다. 이후 나는 줄곧 bumper와 cashier를 경계한다.

*

하이픈은 이중성이 있다. 단어를 음절로 분철할 뿐만 아니라 두 개 이상의 단어를 결합하여 복합어를 만들기도 한다. 여기 복합어 세 개가 있다. school bus, bus driver, school-bus driver. 이것은 복합명사를 형용사로 바꾸는 하이픈의 비교적 간단한 용례다. bus-driver hero라는 말도 가능하다. ice cream은 두 단어의 명사인데 하이픈이 붙으면 ice-cream cone이나 ice-cream sandwich처럼 형용사로 쓰인다. 우리는 하이픈 때문에 골머리를 썩이기도 한다. 넣었다가 뺐다가 다시 넣으면서. 내가 교열 시험을 치를 때 "bright red car"라는 구에 하이픈을 넣어야 할지 말아야 할지 몰라서 엄청 고민한 적이 있다. 대체 "bright"는 빨간색과 자동차 중 어느 것의 때깔을 수식하는 말일까? 나는 하이픈을 넣고 빼고 넣고 뺐다. 결국 하이픈을 뺀 채로 답안지를 제출한 직후에야 내가 그걸 넣었어야 했다는 사실을 깨달았다. 그 차는 선홍색이었다. 정답은 "a bright-red car".

모든 교열자의 삶 속엔 하이픈 때문에 강박감에 시달리는 시기가 있다. 점박이하이프나ᴸlaughing hyphena. 점박이하이에나(laughing hyena)에 빗댄 말장난. 나는 교열 작업을 익히는 동안 하이픈에 대한 두 가지 노선을 알아냈다. 엘리너 굴드는 틈만 나면 하이픈을 넣는 듯 보였고, 루 버크는 가외의 것을 혐오했다. 항상 하이픈이 있는 단어가 아닌 한, 따옴표 속의 단어에는 하이픈을 넣을 필요가 없다고 루는 내게 가르쳐줬다. 따옴표만으로 단어들을 한데 뭉칠 수 있는데 또 하이픈으로 연결하면 과도하다.(대문자와 이탤릭도 이와 같다.) 언젠가 엘리너는 blue stained glass에 하이픈을 넣어 "blue-stained glass"로 표기해서 나를 어리둥절하게 만들었다. 내가 이에 관해 그녀에게 물었더니 그녀는 선지자 같은 표정을 지으며 이건 어려운 개념이라고 말했다. 나는 결코 이해하지 못할 것 같았다. 스테인드글라스가 파란색인가? 아니면 글라스가 파랗게 착색된 건가? 둘 다 맞는 말인 듯했다. 콤마에 해석의 자유가 있다면 하이픈은 순전히 신탁神託이다.

엘리너는 하이픈을 분별 있게 삼갈 줄도 알았다. 그녀는 nuclear power plant에 하이픈이 필요 없다고 판단했다. 이것은 핵분열을 이용한 발전소power plant인 동시에 원자력nuclear power을 공급하는 플랜트이기 때문이었다. 이중결합의 정도가 nuclear power plant보다 낮은 복합어들 중 일부는 우리로 하여금 불필요한 하이픈을 넣도록 계속 유혹한다. 예를 들면 high blood pressure. 우리는 이것을—혈압이 높아서 위험하다는 뜻으로—high와 blood pressure로 나눌 수 있지만, high blood를 묶어서 pressure를 수식하게 둘 수는 없다. 혹자는 adult cable television에 하이픈을 넣고 싶겠지만 어차피 adult cable은 말이 안 된다. 성인용 케이블 TV를 adult cable이라 부르는 사람이 있을지 몰라도 그건 경우가 다르다. 참혹한 예로 baby back ribs가 있다. 이것은 '새끼

등의 갈비'가 아니라 '작은 등갈비'다. 혹시 식당에서 baby back ribs를 주문할 일이 있으면 baby를 '작고 여린 동물' 대신 '소형' 이라고 생각하자. 아니면 채식주의자가 되든지.

bad hair day라는 구는 오락가락한다. 이는 "루 버크 데이"와 같은 뜻일까? 내가 사무실에서 유난히 짜증 나는 날에 하는 말이다. "아, 오늘은 루 버크 데이네." 루는 장점이 많지만 아주 고약해질 때가 있다. 그녀는 어떤 이유로든 실망하거나 화가 나면, 불운하게 그녀와 마주친 아무에게나 폭풍처럼 휘몰아친다. 내 동료중 한 명은 그런 그녀를 보고 만화 속의 태즈메이니아데블을 떠올렸다. 자기를 방해하는 것이 있으면 그게 누구든, 무엇이든 가리지 않고 사납게 마구 깨물면서 뱅글뱅글 도는 동물. 차라리 만화라고 생각하는 편이 나았다. 왜냐하면 태즈메이니아데블 같은 사람의 행동을 참아내긴 너무 힘들었고, 루가 늘어놓는 열변은 실상 무해했기 때문이다. 루의 논리에 따르면 하이픈이 있는 bad-hair day로 써야 한다. 난 여기에 하이픈이 없는 것이 더 좋다. hair day라는 복합어가 유의미한지 모르겠지만. 여보, 당신의 헤어 데이는 이땠어? 헤어 데이 멋지게 보내! 자꾸 말할수록 더 자연스럽게 들린다. 엘리너가 하이픈을 넣어 blue-stained glass로 쓸 수 있고 루가 복도에서 성질을 부릴 수 있다면 나는 bad hair day에 하이픈을 넣지 않을 수 있으리라.

다른 출판사에서 일하다 갓 들어온 한 교열자가 pan-fry^{지지다}에서 하이픈을 뺐다는 이유로 루 버크의 비웃음을 산 적이 있다. "웹에 있잖아요"라고 신출내기가 따졌다. "도대체 사전에서 뭘 보는 거예요?" 루가 말했다. 나는 이 문장의 억양이 변하기를, 그 목소리가 갈수록 커지면서 경악스러운 기세로 끝나기를 기대했다. 실제로 그녀는 점점 강하게 말했다. 〈신혼여행객〉에서 "왜냐하면 나는 수다쟁**이니까!**"라고 외쳤던 랠프 크램든처럼. 하이픈이 없는 panfry는 pantry찬방로 보이기 십상이다. "팬프리!" 루는 큰 소리로 웃으며 다시 말했다. "팬프리!" 그 교열자는 규칙을 따랐을 뿐인데 루는 그녀에게 "단어 감각"이 없다고 말했다. 루는 특히 feet first와 head on 같은 부사에 불필요한 하이픈을 넣는 것을 경멸했다. 물론 head on은 명사 앞의 형용사로 쓰이면 하이픈이 붙지만—"The editors met in a head-on collision(그 편집자들은 정면충돌했다)"—부사로 쓰인 문맥에선 하이픈이 없어도 오독의 여지가 없다. "The editors clashed head on in the hall.(그 편집자들은 복도에서 정면으로 부딪쳤다.)" 그 신출내기는 head on에 하이픈이 없으면 모호해진다고 주장했다. 루는 경악을 금치 못했다. "그게 왜?" 그녀는 요란하게 덮치듯 이 말을 거듭하며 으르렁거렸다. 결국 그 교열자는 이전에 일했던 직장으로 돌아갔다. "수녀가 되려고 노력하다 실패한 것 같은 기분이에요"라고 그녀는 푸념했다. 실지로 우리는 무슨 이상한 수도원의 규율을 따르는 듯한 느낌이 종종 들었다. 하이픈의 성비하Holy Humility 수녀회.

작가 겸 편집자 베로니카 겡Veronica Geng은 내가 사전에서 hairpiece라는 단어를 찾아보지 못하도록 내 몸을 붙잡은 적이 있다. 사전에 그것이 두 단어로 적혀 있을까 봐, 그래서 내가 사전의 표기를 맹목적으로 따를까 봐 염려했기 때문이다. 그녀가 사무실에서 나가자마자 나는 사전을 찾아봤다. 그것은 두 단어였지만 난 그녀의 단어 감각을 존중해 그것을 그대로 두었다. 한번은 내가

『웹스터』에서 "hairstyle"을 보고 그대로 한 단어로 썼다. 그랬더니 루가 내 방문 앞에 불쑥 나타났다. 누군가 실수로 화재경보기를 울렸을 때 2초 후에 사이렌을 울리며 길모퉁이에서 나타나는 소방차 같았다. "style 복합어는 붙여 쓰지 않아요"라고 그녀가 타이르듯 말했다.(그날은 그녀에게 기분 좋은 헤어 데이였다.) 나는 우리가 life style을 두 단어로 쓴다는 사실을 알고 있었지만, 그건 lifestyle이라는 개념을 부정하는 우리의 표기 방식일 뿐이라고 생각했다. 당시에 나는 사전이 보배로운 물건이지만 특히 복합어에 관한 한 내가 사전에 휘둘리면 안 된다는 점을 인식하던 중이었다. 하이픈이 선악의 문제가 아니라는 점도 그 시기에 깨달았다.

통설에 따르면 복합어는 두 단어로 시작해서, 하이픈이 붙는 과도기를 거쳐, 하이픈을 잃고 한 단어가 된다. today에는 원래 하이픈이 있었다. ringtone은 아주 잠깐 두 단어였다가 하이픈 단계를 아예 건너뛰고 그렇게 굳어졌다. 본디 두 단어의 프랑스어 ("de luxe")였던 deluxe는 〈뉴요커〉에서 2003년 2월 5일까지 하이픈이 붙어 있었는데, 그날 유난히 기분이 나빴던 한 편집자가 욱하며 그 하이픈을 날려버렸다. 이제 de-luxe는 옛말이 되었지만, 나는 이 고풍스러운 형태가 겉가죽을 잘 씌운 소파처럼 더 호화롭게 보인다. 하이픈을 제거하면 동네 식당의 메뉴판에서나 볼 만한 것이 된다. 치즈버거 디럭스.

하이픈과 교열자에 관한 지독한 진리가 있다. 있으면 빼고 싶고 없으면 넣고 싶다. 만약 우리가 구텐베르크의 주자공처럼 각각의 하이픈을 일일이 주조해야 한다면 그것을 더 아껴 사용할 것이다. 그것을 쓸지 말지 잠시라도 생각해볼 것이다. 나는 high-school principal의 하이픈이 맘에 든다. 실제로 school principal 이라는 단어가 있기 때문이다. 만일 학교장이 취한^{high} 상태라 면 그녀는 학교에서 퇴거하여 집에서 TV 연속극이나 봐야 한다. high-school student는 필요 이상으로 번거롭게 보이지만(누가 a school student라고 말하겠는가?), 연속 콤마의 경우와 같이 우리가 매번 곰곰이 생각하는 것보다 마음을 딱 정하고 하이픈을 일관성 있게 사용하는 편이 더 편하다. 좀 번거로우면 어떤가? 그게 우 리가 월급 받고 하는 일이다. 하기야 매번 곰곰이 생각하면 또 어 떤가?

캐런 러셀이 지은 이야기 속에서 한 소년은 교회에 다녀온 한 소녀를 놀리며 묻는다. "How was it? ……Delicious God-bread?(어땠어? ……신빵 맛있디?)" 나는 다른 교정자의 말을 듣고 —남다른 발상을 강요하는 지침서를 만든 그 독특한 사람이 나 를 설득하는 바람에—"God-bread"의 하이픈을 제거하고 이를 두 단어로 만들었다. 하지만 난 하이픈이 없는 것이 마음에 걸렸 다. 나중에 샌드위치를 먹으며 이리저리 고민하다 사무실로 돌 아오는 길에, 난 그것을 raisin bread^{건포도 빵} 같은 단어에 비하면 안 된다는 사실을 깨달았다. God bread 속엔 여러 신이 박혀 있 지 않았다. 그 자체가 신이었다. 나는 곧 하이픈을 복구해 "God-bread"로 바꿨다. 하이픈의 성^聖변화.

*

하이픈에 관한 저서 중 으뜸은 에드워드 틸^{Edward N. Teall}이 저술하고 1937년에 펑크앤드왜그널스에서 출간한 『하이픈 씨를 만납시다(그리고 그를 제자리에 둡시다)Meet Mr. Hyphen(And Put Him in His Place)』다. 아마 현존하는 영어 서적 중에서 하이픈을 심도 있게 다룬 유일한 책일 것이다. 이 책은 스타일의 기준을 정하는 사람들을 비롯한 전문가를 위해 저술되었지만 일반 독자가 읽어도 꽤 재미있다. 언어가 변하는 속도를 고려하면 하이픈에 대해 수 세대 전에 이루어진 연구의 성과가 지금도 유효하니 무척 놀랍다. 하이픈 씨는 될성부른 인물이었다. 1902년에 프린스턴대학교를 졸업한 틸은 언어에 열성적 관심을 지닌 가문의 일원이었다. "우리 아버지는 복합어 전문가였다"라고 그는 적었다. "우리 가족은 하이픈으로 살아갔던 셈이다. 우리는 하이픈에 관한 논의를 많이 듣고 자랐기에 비유적으로 그랬고, 또 그것이 우리 집안의 가장에게 짭짤한 일자리를 제공하여 의식주 및 여가 활동에 보탬이 되었기에 실제적으로도 그랬다." 틸은 불가사의한 재능을 지녔다. 미래에 무엇이 우리를 성가시게 만들지 알고 있었다. 그는 "요즘 놀라운 고등학교 유행어high school fad 'alright'"를 논하고(그는 all right를 복합어로 취급하고 싶어 하지도 않았다. 하여간 그가 하이픈 없이 쓴 "high school"이 눈에 띈다), 〈신혼여행객〉보다 수십 년 앞서서 "po-lop-o-ny"를 그의 각주에 상술했다. 이것은 polo pony폴로 경기용 조랑말를 polyphony다성음악처럼 붙여 쓰면 생기는, 그러나 존재하지 않는 단어다. 그는 "애매한" 복합어들이 있다는 말도 자주 한다. 복합어 만들기는 과학이 아니라고 그는 말한다. "우리는 이것을 예술로 봐야 한다. 개인의 선호와 각자의 판단이 언제나 결정적이기 때문이다." 그는 말한다. "좋은 복합어는 성격의 발현으로 만들어진다."

hyphen이란 단어는 그리스어에서 유래했고(이 사실은 그리스어를 공부했던 내가 hy와 ph 철자를 보고 알았어야 했는데) 본래 '함께'라는 뜻을 지닌 부사였다. 이것은 가로선이 휘어진 형태로, 글줄 밑선의 아래쪽에 표기되었다. 즉, 손톱괄호가 등을 바닥에 대고 드러누운 모양이었다. 이는 악보의 붙임줄 같은 역할을 한다. 틸은 그가 평생 연구하고 실험한 이 주제에 정통한 인물이다. 그는 hyphen을 명사와 (hyphenate를 대신하는) 동사로 사용하면서, 한 단어로 "연합되기" 이전의 고대 복합어(예컨대 husband의 어원은 '집안의 우두머리'를 의미하는 앵글로색슨어 hus와 bonda) 및 복합어의 "단일어화"를 설명한다.

"복합어 만들기를 성역으로 앙시하는 것도, 언어 괴짜의 취미로 폄하하는 것도 전연 무익하다"라고 그는 적었다. "이것은 어렵고 혼란스럽지만 불가해한 신비도, 불가능한 상용도 아니다. 이를 회피하는 사람도, 이를 뒤죽박죽 섞어놓는 사람도 옳지 않다." 이어서 그는 대문자로 썼다. **"오독 예방이 급선무다."** 이런 면에서 하이픈은 콤마와 같다. 이런저런 규칙을 당연히 따라야 하지만 결국 우리가 추구하는 것은 의미의 명료성이다.

틸이 일소하려는 악습 중의 하나는 ly로 끝나는 부사와 분사 사이에 하이픈을 넣어 오용하는 것이다. 그는 표제 하나를 예로 든다. "Use of 'Methodist' Is Newly-Defined.('감리교 신자'의 쓰임은 새롭게 규정된다.)" 그는 우리가 하이픈을 허투루 과용한다며 개탄한다. "이보다 더 철저하게 낭비된 하이픈을 본 적이 있는가? 하이픈이 이보다 더 불필요하고 헛되게 쓰일 수 있을까?" 아주 흔히 사용되는 well known의 경우에도, 한정 용법이든 서술 용법이든 틸은 하이픈을 생략하는 경향이 있다.(〈뉴요커〉는 이를 절반만 따른다. 서술 용법─"The man is well read그 남자는 박식하다"─이면 하이픈을 생략하지만 한정 용법일 때는 넣는다. "I like a well-read man.나는 박식한 남자를 좋아한다." 하지만 이를 더 수식해서 "I like a very well read man"이라 말하면 하이픈은 다시 튕겨나간다. 이 녀석은 정말 제멋대로 놀아난다.)

그래도 가장 규칙적으로 보이는 복합어는 형용사, 명사, 또는 ly로 끝나지 않는 부사 뒤에 과거분사(불규칙 또는 -ed 형태)가 붙은 형용사다. 틸이 정리한 목록 중 대표적인 예를 들면 hard-boiled(〈뉴요커〉는 그 대상이 달걀이면 하이픈을 넣고, 사람이면 이를 한 단어로 만든다), long-winded장황한, soft-hearted마음 여린, tight-fisted인색한, hyphen-minded하이픈 지향적인. 이들은 모두 하이픈이 있는 복합어다. 다만 이 중에서 soft-hearted만 하이픈을 잃었다. 틸은 부사 well이 결합된 것도 이 목록에 포함시킨다. 사실 그는 이러한 것을 두 단어(well read, well told)로 규정하고 싶어 하지만, 그토록 많은 복합어에 부합하는 규칙을 총애한 나머지 그의 개인적 선택을 자제한다. 그렇지만 그는 역시 a badly-torn book심하게 찢긴 책 같은 구에 하이픈을 사용하는 것을 허용하진 않는다. 이런 것은 "과도한 현학"이 빚은 "기형"이다.

우리는 각 복합어의 부분들을 분석한 후에야 하이픈을 쓸지 말지, 혹은 한 단어로 만들지 두 단어로 만들지 결정할 수 있다. 때때로 분사(동사의 -ing형)는 형용사처럼 보일지라도 형용사보다 명사에 더 가까운 성질을 갖는다. laughing stock웃음거리은 웃는 재고품이 아니고, walking stick지팡이은 (일단 대벌레라는 의미를 차치하면) 걷는 막대기가 아니다. 틸은 이러한 분사가 "정체"를 밝히는 기능을 수행한다고 말한다. 수많은 예가 있다. working clothes작업복(옷은 일하지 않는다. 우리가 일할 때 입는 것이다), iron-ing board다리미판(판은 다림질하지 않고, 다림질에 이용된다), whirling dervish빙빙 도는 탁발승(탁발승이 빙빙 돈다는 뜻이지만 이것은 틸이 말했듯 "우발적" 행위가 아니다. 빙빙 도는 탁발승은 "몸의 회전을 의례로 삼는 종파의 일원"으로서 "다른 종류의 탁발승들"과 구별된다. 요컨대 whirling은 그 탁발승의 정체를 밝힌다). 틸은 자신이 선택한 단어들로써 우리가 '제한적'이라고 부르는 것의 특징을 포착하고 있다.

틸이 감지한 바에 따르면 하이픈을 잃고 한 낱말이 된 단어는 비유적 성향이 있는 반면(예: cowcatcher배장기), 하이픈을 간직한 것은 축어적이다(예: bronco-buster조마사). 〈뉴요커〉에서 hard-boiled완숙한와 hardboiled무정한를 구분하는 데에도 이와 같은 논리가 작용한 듯하다. 나는 교열 중에 이와 엇비슷한 것을 경험했다. dog-lover는 개를 사랑하는 사람이다. 개는 그의 사랑을 받는 목적어다. 제임스 서버가 dog-lover였다. 하이픈이 없는 dog lover는 여전히 개다. 이를테면 〈레이디와 트램프〉에 나오는 트램프다.(디즈니로 문법을!) bird-watcher는 새를 관찰하는 사람인데, bird watcher는 주위를 살피는 새라는 뜻이 되겠다. 우리는 이 차이를 인식할 수 있다.(그리고 우리를 바라보는 새의 시선을 느낄 수 있다.)

내가 이것을 절감한 계기가 있었다. 캘리포니아에 사는 앨리스 러셀샤피로라는 여자가 〈뉴요커〉의 편집자(실상 교열자)에게 불만에 찬 편지를 보냈을 때였다. 그녀가 지적한 것들 중에 "star fucker"라는 용어가 있었다. 그녀가 언짢았던 이유는 지면에 이 용어가 쓰였기 때문이 아니라 단지 그녀가 "활성 하이픈"이라 부른 것이 없었기 때문이다. 난 그녀가 에드워드 틸의 먼 친척뻘이었는가 싶다. 두 사람 모두 하이픈을 설파하는 데 일가견이 있다. 하이픈이 없는 "star fucker"에서 각 단어는 동등한 무게가 있다. 인기 많은 성행위자. 하지만 star-fucker에선 하이픈이 무게를 앞쪽으로, 즉 명사('성행위')로 구체화되는 행동의 목적어('스타')로 쏠리게 한다.

co-workers의 경우에 하이픈을 넣지 않고도 cow로 읽힐 가능성을 없애는 방법이 있다. 이같이 두 모음이 서로 충돌할 때는 하이픈 대신 분음 기호diaeresis를 사용해도 된다. 흔히 움라우트umlaut라고 잘못 불리는 diaeresis는 (die heiresses처럼 발음되고 '나누다'라는 의미의 그리스어에서 비롯됐으며 철자가 되게 어려운데) naïve와 reëlection 같은 단어에서 두 번째 모음자 위의 정중앙에 두 점으로 표시된다. 움라우트는 독일어에 있는 것으로, 모음의 발음을 변화시키고("Brünnhilde브륀힐데") 수시로 단어의 의미를 바꾼다. schon(부사), 이미. schön(형용사), 아름다운. 독일어에서 두 모음자가 연속되는 곳에 움라우트가 쓰이는 경우, 그것은 첫 번째 모음자 위로 가면서 뭔가 중요한 사항, 이를테면 복수複數를 나타낸다. 이와 달리 분음 기호는 항상 두 번째 모음자 위로 가며, 그 모음자가 독립된 음절을 형성하고 있다는 사실을 알려준다.

대체로 영어권 국가에서 분음 기호는 별로 긴요하게 여겨지지 않는다. 미국에서 그것을 규칙적으로 사용하는 출판물은 〈뉴요커〉밖에 없을 듯싶다. 요즈음 모음자 위에 분음 기호를 찍는 일은 실로 번거롭다. 자동 교정 기능에 의해 분음 기호가 싹 사라지면 나는 되돌아가서 커서로 그 글자를 선택한 다음, 옵션 키를 누른 상태에서 u를 치고 또다시 적합한 글자를 타이핑해야 한다. 그런데 왜 굳이 이래야 할까? 다양한 글쓰기 방식을 지닌 독자들에게 비난을 가장 많이 받는 것이 바로 분음 기호인데도 불구하고.

기본적으로 이러한 단어를 다루는 우리에게 주어진 방안은 세 가지다. cooperate, co-operate, coöperate. 옛날 우리 잡지의 스타일이 개발되던 시절에, 첫 번째 방안은 오독의 소지가 있고 두 번째는 가소롭다고 생각했던 한 사람이 세 번째를 가장 고상한 해법으로 여겨 채택하고 최대한 널리 적용했다. 1930년대, 즉 하이픈 씨가 이러한 문제를 고려하던 시기에 이미 분음 기호는 거의 퇴화했기에 그는 그것과 손을 끊었다. 그는 사람들이 그저 스스로 잘 이해하리라 생각했다. 실제로 그 두 점이 없어도 대다수는 cooperate의 coop우리나 reelect의 reel얼레에 현혹되지 않는다. 설령 그들이 (우리가 분음 기호 없이 쓰는) zoological에서 zoo를 그대로 발음하더라도.

〈뉴요커〉에서 모든 사람이 분음 기호를 애호하진 않는다. 일부는 이게 왜 아직도 쓰이는지 의아해한다. 스타일은 때때로 변한다. 일례로 1980년대에 〈뉴요커〉 편집자들은 시대적 추세에 따라 세미콜론을 닫힘 따옴표 밖으로 끄집어내기로 결정했다. 당시 게시판에 올라온 공지 사항은 이렇게 시작했다. "여러분의 반사작용을 조정하세요."

호비 위크스는 1928년부터 우리 회사에서 일했던 스타일 편집자였는데, 루 버크는 분음 기호를 폐지해달라며 그를 조르곤 했다. 하이픈 씨와 유사하게 루는 자립심이 강한 현대적 독자여서 그녀의 모음이 미시적으로 관리되는 것을 원치 않았다. 언젠가 승강기 안에서 위크스를 만났을 때 그는 많이 약해진 듯 보였다. 그는 분음 기호를 쓰지 않도록 스타일을 변경할 참이니 곧 공문을 발송하겠다고 루에게 말했다. 이 말만 남기고 그는 죽었다.

1978년의 일이었다. 이후 그 문제를 감히 입에 올리는 사람은 없었다.

*

문학에서 가장 신성한 하이픈은 『모비딕Moby-Dick』에 있는 하이픈이다. 인쇄물에서 이 책이 언급될 때마다 나는 궁금했다. 정작 그 고래에는 하이픈을 사용하지 않으면서 왜 제목에 하이픈을 붙일까? 구두점을 마구 찍어댄 허먼 멜빌이 고집했던 것일까? 누가 『모비딕』에 하이픈을 넣었을까?

나는 멜빌 전문가는 아니지만 내가 『모비딕』을 읽은 이후 멜빌은 계속 나를 곁따랐다. 난 영어를 전공해서 대학교를 졸업했지만 그 전까지 멜빌의 작품을 읽은 적이 전혀 없었다. 그래서 대학교 졸업 후 대학원에 진학할 때까지, 내가 클리블랜드로 돌아와서 부모님과 같이 살며 의상업체에 다니던 해에 난 『모비딕』을 읽었다. "오, 시간, 체력, 돈과 인내!"라는 표어가 마음에 쏙 들었다. 고래 분류법을 서술한 제32장 「고래학」의 맨 끝에 나오는 말이다. 큰코돌고래부터 향유고래, 긴수염고래, 혹등고래, 외뿔고래와 범고래를 거쳐 만세돌고래와 잿빛고래까지 살펴보는 "육중한 과업"

을 수행할 가치는 충분히 있다. 그 표어는 나의 대학원 시절의 좌우명이었다. 내가 다시 클리블랜드로 돌아와 보니 『모비딕』의 몇 장면이 담긴 포스터가 있었다. 우리 아버지가 나를 위해 액자에 넣어두신 것이었다. 몇 년 후 나는 이것을 라커웨이로 가져가서 방에 걸어놓고 그 방을 '모비딕 룸'이라 불렀다. 2012년에 허리케인 샌디가 해일을 몰고 왔을 때 바닷물이 그 액자 아래로 불과 1센티미터까지 차올랐다.

나는 낸터킷^{미국 북동쪽 코드 곶 근해의 섬}을 여행하는 동안 『모비딕』을 다시 읽었고, 『고래^{The Whale}』의 작가 필립 호어^{Philip Hoare}가 주관하는 프로젝트에 초대받아 참여했을 때에는 대강 훑어봤다. 하루에 한 장^{chapter}씩, 매일 다른 사람이 낭독한 각 장을 미술품과 함께 온라인에 올리는 프로젝트였다. 한 장씩 맡은 낭독자 개개인의 음성과 열성 덕분에 이야기가 생기로웠다. 나는 제6장 「거리」를 낭독했다. 이스마엘이 피쿼드호에 오르려고 낸터킷을 향해 출항하는 곳, 즉 뉴베드퍼드에 관한 장이다. 필립 호어는 멜빌과 연관된 명소, 특히 멜빌이 그 거대한 바다 생물을 연구한 곳을 빠짐없이 방문했었다. 그는 이 박물관에서 용연향^{향유고래에서 얻은 향료}에 코를 대고 킁킁거렸고, 저 박물관에선 재구성된 고래의 뼈에 남아 있는 기름 냄새를 맡았으며, 프로빈스타운^{코드 곶 끝에 있는 휴양지} 근해에서 고래 구경도 했다. 나는 그의 발길을 따라가 보기로 결심하고, 코드 곶으로 가는 길에 뉴베드퍼드에 들러 장미의 향기를 느꼈다.("그리고 뉴베드퍼드의 여인들, 그들은 그 동네의 붉은 장미같이 만발하다.") 호어는 버크셔스에 있는 그레이록 산^{Mount Greylock}으로 소풍을 가서 멜빌과 호손이 만난 순간을 떠올리기도 한다. 그저 행락 삼아 버크셔스로 향하던 중에 나는 피츠필드로 우회해서, 멜빌이 『모비딕』을 저술했던 집 애로헤드Arrowhead로 갔다. 멜빌의 명저 제목에 박혀 있는 작살 같은 그 불멸의 하이픈에 대한 나의 궁금증을 애로헤드에서 당장 해소하리라는 기대를 품진 않았지만 그곳은 내가 탐색을 시작하기에 적당한 장소로 보였다.

애로헤드는 피츠필드 남쪽 홈스 로드 780번지에 있는 큼직한 노란 집이다. 그 앞에 향유고래 모양의 파란 표지판이 있다. 내린 눈이 그대로 쌓여 있는 차량 진입로를 따라 질척한 주차장에 도착하니 그레이록 산이 눈에 들어왔다. 버크셔스 양식의 부속 건물—헛간, 차고—몇 채를 지나 본채로 갔는데, 정문이 마치 자동문처럼 열렸다. "전시회 보러 오셨어요?" 꼿꼿한 백발의 여인이 물었다. 나는 주위를 둘러봤다. 책상 하나와 그 뒤편의 선반들에는 『모비딕』의 다양한 간행본과 머그잔, 고래 모양의 각종 상품, 옷걸이에 걸린 "Call Me Ishmael"『모비딕』의 첫 문장 티셔츠가 있었다.

"여기 멜빌의 서재도 있지 않나요?" 나는 물었다.

"있는데요, 오늘은 의상 전시만 하는 날이에요." 그 여인이 말했다. "다른 전시실은 다 닫혔어요." 이때 갈색 머리가 덥수룩한 소년이 매표소 책상에서 불쑥 나타나서 말했다. "닫혔지만 제가 구경시켜드릴게요. 특별히 그걸 보러 오셨으니까요." 그는 나를 데리고 당대의 벨벳 드레스를 걸친 마네킹들이 있는 전시실 몇 개를 지나, 좌우 난간 사이로 "닫힘" 표지가 걸려 있는 계단 앞으로 갔다. 윌이라는 그 소년은 표지를 치우고 나를 계단 위로 안내했다. 나는 곧바로 멜빌의 서재에 들어섰다.

"책상은 그의 것이 아니에요." 윌이 말했다. 멜빌이 쓰던 책상은 피츠필드 시내 공공 도서관에, 마침 내가 오는 길에 봤던 유서 깊고 아주 멋진 그 건물 안에 있다. "그래도 의자는 그의 거예요." 정교하게 조각된 의자는 거기에 앉는 사람이 (한 인디언 추장의 이름을 따서 명명된) 그레이록 산의 풍경을 마주하는 방향으로 테이블 앞에 자리 잡았다. 테이블 위, 글이 적힌 편지지 위에 안경이 놓여 있었다. "그가 쓰던 안경이에요." 월이 말했다. "여기 그의 책도 많아요." 그는 유리판으로 앞이 막힌 책꽂이를 가리켰다. "누군가 그에게 준 셰익스피어 책이 있는데, 그의 시력이 나빠서 큰 활자로 인쇄된 걸로 줬어요." 멜빌은 『모비딕』을 수정하기 전에 셰익스피어와 성서를 읽었다. "이곳은 호손 룸이라고 불러요." 월은 서재 옆방을 가리켰다. 침대보가 덮인 좁은 침대가 있는 단출한 침실이었다. 호손은 애로헤드에 있던 멜빌을 적어도 한 번 방문했는데, 멜빌이 그레이록 산에서 호손을 만나고 셰익스피어와 성서를 읽은 후 멜빌의 고래잡이 모험담은 더욱 심오해졌다.

진열대에 멜빌의 유품 몇 점이 전시되어 있었다. 어느 선원이 심심파적으로 바다코끼리를 새겨놓은 편지칼, 동전 지갑과 코르크스크루. 작살도 있었지만 그건 멜빌의 것이 아니었다. 월이 시인했다. "그 시대의 것이지만 그냥 분위기를 내려고 갖다 놓은 거예요." 벽난로에 기대어 있는 작살 모양의 부지깽이는 참으로 멜빌의 것이었다.

나는 나의 안내원에게 멜빌의 의자에 앉아봐도 되겠느냐고 물었다. 그는 고개를 저었다. "만질 순 있어요." 그는 말했다. "부서지기 쉬워요. 다락방에 있었던 거예요." 그럼 천갈이를 한 번도 하지 않은 원상태란 뜻인가? 멜빌이 글을 쓰기 위해 엉덩이를 댔던 그 의자가 이 의자란 말인가? 아래층에서 윌을 부르는 소리가 들렸다. 그는 내가 그 의자에 앉지 않을 거라 믿었고, 나는 그 의자 뒤에 서서 멜빌의 어깨 너머로 바라봤다. 물결 모양의 유리창 밖으로 태양이 자작나무에 내려앉고 있었고, 눈 덮인 들판은 저 멀리 그레이록 산까지 뻗었다. 멜빌이 그의 창밖 풍경에 관해 쓴 글에 따르면, 그는 여기서 그가 바다에 있고 그레이록 산은 향유고래라고 느꼈다.

멜빌은 뉴욕시티에서 태어났다. 그의 초기 저서『타이피Typee』와『오무Omoo』는 성공적이었고, 모두 원주민 소녀들과 식인종에 관한 내용이었다. 그는 문학계의 고갱 같았다. 초기 저서의 성공에 힘입은 그는 버크셔스로 이사해 집필을 계속했다. 하지만『모비딕』은 실패했다. 멜빌은 부양할 처자가 있었고 더구나 그의 처가에 빚을 지고 있었기에 피츠필드에 있던 그의 재산을 정리해서 맨해튼의 이스트 26번가에 위치한 집을 얻었다. 그의 처가 식구 중 한 사람이 저당권을 설정해놓은 건물이었다. 그는 계속 글을 썼지만—『피에르, 혹은 모호함』이라는 책도 뒤이어 나왔지만—세관에 취직도 해서 이후 20년간 시내로 통근했다. 그는 문학으로 다시 성공하지 못했다.『빌리 버드』는 그의 사후에 출간됐다. 그의 유고를 그의 아내가 빵 상자에 보관해뒀다.

난 아래층으로 내려와 애로헤드의 기념품을 주섬주섬 챙겼다. 나는 바이킹펭귄에서 출간한『모비딕』을 가지고 있다가 친구에게 빌려준 터였는데, 그 책은 학문적인 주해가 함께 있어서 이번엔 1930년에 모던라이브러리에서 출간한 것을 구입했다. 이것은 로크웰 켄트Rockwell Kent의 삽화가 있을 뿐 (멜빌이 직접 쓰지 않은)

장황한 머리말이나 각주도 없고, 선박의 부분품 명칭에 대한 해설도 없었다. 나와 본문 사이에 걸리적거리는 것이 없었다. 이 책의 편집자들은 "Moby Dick"의 하이픈마저 외면했다. 나는 자 한 개도 샀는데 거기엔 "Herman Melville's ARROWHEAD"라는 문구가 적혀 있고, 20센트짜리 우표 하나가 복제되어 있다. 멜빌의 초상화를 담고 있는 이 우표엔 그가 남긴 문장도 있다. "모방으로 성공하는 것보다, 창작으로 실패하는 것이 낫다."(멜빌의 콤마를 그대로 남겼다.)

나는 집으로 차를 몰면서 멜빌을 생각했다. 1863년에 패배감을 느끼며 뉴욕으로 되돌아가는 그의 모습을 상상했다. 평소 나는 내 차를 탄 채로, 멜빌이 살던 집이 있던 자리임을 알리는 표지판 앞에 서 있을 때가 잦았다. 화요일과 금요일 오전 7시 30분에서 8시 사이에 도로 청소차가 지나가길 기다리는 동안이다. 도로 양변에 번갈아 주차하는 규칙을 따르면서, 숙성된 소고기와 보송보송한 리넨이 길 건너편에 있는 부티크 호텔의 화물 출입구로 배달되는 광경을 지켜보곤 한다. 이른바 멜빌 블록은 양변 교대 주차의 요충지다. 한때 그의 집터에 있었던 스테이플스대형 문구점 매장은 그리 생뚱맞게 보이지 않았는데, 남쪽으로 몇 블록 떨어진 곳에 더 작은 규모로 자리를 잡았다. 지금 그 집터엔 스페인 식당과 은행 지점이 들어서 있다.

나는 차 안에서 주차 공간을 확보하는 데 걸린 시간을 만회하려고 애쓰며 흰 고래의 하이픈을 다시 궁리하기 시작했다. 멜빌에 관한 방대한 전기가 몇 권 있는데, 나는 그중 출판과 관련된 그의 삶을 이해하기 위해 앤드루 델방코Andrew Delbanco의 『멜빌: 그의 세계와 작품Melville: His World and Work』을 선택했다. 현재『모비딕』의 원고는 남아 있지 않다. 델방코의 서술에 따르면 멜빌은 자신의 글이 사전에 유출되는 것을 무척 꺼려서 풀턴 거리에 있는 인쇄공에게 그 원고를 손수 전달했고 교정도 직접 했다. 이때가 1851년 8월이었다. 이즈음 그의 남동생 앨런은 그를 대신해 런던에 있는 출판사와 협상 중이었다. 앨런 멜빌은 런던 소재 벤틀리Richard Bentley의 회사에 편지를 보내, 그의 형이 (너새니얼 호손을 위한) 헌사를 추가했고 제목을 "고래The Whale"에서 "모비딕Moby-Dick"으로, 즉 주인공이나 다름없는 그 고래의 이름으로 바꿨다고 설명했다. "모비 딕"이라는 이름의 기원은 "모카 딕"으로 불리며 실존했던 흰 고래이며, 이 고래는『화이트재킷』에 카메오로 등장한다. 동생은 초기에 섣부른 판촉을 시도하며 이렇게 덧붙였다. "이 새로운 제목이 더 잘 **팔리는** 제목이 될 것 같습니다—." 이 글에서 앨런 멜빌은 제목에 하이픈을 사용했다.

영국 간행본의 제목을 변경하기엔 너무 늦은 시점이었다. 1851년 9월, 미국 간행본이 나오기 두 달 전에 그 소설은 영국에서『고래The Whale』로 출간됐다. 이를 출간한 영국 출판사는 주로 품위 유지, 종교적 양심, 혹은 민족주의에서 기인한 이유로 본문을 많이 고쳤고, 마지막 문장에서 이탤릭체를 쓰며, 퀴퀘그의 관에 의지한 이스마엘을 물에 띄워놓은 채 끝냈다. 허먼 멜빌은 이 줄 어디선가 손을 뗐다. 델방코는 그 작가가『모비딕』을 교정할 때 취했을 법한 태도를 설명하기 위해『피에르, 혹은 모호함』속의 글을 인용한다. "그 교정지는 (…) 착오로 가득했지만 (…) 그는 그런 사소하고 시시한 골칫거리를 견디지 못했다. 그는 눈에 띄는 대로 최악의 것들만 바로잡고 나머지는 내버려뒀다. 곤충학 비평가들에게 제공할 풍성한 수확을 스스로 조롱하는 심정으로."

델방코는 그의 전기에서, 이런 곤충학 비평가가 참고할 만한 내용을 소개했다. 그것은 19세기 구두점 관습에 대한 토머스 탠셀G. Thomas Tanselle의 언급이다. "콤마는 때로 말투를 반영하기 위해 표현적으로 사용되었고, 대문자는 때로 대문자가 아니면 미치지 못할 만큼 단어에 중대성을 부여했다." 그동안 다양한 종류의 『모비딕』간행본이 나왔는데, 노스웨스턴뉴베리 간행본을 참조한 라이브러리오브아메리카 간행본에 내가 찾던 정보가 들어 있었다. 그것은 1428쪽, 탠셀의 기록 중에 있었다.

앨런은 그의 편지에서 하이픈이 있는 "Moby-Dick"을 썼고, 이는 미국 간행본의 속표지와 소제목 페이지에도 그대로 나타난다. 하지만 본문에선 그 이름이 쓰인 수많은 경우 중에 딱 한 번만 하이픈이 붙는다. 노스웨스턴뉴베리의 편집자들은 19세기 중반 미국에서 간행된 책의 제목에 하이픈이 붙는 것은 관습적이었다고 주장하며 그 표제의 하이픈을 남겨둔다. 따라서 하이픈이 있는 형태는 그 저서를, 하이픈이 없는 것은 그 고래를 지칭한다.

'모비딕'에 하이픈을 넣은 사람은 교열자였다.

대시, 세미콜론, 콜론이 한자리에 모여

구두점은 매우 보수적인 단체다. 신입 회원을 좀처럼 받아들이지 않는다. 1960년대에 한 광고인이 물음표와 느낌표를 결합하여 인테러뱅interrobang을 고안했지만 인기를 끌지 못했다. 그런데 우리에게 주어진—구두점을 반짇고리 속의 바늘과 핀, 혹은 공구 상자 속의 드릴 부품 및 나사라고 생각할 때—그런 도구가 몇 개밖에 되지 않는다는 점을 감안하면, 작가들이 보이는 각종 틱 증상과 그들이 거두는 효과의 다양성은 너무나 의외롭다. 심지어 상투적 평서문을 끝맺는 온점도 문맥에 따라 미묘한 차이를 보인다. 셀린의 『할부 죽음Death on the Installment Plan』은 내가 수십 년 전에 에드 스트링엄에게 받은 책인데, 난 아직껏 이것을 읽을 적당한 때를 찾지 못했다.(휴양지에서 읽을 만한 것으로 보이진 않는다. 내가 나이가 들수록 더 그렇다.) 나는 이 책을 대강 훑어봤는데 마치 구슬처럼 꿰어놓은 문장들이 있었다…… 책장을 계속 넘겨도 줄임표가 줄줄이 이어졌다…… 아주 현대적으로 보였다, 이메일을 쓸 때 상대방의 호응을 유도하기 위해 말끝을 흐리듯이…… 한참 후 막바지에 이르면 종지부를 찍는 일이 무엇보다 절박하다고 느끼게 된다.

어느 구두점이 제일 처세에 능할까? 아마 많은 사람들이 감탄 부호라고도 불리는 느낌표를 떠올릴 것이다. 우리는 이를 남발하지 않고 한 방 먹일 때 사용하기 때문이다. 독일어에서 모든 명령문은 느낌표로 끝난다. 그래서 독일인들은 허구한 날 서로 왕왕거린다고 상상하는 사람도 있다. 이에 비하면 물음표는 점잖다. 느긋한 아일랜드인 같다. 의문과 감탄이 혼합된 언사, 가령 "What the devil(이게 뭐야)"이라는 말에서 사람들이 물음표와 느낌표를 동시에 사용하는 경우가 심심찮게 있는데, 이는 잘못된 발상이다. 의문문 여부는 어순으로 결정되고, 과감한 느낌표는 망설이는 물음표를 언제나 압도한다.

문장 중간중간에 들어 있는 구두점은 더욱 미묘하다. 흡사 가족 같다. 콤마와 온점을 중심으로 꽤 괄괄한 인물, 속물, 그리고 무엇이든 받아들이는 천사 같은 구성원도 있다. 예컨대 대시dash 가족이 그렇다.

혹시 식사 중에 모인 某人 대시의 이야기가 나오면 마음의 준비를 하자. 자칫하면 대시 가족의 일화를 들으며 넋을 잃고 식탁 앞에 앉아 있게 된다. 나의 어린 시절에도 그런 얘깃거리가 있었다. 내가 아홉 살 때, 우리는 클리블랜드 서부의 웨스트 39번가에서 두 가구가 같이 살던 집을 떠나 거의 교외나 다름없는 메도브룩 Meadowbrook 애버뉴로 이사했다. 나는 드디어 이사 가서—진짜 같은 가짜 벽난로가 있는 이층집에 나 혼자 쓰는 침실이 생겨서—무척 기뻤지만 막상 새집에서 살아보니 오래된 이웃 동네가 예사롭지 않았다. 그곳은 동물원의 변두리 지역이었는데, 산사람과 이민자가 가득했다.(우리 엄마는 그들을 "DPs난민"라고 불렀다.) 주로 문샤우어, 신델라, 커폰타, 슬리프카(slifka로 발음되고, 몇 년 후 내가 들은 바에 따르면 자두를 뜻하는 폴란드어) 같은 성씨를 지닌 사람들이었다. 새로 생긴 이웃 동네는 동물원의 반대편에 있었다. 집과 집 사이에 울타리가 없어서 처음에 우리는 멋모르고 남의 집 마당을 뛰어다니고(스트라이크 원), 남의 집 벤치에 앉고(스트라이크 투), 우리의 특대형 고물 세발자전거를 타고 남의 집 앞 차량 진입로를 활주하며 내려와서 길 건너편 차량 진입로로 올라갔다(삼진). 우리의 새 이웃들은 블랭크Blank와 대시Dash 같은 이름으로 불렸다. 블랭크 내외는 딱딱거리는 노부부인데, 우리의 배드민턴 셔틀콕이 그들의 잔디밭에 떨어졌을 때 우리에게 호통을 쳤다. 우리는 엄마의 바지랑대 두 개를 써서 그것을 회수했다. 대시네 집은 기저귀 세탁·배달 서비스를 이용했고, 집집마다 돌아다니는 포테이토칩 행상 찰스 칩스의 단골손님이었다.

여러분 중에 대시 가족에 관한 일화가 필요한 사람은 나의 이야기를 도용해도 무방하다. 그런데 소문자 대시dash 또한 식사 중에 몇 시간짜리 대화 주제가 될 만하다. 대시도 식탁 위의 포크처럼 여러 가지 크기가 있으며 각각 적합한 용도가 있다. 대시 가족 중에서 가장 편리한 것은 전각全角 대시em dash, 긴줄표다. 비유하자면, 식탁 위의 포크들 중 안쪽에 있는, 우리가 주요리를 먹을 때 사용하는 디너 포크다. 전각이란 인쇄공이 쓰는 길이 단위로서 대략 대문자 M의 폭에 해당한다. 옛날에 타자기를 사용했던 사람들은 하이픈 두 개를 연속으로 찍고 그 좌우에 빈칸을 두거나 두지 않음으로써 대시를 만들었다. 이런 경우에 워드프로세서는 우리가 그 뒤에 있는 단어의 끝에 다다르면 십중팔구 자동적으로 하이픈 두 개를 합쳐 통자 대시로 바꾼다. 컴퓨터가 우리의 옛 습관을 자동적으로 보완해주는 셈이다. 대문자 N의 폭에 해당하는 반각半角 대시en dash도 있다. 이것은 샐러드 포크다. 재치 있는 일부 작가들은 하이픈 두 개 대신에 반각 대시 두 개로써 긴 대시를 만든다. 이러면 보기는 좋은데 부서지기 쉽다. 이건 행이 바뀌는 지점에 오면 반으로 똑 부러진다.

반각 대시는 대시로 쓰이는 경우보다 New York-New Haven Railroad처럼 복합어를 연결하는 하이픈과 같은 역할을 맡는 경우가 더 많다. 두 항목 중 하나만 복합어일 때, Minneapolis-St. Paul이 아닌 Minneapolis–St. Paul처럼 반각 대시가 쓰인 출판물도 허다하고(미니애폴리스 시민은 세인트폴이 함께 언급되는 것을 달가워하지 않겠지만), 일부는 하이픈의 적체를 완화하기 위해 choc-olate-chocolate-chip–ice-cream cone같이 반각 대시를 사용한다. 내 눈에 후자는 한쪽 다리가 다른 쪽 다리보다 긴 모양새라 어색해 보인다. 『시카고 스타일 매뉴얼The Chicago Manual of Style』은 반각 대시 폐지를 검토했지만 아직 이것을 남겨두고 있다. 이것은 점수("22–1")와 연도("1978–89")를 표기할 때 유용한데 꼭 이렇게 표기할 필요는 없다. 그냥 하이픈을 써도 된다.

문장에서 하이픈 및 적절한 길이의 대시가 적절한 곳에 있으면 큰 도움이 된다.

이전:

At the bar, flavor infused vodka –called aquavit – is another high point of the dining experience.

이후:

At the bar, flavor-infused vodka—called aquavit—is another high point of the dining experience.(바에서, 향이 첨가된 보드카는—아쿠아비트라 불리는데—식사 분위기를 또다시 고조시킨다.)

대시의 모든 용법을 생각해보자.

―목록에서 각 항목을 나타내는 한 줄의 첫머리에 올 수 있다.
―콜론처럼 쓰일 수 있다―앞의 내용을 부연한다.
―문장 속에서―콤마처럼―짝을 이루어 쓰일 수 있으며, 콤마 규칙들 중 일부의 지배를 받는다.
―따옴표를 대신해 대화문의 시작을 알릴 수 있다.

　　―그는 그가 누구라고 생각해? 제임스 조이스?
　　―그는 따옴표들이 난잡해 보인다고 생각해.
　　―괜찮아, 독자가 화자를 분간할 수만 있으면.

―연극 같은 분위기를 낼 수 있다―거짓 연극.
―대화문에서 세미콜론 대신 쓰일 수 있는데, 이는 실제로 더 현실적이다―세미콜론으로써 생각하는 사람은 거의 없다.
―문장 끝에서 온점의 반항적 대체물로 쓰일 수 있다―
―생각이 중단됐다는 걸 나타내기 위해 문장을 돌연 끊을―
―수 있다. 끊어진 문장을 이을 수 있다.

1980년대 중반, 즉 전자출판 방식이 보급되던 시절에 대시를 앞 단어에 바로 이어져야 하는 정당한 구두점의 일종으로 인식하지 못하는 컴퓨터 때문에 교열자들은 애를 먹었다. 대시는 여지없이 다음 줄로 내려앉았다. 아마도 이는 이중 하이픈의 좌우에 빈칸을 두는 것을 선호한 결과로 나타난 부작용의 일부이리라. 이를테면 빈칸을 동반하는 대시. 우리 교열자들은 행의 끝에 오는 대시를 그 자리에 붙잡아두기 위해 아틀라스처럼 고역을 치렀다. 콤마나 세미콜론, 콜론이나 온점을 다음 행으로 내려보내는 사람은 없을 테니까.(음, '닷컴.com'의 온점이 행의 끝에 와서 문장의 끝인 것처럼 보일 때에는 그럴 수도 있겠다. 〈뉴욕타임스〉는 그런 점을 다음 행의 앞머리로 내려보내는 흥미로운 결정을 내렸다.) 〈뉴욕타임스〉는 수시로 행의 앞머리에 대시를 둔다. 독자들도 이에 익숙해졌다. 나는 어떻게든 대시를 행의 끝에 붙들어놓기 위해 조판부에 로비 활동을 벌이다가 지쳐버렸다. 그들은 모두 나를 세상에서 가장 생난리를 치는 사람으로 여겼다. 이제 나는 워드프로세서로 도입된 탁상출판desktop publishing 체제 덕분에 내가 직접 할 수 있다.

*

대시를 멸시하는 작가들도 있다. 대시는 사용 범위가 워낙 넓기 때문에, 더욱 연마된 구두점 형식의 나태한 다목적 대체물로 여겨진다. 특히 여자들이 글을 주고받으면서, 아무 설명 없이 문장을 도중에 멈추는 것이 여자의 특권인 양, 약간 애매한 태도를 취할 때, 갑자기 마음이 바뀔 때, 막연히 여지를 남겨놓을 때 대시를 많이 사용하는 듯 보인다. 언젠가 내 친구는 구두점을 지배하는 규칙을 깡그리 무시하는 말을 했다. "언제든지 중간에 끊고 싶으면 대시를 넣어."

대시에 너무 의존한 글은 숨차게 느껴질 수 있지만 감동을 불러일으킬 수도 있다. 재클린 케네디가 리처드 닉슨에게 전한 글이 그런 사례다. 이는 케네디 대통령 암살 직후 닉슨이 보낸 위문 편지에 대한 답장이었다.

> 저는 당신의 심정을 알고 있습니다—머나먼 길에서—무엇보다 소중한 것을 이토록 안타깝게 상실하면서—이제 당신은 수많은 질문에 다시 직면해 있고—당신과 당신 가족의 희망과 노고에 다시 전념해야 합니다—제가 당신에게 전하고 싶은 한마디—그렇게 오랫동안 품었던 소망이 당신의 뜻대로 되지 않을지라도, 당신이 이미 가진 것으로 위로를 받으시기 바랍니다—당신의 인생과 당신의 가족—

만약 교열자가 재키재클린의 애칭의 구두점을 표준화했다면 닉슨에게 전한 글은 다음과 같이 변했을 것이다.

> 저는 당신의 심정을 알고 있습니다. 머나먼 길에서, 무엇보다 소중한 것을 이토록 안타깝게 상실하면서. 이제 당신은 수많은 질문에 다시 직면해 있고, 당신과 당신 가족의 희망과 노고에 다시 전념해야 합니다. 제가 당신에게 전하고 싶은 한마디가 있습니다. 그렇게 오랫동안 품었던 소망이 당신의 뜻대로 되지 않을지라도, 당신이 이미 가진 것으로 위로를 받으시기 바랍니다—당신의 인생과 당신의 가족.

구두점이 관례대로 찍힌 글은 단추를 끼우고, 걸쇠를 채우고, 꺾쇠를 단단히 조인 듯 말끔히 정돈된 느낌을 준다. 재키의 대시는 즉흥적이고 표현적이며, 스타일과 개성이 충만하다. 보통 대시는 콤마나 괄호처럼 짝지어 다니는데, 두 번째 대시 이후의 글이 첫 번째 대시 앞에서 끊어진 문장을 잇도록 대등한 관계를 유지해야 한다. 한 문장 안에 대시가 세 개 이상 있으면, 설령 혼잡스럽지 않더라도 흉해 보인다. 그리고 이런 경우에 대시의 대등 관계는 무의미해진다.

가장 유명한 대시 지지자는 단연 시인 에밀리 디킨슨이다. 나는 그녀 때문에 대시가 여성적 성향을 갖게 됐다고 생각한다. 에밀리 디킨슨이 식탁 앞에 앉는 순간, 대시를 단순히 테이블 포크와 샐러드 포크로 구분했던 나의 비유는 무색해진다. 그녀는 대시를 수시로 사용했고, 때로는 한 번에 두 가지 목적을 위해 사용했다. 만약 그녀가 사용한 각각의 대시에 대응하는 크기와 모양을 지닌 포크를 모두 식탁에 놓아야 한다면 디저트 포크와 퐁듀 포크, 그리고 달팽이를 발라내는 쪼그만 포크뿐만 아니라 소리굽쇠tuning fork와 쇠스랑pitchfork도 있어야 한다.

디킨슨의 대시는 학계에 일대 논란을 불러일으켰다. 인쇄 체계상 그녀의 대시가 전통적 대시들 중 어느 것에 해당하는지 불분명해서 학자들 간에도 아직 의견이 분분하다. 나는 대시를 전통적 구문의 보조적 수단으로 여기는 사람이라서, 에밀리 디킨슨의 이상적 교열자가 아닐뿐더러 그녀의 독자도 아니다. 영문학자 크리스탄 밀러Christanne Miller는 이렇게 적었다. "디킨슨의 시에서 대시는 구문론과 거의 관계가 없다. 즉, 독자의 흥미를 위해 곁길로 새는 내용을 부기하거나 특정한 이야기를 따로 떼어놓는 기능은 희박하다. 보통 그녀의 대시는 오히려 단어들을 격리시켜 강조하고, 행의 격조와 어조에 당김음으로 리듬을 더하며, 주목을 끄는 갈고리 같은 역할을 하면서 시를 통과하는 독자의 속도를 늦춘다." 일부 학자들은 그녀의 대시를 악보의 부호처럼 여기면서 대시의 길이가 곧 휴지되는 시간을 나타낸다고 본다. 심지어 그것을 음조 체계로 간주하는 학자들도 있다. 하버드대학교의 벨크냅 Belknap 출판사에서 출간한 디킨슨 시집은 공인된 학술서인데(한 권짜리 독본과 세 권짜리 집주본이 있다), 이 시집의 편자 랠프 프랭클린의 설명에 따르면 그 시인은 콤마와 온점도 사용했지만 "길이와 위치를 달리하는 대시에 주로 의존하면서 그것을 위아래로 기울이거나 수평으로 늘였다". 디킨슨의 시에서 끝에 온점이 찍힌 경우도 얼마간 있지만, 밀러가 말했듯 그녀는 "온점을 냉소적으로, 즉 최종 확언에 대한 기대를 비웃기 위해 사용하는 경향이 다분하다". 그녀는 "구문론적으로 모호한 대시"를 애용하는데 이는 "(우리가 대시를 대시로 보면) 문장을 이어지게 만들고, (디킨슨의 시에서 자주 보이는 선례를 따라 우리가 대시를 마침표로 보면) 그런 연결을 놀랍게 만들기도 한다".

교열자는 어찌해야 할까? 나는 모호성을 싫어하진 않지만 거기에 구두점을 잘 찍을 자신은 없다. 예전에 주디스 서먼Judith Thurman의 서평에 디킨슨의 시가 인용되었을 때 나는 딱 한 번 디킨슨의 대시들을 손질한 적이 있다. 그때 나는 시를 망쳐버렸다. 팩트체커의 책상 위에 작가가 인용한 시의 원문이 있길래 봤더니, 반각 대시처럼 보이는 것들이 단어들 사이를 표류하고 있었다. 나는 일찍이 〈뉴요커〉에서 이런 것을 본 적이 없었다. 인내하기 힘들어 전율하며—

Patience – is the Smile's exertion
Through the quivering –

인내는 – 미소의 역작
전율을 통해 –

—나는 시를 최대한 평범하게 손질했다. 모든 대시를 전각 대시로 표기하고, 대시와 그 앞 단어 사이의 빈칸을 없앴다. 라이브러리오브아메리카는 19세기 미국 시집 시리즈 중 한 권에서 디킨슨의 대시를 내가 택한 방식대로 무뚝뚝하게 처리한다. 이제 우리는 디킨슨의 모든 작품을 온라인으로 감상할 수 있지만, 그 시인의 자필을 읽을 줄 아는 학자들조차 그녀의 대시를 어떻게 다뤄야 좋을지 몰라 고민한다. 프랭클린이 편찬한 책은 "대체로 그녀의 시에서 대시가 차지하는 비중에 걸맞게 반각이나 전각 대시 대신" 우리가 앞서 살펴본 "좌우에 빈칸이 있는 하이픈을 사용했다". 프랭클린은 디킨슨이 그녀의 시를 스스로 출간한 적이 전혀 없었다는 점에 주목했다. 그녀는 완성된 시를 접힌 편지지에 필사하고, 그 종이에 구멍을 뚫고, 여러 장을 한데 포개어 꿰맸다. 학자들은 이를 분책fascicle이라 부른다. 따라서 비록 시는 "대중의 표현 양식에 맞춰 편집되어야 하는 대중적 장르"더라도, 그녀의 시는 편지나 일기 같은 "개인적 장르"로 취급되어야 한다. 그러므

로 그녀의 방식을 최대한 따라야 한다.

종이—봉투, 영수증, 포장지—자투리에 디킨슨이 연필로 메모한 것들을 마르타 베르너와 젠 버빈이 『보잘것없는 멋진 것들 The Gorgeous Nothings』이라는 미술책으로 출간했을 무렵 나는 그 원본의 일부를 보기 위해 시내 소호 지역의 드로잉센터에서 열리는 전시회에 갔다. 머리 위의 조명이 유리에 반사되어 유리 아래 있는 전시품이 잘 보이지 않았다. 진열대의 유리판을 더럽히지 않으면 전시품을 자세히 살펴보기 어려웠다. 이 전시회를 보고 다소 약이 오른 미술가 친구가 디킨슨에 대해 물었다. "이 여자는 용지 한 묶음도 없었나?" 이 '보잘것없는 멋진 것들'은 온전한 시가 아니라, 그녀가 집필하고 있었던 작품으로 추정되는 것들 또는 그녀가 편지를 쓴 후 스스로 간직했던 잔편이다. 대개 그녀가 각각을 스크랩북에 끼워놓은 방식대로 배열되었는데 그중 일부는 겨우 기타 픽pick만 하다. "With Pinions of / Disdain(경멸의 날개로)"로 시작하는, 세로로 쓰인 시 한 수에 대해 문필가 수전 하우 Susan Howe는 "i"에 찍힌 점들이 표현적이라고 적었다. 마치 분노의 느낌표를 뒤집어 은폐하듯 그녀가 "i"의 점을 찍으며 그렇게 큰 만족감을 얻은 시인이라면 그녀의 대시는 존중받을 만하다.

사실 나는 점과 대시를 보면 전보가 생각난다. 퇴화한 소통 방식(옛날의 트위터?)인 전보는 굴절 없는 명령어 "STOP" 이외의 아무런 구두점도 없는 특이한 스타일, 사실상 '안티스타일'이다.

*

세미콜론은 유독 상류층에 속하는 구두점이다. 영국에서 태어난 한 작가 친구는 세미콜론에 대한 그녀의 느낌을 헨리 제임스가 했을 법한 말로 요약했다. "적절한 곳에 있는 세미콜론만큼 짜릿한 쾌감을 주는 건 없어." 이를 뒤집으면, 부적절한 곳에 있는 세미콜론만큼 무딘 불쾌감을 주는 건 없다는 말이 될까?

내가 관찰한 바에 따르면 영국인들이 세미콜론을 가장 잘 사용한다. 나는 이것이 교육의 영향, 특히 라틴어와 그리스어 번역을 위해 세미콜론을 많이 요구하는 고전 교육의 영향이라고 믿는다. 미국인들은 마마이트^{잼처럼 쓰이는 발효 식품}가 없어도 상관없듯이 세미콜론이 없어도 잘 지낼 수 있다. 하지만 현저한 예외도 있다. 윌리엄과 헨리 제임스 형제는 국제주의자로서 세미콜론을 쓰도록 교육을 받았다. 월트 휘트먼은 연속 세미콜론에 도취되어 이것을 죽 이어서 구사했는데, 그중 가장 단순하게 사용된 세미콜론은 콤마가 딸린 항목들을 연결하는 더 힘센 콤마 같다. 미국 고전의 시작은 불과 18세기로 거슬러 올라가는데, 그 수작 중의 상당한 부분은 마크 트웨인의 작품이며 방언의 일부다. 우리는 소탈하고 활기찬 통속적 민중이다. 그렇다고 해서 마크 트웨인이 세미콜론을 사용하지 못했다거나 사용하지 않았다는 뜻은 아니다. 허클베리 핀이라면 그것을 별나게 여기겠지만.

캐나다에서 교열자로 일하는 내 친구는 노바스코샤^{캐나다 동남부의 주}에서 미국식보다 영국식에 더 가까운 교육을 받으며 자랐다. 그녀는 세미콜론을 무척 좋아해서, 콤마 대신에 이것을 편지의 인사말에다 이렇게 쓴다.

Dear Mary;

그녀는 이게 옳은 용법이라고, 이건 그녀가 발명한 게 아니라 학교에서 배운 것이라고 우긴다. 그녀는 세미콜론을 비브라토_{진동음}를 동반한 콤마로 본다.(그녀는 비올라를 연주한다.) 난 비브라토를 좋아해본 적이 없다. 난 진동이 별로 없는 명쾌한 소리를 좋아한다. 내가 원하는 것은 콤마, 아니면 온점, 온점. 그리고 종종 필요하면 콜론.

아무튼 세미콜론이란 무엇일까? 콜론의 절반일까? 콤마 위에서 균형을 잡고 있는 온점일까? '세미콜론'에 해당하는 이탈리아어는 punto e virgola(온점과 콤마). 아니면 아포스트로피를 끌어내려 온점으로 눌러놓은 것일까? 고대 및 현대 그리스어에선 세미콜론처럼 생긴 것이 물음표와 같은 역할을 한다. 실제로 세미콜론의 위아래를 뒤집어서 거울에 비춰보면 얼추 물음표를 닮았다. 나는 교열자로서 세미콜론을 추가하는 기호를 쓸 때가 제일 재밌다. 그것은 글줄 밑선에 표기하는 삽입 기호, 즉 뒤집힌 브이 형태(∧) 아래 점을 찍고 다시 그 아래쪽 가운데에 수직으로 꼬리를 붙인 모양이다.

전문용어로 말하면 세미콜론은 독립된 절을 연결한다.

이러면 틀린다.

"It ends a clause; and it links a clause to the clause before.(이것은 절을 끝맺는다; 그리고 이것은 절을 그 앞의 절에 연결한다.)"

이러면 올바르다.

"It ends a clause; it links a clause to the clause before."

이래도 올바르다.

"It ends a clause, and it links a clause to the clause before."

세미콜론은 없어도 된다. 우리는 이것 대신 콤마와 접속사를 쓸 수 있다. 하지만 우리의 구두법 체계는 매우 경제적이므로, 세미콜론이 지금까지 살아남았다면 틀림없이 그럴 만한 이유가 있을 것이다.

세미콜론이 휘트먼풍으로 사용되지 않는 한 그 뒤에 이어지는 것은 그 자체로 한 문장, 즉 독립된 절로 성립해야 한다. 세미콜론은 문장의 앞부분에서 떨어진 무엇이 매달리는 고리가 된다. 실로 아무런 상관이 없는 것들을 결합하기 위해 쓰인 세미콜론을 보면 나는 신경질이 난다. 이건 독자를 계속 읽게 만들려는 뻔뻔한 수작이다. 예전에 비해 세미콜론은 내 눈에 더 많이 띈다. 내가 영국 작가들의 글을 더 많이 읽고 있기 때문이거나 혹은 미국 작가들이 영국 편집자들과 만나기 때문이거나 아니면 미국 작가들이 그들도 영국 작가들 못지않게 세련됐다는 것을 과시하고 있기 때문이다. 세미콜론은 잘 쓰면 강한 인상을 남기고, 잘못 쓰면 글쓴이의 무지를 폭로한다.

우리는 헨리 제임스의 아무 작품집이나 골라잡아도 조절이 잘 된 세미콜론을 수없이 찾을 수 있다. 나는 리온 에들이 편집한 『헨리 제임스 독본Henry James Reader』을 골랐다. 다음은 『애스펀 페이퍼스The Aspern Papers』헨리 제임스의 중편소설의 일부다.

"기다려야 돼요―기다려야 돼요"라고 티나 양이 구슬프게 타일렀다; 그리고 그녀의 말투는 그 비참한 가능성을 용인하는 듯했기에 나의 인내력에 별로 도움이 되지 않았다. 그렇지만 나는 자제심을 발휘해 기다리기로 마음먹었다; 왜냐하면 첫째로 난 별다른 방도가 없었고, 둘째로 전날 밤에 그녀가 날 돕겠다고 약속했기 때문이다.

"물론 서류가 없어졌으면 부질없겠지만요"라고 그녀가 말했다; 그녀는 물러서지 않고 단지 양심을 따르려는 것 같았다.

"당연하죠. 그래도 찾을 수만 있다면야!" 나는 다시 떨며 투덜거렸다.

이러한 세미콜론은 현대의 관례에 딱 들어맞지 않고, 개중에 접속사와 붙어 있는 것들은 콤마로 대체될 수 있겠지만 그러면 뭔가 손실을 입는다. 제임스의 세미콜론은 멜빌의 콤마처럼 고차원적이다. 이 구두점들은 표정을 나타내는 듯하다. 치켜세운 눈썹, 오므린 입술, 찌푸린 미간. 이들은 산문을 고양한다.

제임스의 글에서 세미콜론은 불필요하게 접속사 앞에 오는 경우가 잦다. 다음은 『워싱턴 스퀘어』 중의 예문이다.

그녀는 나빴다; 하지만 그녀는 어쩔 수 없었다.

엘리너 굴드의 규칙을 따르면 세미콜론은 대시를 뒤따를 수 없었다. 대시는 그것을 감당하기엔 너무 연약했다. 헨리 제임스는 굴드의 규칙을 따르지 않았다. 다음의 예를 보자.

가엾은 캐서린은 그녀의 생기를 의식하고 있었다: 그것은 오히려 그녀에게 마음의 짐을 더하는 예감으로 다가왔다. 그것은 그녀가 강하고 실하고 옹골차서 아주 오래 살 것이라고 보증하는 듯했다─어쩌면 대체로 안락한 나이보다 더 오래; 그리고 이런 생각은 그녀가 연마한 어떤 가식도 그녀의 올바른 행동에 부합하지 않을 때 그녀에게 더 많은 가식을 강요하는 것 같아서 부담스러웠다.

"나이보다 더 오래" 뒤에 있는 세미콜론은 귀중하지 않은가? 에밀리 디킨슨이 타이밍을 위해 대시를 사용하듯 헨리 제임스는 이와 같은 목적으로 세미콜론을 사용한다. 비록 두 가지를 단번에 읽기는 불가능해도, 그의 세미콜론은 거듭되면서 복합적 감정을 동시에 느끼게 만든다. 오페라의 삼중창 같다.

제임스는 대화문 속 세미콜론에 반대하는 내가 틀렸다는 것도 증명했다. 『워싱턴 스퀘어』에서 그 의사는 페니먼 고모(그의 누이)에게 이렇게 말한다.

> "넌 타운센드 녀석에게 호감을 느끼잖아; 그건 너만의 일이야. 너의 감정, 너의 공상, 너의 애정, 너의 망상은 내가 알 바 아니야; 다만 네가 이 일을 비밀로 간직하면 좋겠어. 캐서린한테 내 입장을 설명해놨어; 그 애도 잘 이해하더라. 그러니 앞으로 얘가 타운센드 씨의 이목을 끄는 행동을 조금이라도 한다면 그건 나의 기대에 교묘하게 반하는 짓이야."

페니먼 부인은 대꾸한다. "대단한 독재자처럼 얘기하네."
이는 물론 그의 말이 냉정하고 권위주의적이라는 뜻이지만, 몇

몇 세미콜론 및 이들로 말미암은 운율이 그런 "경멸의 날개"를 펼치는 데 일조한다. 신중히 계산된 구두점이 그 인물과 잘 어울린다. 만약 제임스가 평범한 구두점을 더 많이 썼더라면 그 의사는 그렇게 폭군처럼 보이지 않고 도리어 기사^{cavalier} 같았을 것이다.

나는 혹 제임스의 글에서 세미콜론을 고칠 일이 있더라도 내가 에밀리 디킨슨의 대시 좌우의 빈칸에 손대는 정도 이상으로 간섭하지 않겠다. 조그마한 각각의 구두점은 각자의 효과를 위해 계측된 후에 찍혀 섬세한 감성에 기여한다.

*

엘리너 굴드가 설정한 구두점 위계에 따르면 대시는 콜론이나 세미콜론을 뒤따를 수 있지만 콜론이나 세미콜론은 대시를 뒤따르지 못한다.(그 대시가 등위 관계를 이루는 한 쌍 중의 하나면 예외지만.) 이는 더 강한 기호가 약한 기호를 통제한다는 논리다. 약자는 강자를 수용할 수 없다. 교열자의 세계 통치 개요처럼 들리지만 그래도 일리 있는 말이다.

콜론은 매우 통제력이 강한 표시다. 올곧은 집사같이 '바로 이런 식으로'라고 말한다. 한 문장에서 온점이 하나만 있어야 하듯 콜론도 하나만 있어야 한다. 같은 집 안에 또 다른 집사를 용납하는 집사는 없다. 때때로 콜론은 대시로 대체될 수도 있는데 콜론이 더 공식적이다. 예를 들면 다음 문장엔 등위 대시 한 쌍이 있고, 이와 더불어 마지막 절 앞에 유능한 콜론도 있다. "브뤼클라딕 증류소를 방문할 수 없어서—더 이상 그곳의 위스키를 즐길 수가 없어서—레이니어는 그가 좋아하는 증류주를 아껴 마시려는 소박한 계획을 세웠다: 그는 증류소를 사들이고 싶었다." 켈레파 사네Kelefa Sanneh가 스카치에 관한 글을 쓸 때 헨리 제임스를 방불케 한다는 사실을 난 미처 몰랐다.

앞을 향해 밀고 나아가는 문장에선 세미콜론보다 콜론이 더 어울리는 경우가 있다. 필자가 정의나 목록 또는 예증을 제공하며 뭔가 상술하는 경우다. 세미콜론은 이와 다른 관계를 수립한다. 뒤에 이어지는 것이 앞에 있는 것과 더 미묘한 관계를 맺는다. 대시는 이 두 기능 중 무엇이든 수행할 수 있지만 더 느슨하고 격식을 덜 차린다. 나는 디킨스의 글에서 빅토리아시대의 사람들이 즐겨 썼던, 그리고 니컬슨 베이커Nicholson Baker가 "dashtarddastard(비겁자)를 이용한 말장난"라고 부른 이중 구두점의 사례를 찾아봤다. 콤마시(,—)와 콜라시(:—)와 세미콜라시(;—). 디킨스는 편지글에 마침대시stopdash도 사용했다(.—). 이들을 이렇게 괄호 속에 넣고 보니 놀랍게도 이모티콘을 닮았다. 빅토리아시대의 사람들은 구두점으로 이모티콘을((((:))) 만들지 않고, 도리어 이모티콘을 구두점으로 활용했다.

디킨스의 글에서 나는 예기치 못한 것을 발견했다. 이중 대시, 즉 붙여 쓴 전각 대시 두 개가 무척 많다. "개퍼! 나를 이런 식으로 제거할 생각이라면——" 그는 대화문에서 이중 대시로써 위협을 드러내며 멈춘다. 이 이중 대시는 기묘하게 표현적이다. 감정에 북받쳐 말을 잇지 못하는 화자가 곧 주먹을 쓸 것 같아서 긴장감을 더한다. 가만히 생각해보면 구두점이란 결국 긴장감을 불러일으키는 것이다. 과연 작가가 이 문장을 어떻게 끝낼까?

아포스트로피에 무슨 일이 생겼을까?

본래 아포스트로피apostrophe는 그리스 연극 용어다. 스트로피strophe의 원뜻은 '회전'인데, 이는 그리스 합창단이 부르는 송가 중 한 절stanza을 의미한다. 이때 합창단은 한 방향으로 서서 노래하고 춤췄다. 스트로피 다음에 안티스트로피, 즉 '역회전'이 이어지면 합창단은 다른 방향으로 휙 돌아서서 1절에 대응하는 가사를 노래했다. 아포스트로피의 원뜻은 '회피'인데, 이는 무대에서 배우가 하던 연기를 회피하고 가상의 인물이나 사물을 향해 말을 거는 수사학적 기교를 의미한다. 영어에서 apostrophe는 지금도 이 의미를 간직하고 있고, apostrophize는 동사가 되었다. 나는 이 동사의 용례를 『마크 트웨인 여행기The Innocents Abroad』에서 처음 봤다. 정확히 말하면, 밀라노에서 레오나르도의 〈최후의 만찬〉을 넋을 잃고 바라보는 여행자들을 마크 트웨인이 곁에서 관찰하고 쓴 글 중에 그것이 있다. "그 남자들은 이미 사라진 것들을 보는 놀라운 재주가 있는 것 같았다. 나는 〈최후의 만찬〉 앞에 서서 그 남자들이 하는 소리를 들으며 그런 생각이 들었다. 그들은 그들이 태어나기 100년 전에 그 그림에서 스러져버린 신비와 아름다움과 완벽성에 아포스트로피를 붙이고apostrophizing 있었다." 이를 보면 to apostrophize가 '찬미하다'라는 의미인 듯한데, 사실 나는 여기서 여행자들이 느낀 희열과 그들의 희열을 불러온 존재하지 않는 것 중에 무엇이 더 강조됐는지 모르겠다. 아포스트로피는 마치 찬미를 향한 충동에서 비롯된 기도 같다.

실상 아포스트로피가 기존의 공인된 형식으로 생존하려면 우리의 기도가 필요하게 생겼다. 소유격에 사용되는 아포스트로피가 진짜 문젯거리다. 예를 들면 farmer's market에서 아포스트로피는 s의 어느 쪽에 있어야 할까? 나는 거기에 두 명 이상의 농부가 있다고 가정하므로 farmers' market농산물 시장을 선호한다. 말벌이 여러 마리 있어도 hornet's nest말벌집가 옳다고 우기는 사람들도 있다. 언젠가 나는 엘리너 굴드에게 McDonald's의 복수 소유격을 어떻게 써야 하느냐고 물었다. 그녀는 아주 현명하게, 그런 것엔 신경 쓰지 말라고 내게 조언했다. "사람이 멈출 줄도 알아야지"라고 그녀는 말했다. 우리는 McDonald'ses'에서 멈췄다.

그런데 아포스트로피 오류가 있는 상호를 쓰고도 성공한 기업들이 있다. 고급 의류 매장 Barneys New York은 할인 남성복 납품업자 바니 프레스먼이 1923년에 창업한 Barney's로 출발했다. 그러다 바니의 손자 진 프레스먼의 명령으로 1979년에 아포스트로피를 빼버렸고, 그가 아주 고가의 여성복도 취급하면서 사업이 번창했다. 한편 아포스트로피도 빼앗기고 그런 옷을 살 형편도 못 되는 교열자들은 이를 갈았다. 시카고 토박이 게리 코머는 영앤드루비컴Young & Rubicam. 미국의 광고 회사에서 10년 동안 카피라이터로 일하다가 그 일을 그만두고 유럽을 떠돌아다녔다. 그는 스위스 알프스 산에서 『마의 산』을 읽었는데, 그 속의 열렬한 젊은 영웅에게 자극을 받아 "서른세 살 이후에도 산다고 할 수 있을지, 그렇다면 그런 삶은 어떤 것일지" 숙고했다. 그는 집에 돌아온 후 몇몇 친구들과 함께 그들이 좋아하는 항해와 관련된 일로 생계를 꾸리며 삶을 최대한 만끽하기로 결심하고, 선박 용품을 전문적으로 취급하는 통신판매 회사를 차렸다. 그들은 영국 콘월 지방의 최서단을 지칭하는 우화 같은 이름인 Land's End로 상호를 정했다. 그리고 1963년에 첫 카탈로그를 발행했는데, 그 표지에 Land's End가 진짜 공상적 장소인 "Lands' End"로 표기되어 있었다. 그 회사는 카탈로그를 다시 발행할 여력이 없었지만, 그렇게 잘못 찍힌 아포스트로피에도 불구하고 코머는 억만장자가 되었다.

아포스트로피는 항상 옮겨 다니는 듯 보인다. 지명에서 아포스트로피가 탈락하는 현상을 나는 자연스러운 과정으로, 말하자면 언어적 침식의 일종으로 여기곤 했다. 뉴욕에선 늘 있는 일이다. 과거에 브롱크스^{Bronx}의 소유주는 요나스 브롱크^{Bronck}였고, 이곳의 Bronck's farm이 Bronx로 바뀌었다. 퀸스^{Queens}는 한때 영국 왕실에서 브라간사의 캐서린의 명의로 소유해서 여왕의^{Queen's} 땅이었다. Rickers Island, Wards Island, Randalls Island는 각각 Ricker, Ward, Randall에서 따온 이름이다. 환각제나 문신을 원하는 사람들이 찾는 가게가 즐비한 세인트마크스플레이스^{St. Marks Place} 지명의 출처는 St. Mark's-in-the-Bouwerie, 즉 지금도 하이픈을 간직하며 뉴욕에서 가장 오래 운영 중인 예배당이다.

지난 수년간 나는 친구들과 함께 은둔해서 글을 쓰기 위해 이리 호에 있는 한 섬에 여러 번 갔는데, 연락선에 적힌 그 섬 이름을 적을 때마다 조심스럽다. Kelleys Island. 내 친구들은 고학력자지만 이 이름에 왕왕 아포스트로피를 붙여 "Kelley's Island"라고 쓰거나 심지어 그 철자를 잘못 적기도 한다. "Kelly's Island." 우리는 함께 이 섬의 공동묘지를 이리저리 돌아다녔다. 거기서 눈에 잘 띄는 오벨리스크는 켈리 가족을 기념하는 것이다. 처음에 이 섬에서 살았던 켈리 가족은 코네티컷에서 이주해 온 두 형제 데이터스와 이래드였다. 켈리스아일랜드는 코네티컷 주에 소속된, 한때 태평양까지 뻗어 있던 서부 보류지Western Reserve의 일부였다. 측량사들은 이곳을 "제6번 섬"이라고 명명했다. 나중에 켈리 형제는 이 섬의 모든 땅을 사들였고, 여기서 생선(농어류)과 석회암이 주를 이루는 천연자원을 얻었다. 그들은 포도를 재배하며 포도주도 생산했는데, 나의 소견을 말하자면, 포도주는 굳이 만들 필요가 없었던 것 같다.

켈리스아일랜드는 아포스트로피 용법의 패러다임을 제시한다. 만약 데이터스 켈리가 그의 동생 이래드의 토지 지분을 탐내서 이 섬에서 나온 커다란 석회암 덩어리로 그를 쳐서 죽였다면, 그래서 켈리가 한 명만 남았다면 이 섬의 이름은 응당 아포스트로피 뒤에 s가 붙은 Kelley's Island가 되었을 것이다. 하지만 두 명의 켈리 형제가 섬을 나눠 가지고 살면서 어업과 채석과 포도주 양조에 종사했기 때문에 섬의 이름을 두 켈리Kelleys에서 따왔다. 통상 s를 추가하면 복수형이 되고, 그 끝에 아포스트로피를 달면 소유격이 된다. Kelleys' Island. 쉽다. '아포스트로피 s'라는 말은 복수형으로 쓰인 s와 혼동을 일으킬 소지가 있더라도 파울러가 말했던 "얼빠진 비속어"는 아니다. 켈리 형제는 오래전에 죽었다. 이 섬의 명물이 된 켈리 저택의 현재 소유주는 렘리라는 남자인데, 그는 긴 작업복을 입고 그 저택의 포치에 앉아 관람료로 2달러를 받는다. 고유명사의 복수형인 Kelleys는 한정 용법으로도 쓰인다. Kelleys limestone켈리스 석회암. 이는 Beatles music비틀스 음악이나 Carrara marble카라라 대리석 같은 용법이다. 아무래도 카라라 대리석에 비할 수는 없겠지만.

하여튼 나는 이러한 생각으로, 아포스트로피를 결여한 Kelleys Island를 정당화했다. 이 섬에는 길을 잃은 아포스트로피 무리가 진을 치고 있는 듯하다. 이곳에 "Village Tee's"라는 가게가 있는데, 점주의 이름이 Village Tee가 아닌 한 그 마을의 티셔츠(혹은 골프 티?)를 파는 데가 아닐까 싶다. 빙하시대에 빙하가 바위에 남긴 홈 자국을 구경하러 가는 길에 지나쳤던 한 가게 앞에는 "UNC'L DIK'S"라고 적힌 간판이 있었다. "UNC'L DIK'S"에는 틀린 것이 너무 많아서 무엇부터 말해야 좋을지 모르겠지만 적어도 끝에 있는 '아포스트로피 s'는 맞다. 이 간판을 보고 나는 이런 상상을 했다. 딕 삼촌Uncle Dick이 간판에 그의 이름을 표시하려는데 알파벳을 각각 한 글자씩만 사놓아서 "K" 앞에 "C"를 또 쓸 수가 없었다. 게다가 그는 "E"를 호수에 빠뜨려서 아포스트로피를 추가해 손실을 벌충했다.

켈리스아일랜드에는 문 앞에 그 집의 이름이 적힌 표지판을 내건 집이 많다. 그중 "우리의 은밀한 도피처"라는 표지판을 볼 때마다 내가 하는 생각은…… 그만하자. 집을 소유한 가족의 성씨를 알리는 표지판도 많은데, 예컨대 "Volt's"는 그냥 Volt 또는 The Volts'로 바뀌어야 옳다.(거기서 늙은 볼트 씨가 홀로 틀어박혀 있진 않을 테니까. 만일 그런 경우라면 그가 이렇게 광고하지도 않았을 것이다.) 만약 그들이 가족의 성씨가 적힌 표지판을 '우리의 집'이라는 의미로 내걸 작정이라면 복수 소유격이 제격이다. The Volts'. 성이 s로 끝나는 사람도 복수형을 원하면 쓸 수 있다. 좀 흉해 보일지라도. The Norrises'. 이것이 마음에 들지 않는 사람은 집 앞에 자신의 성이 적힌 표지판을 내걸지 않으면 된다. 그리고 혹시 다른 사람이 당신을 위해 표지판을 주문하고 구입해서 당신에게 주었는데 그 표기가 틀렸다면 그런 것은 섬 중앙의 부커먼 옆 덤프 로드에 있는 쓰레기 하치장으로 보내버리면 된다.

켈리스아일랜드라는 지명에 대한 나의 온갖 상념은 쓸모가 없었다. 켈리스아일랜드의 아포스트로피 침식은 문젯거리가 아니었다. 이 지명에서 아포스트로피는 법적으로 제거되었기 때문이다. Harpers Ferry, Pikes Peak, Snedens Landing, St. Marks Place도 마찬가지다. 1890년에 벤저민 해리슨에 의해 설립된 정부 기관인 미국지명위원회는 1906년 테디^{시어도어의 애칭} 루스벨트 대통령의 지시에 따라 지명을 표준화하기 시작했는데, 이때 이 위원회는 "지리적 명칭을 이루는 단어 또는 단어들"이 변화를 겪으면서 그 본뜻을 상실하고 "지리적 실체를 가리키는 확고한 라벨"이 된다고 결론지었다. 그리고 정부의 공식 정책에 의해 지명에 "소유권이나 연관성을 반영할 필요가 없어졌다". 따라서 배리 뉴먼이 〈월스트리트저널〉에서 지적했듯 미국은 "아포스트로피 근절 정책"을 편다.(O'Malley와 O'Connor 같은 아일랜드인의 이름에 있는 것은 예외로 인정되었다.) Martha's Vineyard^{코드 곶 남쪽의 섬}는 약 40년 동안 박탈되었던 아포스트로피를 1933년에 복구했다. 이것은 미국에서 여덟 번째로 오래 쓰이고 있는 지명이며, 대개의 철자가 그렇듯 유서 깊은 이름이다. 그 유서가 무엇인지 명확히 아는 사람은 없다. 〈비니어드가제트The Vineyard Gazette〉는 이 지명의 기원을 1602년, 즉 영국의 탐험가 바살러뮤 고스널드Bartholomew Gosnold가 이 섬에 그의 딸의 이름 "Martha"를 붙였음 직한 해로 거슬러 올라간다. 그의 딸 마사는 영국 서퍽 지방에, 과거에 "St. Edmond's Bury"라고 불렸던 Bury St. Edmonds에 묻혀 있다.

*

아포스트로피는 사라지는 중일까? 이것은 너무 큰 골칫거리인가? 콤마같이 생겼지만 글줄 밑선에 걸려 있지 않고 글자 위에 게양된 이 쪼끄만 표시는 함께 미끄러지는 단어들을 많이 보유한 프랑스어에서 왔다.("Qu'est-ce que c'est?이것은 무엇입니까?") 콤마를 싫어했고 물음표를 미워했던 거트루드 스타인도 아포스트로피 앞에선 마음이 흔들렸다. 「시와 문법Poetry and Grammar」에서 그녀는 이렇게 적었다. "때때로 소유격 아포스트로피는 점잖고 부드럽게 나의 환심을 사서, 나는 그것을 단호히 내치기가 아주 어려웠다."

하지만 글을 명료하게 쓰는 것이 우리의 목표라면 우리는 거트루드 스타인을 본받지 않는 편이 낫겠다. 영어에서 아포스트로피는 두 가지 기능을 수행한다. 첫째, 스타인 부인이 정중히 거절했던 소유격을 만든다. 둘째, 단어에서 글자가 탈락해 생긴 틈을 없애면서 축약된 부분을 무마한다. can't, won't, don't, ain't, o'clock, Chock full o'Nuts견과류 한가득, rock 'n' roll(꼭 이렇게 쓰고 싶다면), po'boy(궁핍한 젊은이poor boy 대신 굴 샌드위치를 원한다면).
이 사례들 중 그 어떤 기능도 아포스트로피를 진정한 구두점의
반열에 올리지 못한다. 이것은 어형을 변화시키지만 중단이나 종
결 혹은 억양을 나타내지 않으며, 문장법에도 아무 영향을 끼치
지 않는다. 이것은 마치 스크래블 게임에 있는 공백처럼(이 게임이
축약이나 소유격을 허용한다면) 빠진 글자의 자리를 메운다. 그런데
이 묘한 기호가 여러 가지 이유로 위협을 받고 있다.

사이버 공간은 아포스트로피와 친화하지 않는 경향이 있다. 도
메인 이름에서 아포스트로피는 무시된다. GPS위성항법장치는 이것
을 인식하지 않는다. 영국은 아포스트로피보호협회의 발상지인
데, 2013년에 미드데번 구의회에서 "'혼동'을 방지하기 위해" 특
정 지명의 아포스트로피를 금지하는 바람에 큰 논란이 일었다.
Beck's Square, Blundell's Avenue, St. George's Well의 표지판
이 달라질 판이었다. 애슈버턴에 사는 메리 드 비어 테일러라는
교정자가 소감을 밝혔다. "아포스트로피가 제거된다는 생각에 그
녀는 몸서리쳤다. (…) '남들은 저한테 다른 일에 신경 쓰면서 더
보람 있게 살라고 말하겠지만, 저는 더 보람 있게 살더라도 아포
스트로피가 있어야 할 지명에 그게 없는 것을 보면 어떻게 반응
할지 생각만 해도 소름이 끼쳐요.'"

사람들이 문자메시지를 주고받기 시작하면서 아포스트로피를
사용하려는 의지는 더욱 희박해졌다. 축약할 때조차도 그렇다. 사
람들은 게을러서, 전화기에서 완성해주는 "ill" 대신 I'll을 타이핑
하기 위해 화면을 바꿔 글자에서 기호로 갔다가 다시 글자로 돌
아오는 것을 귀찮아한다. 나는 아포스트로피를 좋아하는데, 나의

스마트폰이 스스로 만들어 내뱉는 문자 때문에 끊임없이 열을 받는다. 축약형은 구어에서 격식을 덜 차리는 것이지만, 그것을 타이핑하기가 성가신 경우엔 아포스트로피가 사라지거나 축약형이 도로 두 단어로 분리되기 마련이다.

결국 미드데번 의회는 물러섰다. 애당초 아포스트로피를 완전히 폐지하자거나 아포스트로피를 지배하는 규칙이 너무 혼란스러우니 이것을 포기하자는 뜻은 없었다. 이건 무슨 로켓을 만드는 일처럼 고도의 기술을 요하지 않는다. 그러나 GPS는 인공위성을 이용하는데—실제로 로켓 기술인데—아무도 그 프로그램 속에 『먹고 쏘고 튄다Eats, Shoots and Leaves』를 반영하지 않았다. 2003년 베스트셀러인 이 책에서 저자 린 트러스는 소유격("영국 정부의government's 구상")과 복수형("대서양 양편 정부들의 구상들ideas of governments"), 그리고 복수 소유격("모든 정부의governments' 어리석은 구상들")을 명확히 구분했다. 미드데번의 그 세 군데 지명의 아포스트로피는 일단 사라질 위기를 모면했다. 이에 아포스트로피보호협회는 기뻐했고, 언어학자들은 사람들이 정말로 아포스트로피 없이 살 수 없다고 믿거나 심지어 그것을 구두점으로 여긴다고 생각하며 낄낄댔다.

*

아포스트로피보호협회는 "영어로 쓰인 모든 형식의 텍스트에서 현재 많이 오용되는 이 구두점의 올바른 용법을 보존하려는 특정한 목적"을 위해 설립되었는데, 그 웹사이트에서 주로 보이는 것은 아포스트로피와 관련되어 점점 불어나는 꼴사나운 사례다. "Taxi's Only" "Don't Judge a Book by It's Movie영화로 원작을 판단하지 마세요" "Ladie's" "Vice-Chancellors Lodge Private Grounds부총장 사택 전용 구역" "Toilette's Are for Customer's Use고객용 화장입니다". 우리가 이런 나쁜 사례를 보면 볼수록 이들은 더 익숙하고 더 그럴싸하게 보인다. 아포스트로피보호협회 회장은 은퇴한 '부편집자subeditor'다. 영국에선 교열자를 이렇게 부른다. 그는 주로 "아포스트로피를 추가하거나 삭제하거나 이동시키는 일"을 했었는데 은퇴한 후에도 그 일을 멈출 수 없었다. 린 트러스가 명명한 '식품점 아포스트로피'는 '옥스퍼드 콤마'처럼 편협한 조어지만 흥미로운 소일거리를 제공한다. 나는 길 건너 식품점에 가면 십중팔구—손으로 쓰이지 않고 인쇄된—"Banana's"나 "Papaya's" 표지를 본다. 언어의 경제적 측면에서 보면 s가 이질적인 두 가지 기능을 강요받으니까 자꾸 문제가 생긴다. s는 복수형을 만들고, 아포스트로피와 결합해서 명사를 소유 형용사로 바꾼다. 이 두 기능은 서로 겹치면서 혼선을 빚을 때도 있고, 아포스트로피를 사용해서 복수형을 만드는 사람도 있다. 그러니 우리는 체념해야 할까? 아포스트로피보호협회는 그 사이트에 이렇게 적어놓았다. "우리는 영어가 쓰이는 중에 진화한다는 사실을 알고 있으며, 실수하는 사람들을 직접 비판하려는 의도는 없습니다. 다만 게시문이든 어떤 문서든, 영어로 글을 쓰는 사람들이 자신의 부주의로 저지른 실수를 바로잡고 싶어 하는 경우 누구라도 참고할 수 있게 아포스트로피의 올바른 용법을 알리고 있습니다."

아포스트로피보호협회에서 엘리너 굴드에게 회원 가입을 권유했는지 난 모르겠지만, 그랬다면 그녀는 참여했을 것이다. 이에 반해 루 버크는 은퇴한 교열자라면 잘못된 구두점을 추격하는 일을 그만두고 그보다 더 나은 일을 해야 마땅하다고 생각했을 성싶다. 그녀가 은퇴했을 때, 코네티컷 주 헤리티지빌리지의 주민들이 그녀에게 그들의 뉴스레터 교정자로 일해주면 좋겠다고 제안했다. 그녀는 거절했다. 아포스트로피와 기타 등등에 더 이상 신경 쓰고 싶어 하지 않았다.

하긴 식품점 주인이 아포스트로피에 정통할 필요가 있을까? 올바른 것들은 순리롭게 사라지고, 틀린 것들은 이따금 재미나다. 나는 타임스스퀘어에서 "STREET CLOSEURE"라는 표지를 본 적이 있다. 이것은 약간 프랑스어처럼 보이면서 미국의 가로에 모종의 품격을 더한다. 바티칸에서 발행한 기념 금화에 잘못 적힌 예수Jesus 이름 "LESUS"는 어쩌면 예수의 계시일지도 모른다. '신의 돈을 기념 금화에 낭비하지 말라.' 이스트빌리지에 있는 한 식당 밖 칠판에 분필로 적힌 점심 메뉴 중에 "salomon snad"가 있었다. 나는 연어salmon 샌드위치에 대한 느낌이 좋지 않아서—다져서 패티로 만든 것이라면 분명 생선 초밥 수준의 연어는 아닐 테니까—내가 연어 샌드위치를 주문할 일은 없겠지만 그래도 "salomon snad"는 웃음을 자아낸다.

아포스트로피를 보석으로 생각해보자. 그러면 우리는 이를 적절히 다룰 수 있으리라. 아포스트로피는 소유격이다. 앞으로 지속할 것이다.

F*ck This Sh*t

영어로 불경스러운 언사를 예사로 사용하는 추세는 절정기에 도달했을까? 이 완곡한 질문에 나는 이렇게 답하겠다. "퍽fuck" 그 렇다.

어찌 보면 좋은 면도 있다. 〈데일리 쇼〉에서 존 스튜어트는 조 지 칼린이 TV나 라디오에서 쓰지 말라고 규정한 일곱 단어(fuck, piss, shit, cunt, motherfucker, cocksucker, tits)를 상스럽게 변형해 신나게 쓰면서 환희에 찬 자유를 누리는 듯하다. 물론 검열의 역 사도 길다. 비속한 표현을 '삐' 소리로 처리하는 검열관은 웃음 을 선사할 만큼 충분한 자투리 음절을 남겨둔다. "You dairy-aisle motherf삐king 삐." 영어권에서 검열되지 않은 쌍말의 극치를 보 여준 것은 아마도 이어누치Armando Iannucci가 ('욕설 전문가' 이언 마 틴과 함께) 각본가로 참여한 영국 TV 드라마 〈더 씩 오브 잇The Thick of It〉일 듯싶다. 이 드라마 속 주인공은 무자비한 정치 공작원 인데 입만 열면 어김없이 두 음절 사이에 욕을 끼워 넣는다. 그는 "E-fucking-nough" 또는 "Fuckety-bye"라고 말한다. 이와 달리 청교도의 나라 미국에서 황금 시간대에 방영되는 프로그램은 별 표와 대시, 완곡한 표현으로 순화된다. "씨** 우리 아빠가 23호에 사는 개──는 믿지 말래. 이건 별난 실험이야." 자신의 험한 입버릇을 본의 아니게 공개한 사람들을 생각해보면 나는 리처드 닉슨이 먼저 떠오른다. 1970년대에 그의 (욕설이 삭제된) 워터게이트 녹음테이프는 그것을 폭로하기에 충분했다.(이 대통령이 실제로 했던 말을 글로 옮긴 사람은 한 명도 없을까?) 〈뉴욕타임스〉는 "상스럽고 저속한 어구"를 줄곧 억압하고 있다. 『개소리On Bullshit』라는 책──예일대학교 학자가 저술한 철학서──이 2005년 베스트셀러 목록에 올랐을 때도 그랬다. 삽화에 맞춰 배열된 〈뉴욕타임스〉 텍스트(인쇄용)가 실린 블로그에선 직접 인용되어야 할 것과 에둘러 표현되어야 할 것을 두고, 또 그렇게 구분되어야 하는 이유에 대해 리포터와 편집자 간에 끊임없는 논쟁이 벌어진다. 우리는 누구의 여린 감성을 배려하는 중일까? 확실히 나의 감성은 아니다. 더 이상 아니다.

나쁜 말에 대해 논의할 때 신성모독과 욕설을 구별할 필요가 있다. 십계명 중 세 번째, 즉 "너는 너의 하나님 여호와의 이름을 망령되이 일컫지 말라"라는 계명을 어겨야 옳다고 주장하는 사람은 아무도 없다. 실은 이를 지키기 힘들 때도 있지만. 구약성서 속 "G-d"에 관해 우리가 무슨 얘기를 하든 그분은 유머 감각이 별로 없어 보인다. 오, 주여! 모세의 이야기에 따르면 여호와는 "살인하지 말지니라"를 십계명 후반에 여섯째로 언급했다. 그런데 그의 이름으로 장난치지 말라는 잡도리는 의외로 셋째 계명이다. 2012년 가을, 허리케인 샌디가 지나간 직후에 내가 교회에 갔을 때 누군가 목사에게 폭풍 때문에 피해를 입은 신도가 없느냐고 물었다. 브루클린하이츠 지역은 모두 무고한데 덤보DUMBO 지역에 사는 형제들이 큰 물난리를 겪었다고 목사가 대답했다. "Oh, God!"
이라고 나는 말했다. 그러고 이 말을 도로 들이마시려 애썼다. 교
회 안에서 더 나은 방법으로 나의 동정심을 표할 수는 없었을까?
"안타까운 일이네요" 내지 "맨해튼브리지 아래에서 고통받는 영
혼들에게 신의 자비가 있기를 바랍니다"라고 말할 수 있었을 텐
데. 하지만 이런 표현은 얼른 머릿속에 떠오르지 않았고, 성소 앞
에서 조금 외람된 말이 내가 어찌할 새도 없이 쑥 낳은 알처럼 바
로 튀어나왔다. 나는 그것이 짧은 기도처럼 들리기를 바랐다.

돌이켜보면 나의 성장기에 우리 아버지가 보여준 자제력을 나
는 존경할 수밖에 없다. 내 기억에 따르면 뭔가 사달이—예컨대
배관 수리 중에 그가 설치하던 세라믹 싱크대가 부서져 산산조각
이—났을 때 그가 했던 가장 센 말은 "You dog"였다. 다만 그 말
투 때문에 나는 그가 단지 어떤 늙은 반려견을 떠올리는 중은 아
니라는 사실을 알 수 있었다. 그는 "Great Scott이럴 수가", 혹은 유난
히 격해지면 "Great Scott Murgatroyd"라는 말도 가끔 했다. 그는
소방대원이었는데, 한번은 클리블랜드 극장의 무대 뒤에서 울리
는 경보음을 듣고 그리로 뛰어갔다가 굴욕감을 느낀 적이 있다.
평소 그가—많이—흠모했던 로런 버콜이 그녀의 분장실로 갑자
기 들이닥친 이 소방원에게 욕을 퍼부었기 때문이다. 그는 그때
껏 "fuck"이라고 말하는 여자를 한 번도 본 적이 없었다.(나는 버
콜이 이 말을 했으리라고 본다. 그녀가 소방수 앞에서 말을 더듬으며 "이
런…… 같은!"이라 하진 않았을 테니까.) 나는 분명 아버지가 "fuck"
이라고 말하는 것을 듣지 못했다. 단, 그가 뉴저지에서 운전을 시
도하기 전까지.

이에 반해 우리 엄마는 툭하면 성질내는, 상말의 화수분이었다. 이웃들에게 "남의 일에 참견하지 마요"라고 말해도 될 상황에서 그녀는 "asshole"이라고 쏘아붙였다. 오지랖 넓은 우리 고모에게 엄마가 붙인 별명은 "Fuzz Nuts애송이"였다. 엄마는 자신의 적들이 꺼져버려야 하는 순간을 아주 잘 알고 있었다. 내가 그리스어 원서로 아리스토파네스에 관한 강의를 들을 때 우리 엄마를 떠올린 적이 있다. 그때 내가 가지고 있던 그리스어-영어 사전은 분량이 적어서 『평화』를 번역하는 데 적합하지 않았기 때문에, 나는 컬럼비아대학교 버틀러 도서관에 가서 엄청 두꺼운 그리스어 사전(『Liddell & Scott』)을 이용했다. 그런데 그 성스러운 아카데미 서적 속에서 내가 모르는 단어들의 뜻을 확인해보니 진짜로 하나 걸러 하나씩 '방귀fart'였다. 혹 수업 시간에 내가 번역할 차례가 되었을 때, 나는 나도 모르게 우리 엄마의 입버릇을 따라서 아리스토파네스도 무안해질 만큼 지저분한 말을 할 것 같아 걱정스러웠다.

나는 성인이 되기 전에는 욕을 별로 쓰지 않았다. 고등학교에서 내 사물함의 문을 쾅 닫으며 가볍고 방정하게 "crap똥, 쓰레기, 개수작"이라고 말한 적이 한 번 있다. 나중을 위해 더 센 것을 아껴둔 셈이었다. 나는 내 친구와 함께 영화 〈내일을 향해 쏴라〉를 여러 번 보러 갔는데, 매번 우리를 웃게 만든 장면이 있다. 로버트 레드퍼드는 폴 뉴먼에게 자신이 수영을 못한다고 시인한 후 추격자들을 따돌리기 위해 어쩔 수 없이 절벽에서 뛰어내려 강물로 떨어지면서 고함을 지른다. "SHHHHHIIIIIIIIITTTT."

내가 대학에 들어갔더니 선배들이 그렇고 그런 말을 많이 썼다. 뭔가 준비할 때는 "getting their shit together"라 했고, 코카

인과 서던컴포트미국 리큐어의 일종 때문에 "shit-faced똥칠한 얼굴" 되었다는 말도 했다. "good shit"는 끝내주는 마리화나였다. 한 친구는 자신이 별생각 없이 아무것에나 "fuck"이라는 말로 반응한다는 사실을 깨닫고 걱정했다. 가령 버스 안에서 한 아줌마가 내 친구에게 고민거리를 얘기하면 내 친구의 입에서 "fuck"이 툭 튀어나왔다. 그 아줌마는 기가 찼겠지만, 문맥에 따라 "fuck"은—1970년대 초반 뉴저지 대학가에서—'저런, 참 안됐네요'라는 뜻으로도 쓰였다. 나는 1996년에 정신분석 상담을 마친 후 욕하고 싶은 욕구를 처음으로 마음껏 발산했다. 난 자유를 만끽하며—이리저리 직장을 옮기고, 퀸스를 떠나 맨해튼으로 와서, 정신과 의사에게 다 쏟아붓지 않고 남긴 푼돈을 내 맘대로 쓰면서—내 머릿속에 떠오르는 모든 흥미로운 비속어를 남발했다. 누군가『기쁨의 집』을 언급하면 나는 "이디스 워튼이 망쳤어blows"라고 말했고, 친구가『미들마치』를 읽어보라고 권하면 나는 "조지 엘리엇은 글렀어sucks"라고 응수했다. 그러면 속이 시원했다. 유년기와 청소년기를 감싸고 있던 내숭의 번데기가 쩍 갈라지며 나는 "fucking" 왕나비로 부상했다. 아마 정신분석이 내게 효과가 있었나 보다.

*

그렇지만 이런 상황에서 적정한 균형을 유지하기는 정말 "fucking" 어려울 수 있다. 2012년 봄, 켈레파 사네가 래퍼 얼 스웨트셔츠에 관해 쓴 글이 〈뉴요커〉에 실렸다. 이 래퍼는 어린 시절에 나쁜 친구들과 어울렸고, 그래서 그의 어머니는 그를 사모아에 있는 소년원으로 보냈다. 나는 이 글을 일고여덟 번 정도 읽으면서 "Shit sucks"와 "젠장, 팬 일당을 피해 fucking 냅다 코첼라음악 축제의 장으로 유명한 지역를 뛰어다녔다. Shit Was Wild!"와 "LETS SWAG IT OUT"이 비디오나 트위터에 있는 그대로 표기됐는지 확인하면서 그만 분별을 잃고 마지막에 엄청난 실수를 용납하고 말았다. 이렇게 상말이 가득한 글에서, 더구나 어린애가 쓴 글에서 then 대신 than을 쓴 것이 뭐 그리 대수일까? 이런 극단적인 경험을 한 교정자들을 위해 해독 시설이라도 있어야 할 판이다. 나의 판단력은 완전히 회복되지 않아서, 진실하고 간결한 언사와 난데없는 네 글자 단어를 구별할 자신이 더 이상 없다.

당시에 나는 우리 잡지 지면에 "fuck"을 가장 많이 싣는 작가를 가리는 비공식 대회가 있다는 사실을 알지 못했고, 게다가 〈뉴요커〉의 편집자 데이비드 렘닉David Remnick이 결승에서 사네와 맞붙었다는 사실도 몰랐다. 누구든 래퍼나 권투에 관한 글을 쓰면 음담패설을 다소 인용할 수밖에 없고, 렘닉처럼 러시아어에 능통한 사람은 드넓은 음담패설의 세계를 속속들이 알고 있기 마련이다. 러시아에는 마트mat라는 언더그라운드 언어가 있다. 길거리와 감옥에서 처음 생겨서 랩에 비견될 만한 것인데, 이것은 친러파의 마음을 돌려세우기 일쑤다. 렘닉이 요약했듯, 모든 마트는 네 단어에 기초한다. "khuy(자지), pizda(보지), ebat(썹하다), blyad(창녀)가 있다." 빅토르 예로페예프는 〈뉴요커〉에 게재한 글에서 이 언어에 관해 놀랄 만한 점을 밝혔다. "'마트'라는 용어는 '어머니'를 뜻하는 러시아 단어에서 파생했으며 'yob tveyu mat(fuck your mother)'라는 기본 구절을 구성한다"라고 그는 적었다. 융통성 있는 여러 접두사와 접미사가 그 네 단어를 비틀고 돋우면서 믿을 수 없을 만큼 다양한 형태의 추잡한 말을 만든다. 표트르대제, 도스토옙스키, 푸시킨, 레르몬토프 모두 "khuy"와 "ebat"를 이용했다. 예로페예프가 인용한 비교적 순한 표현들 중 하나는—아름다운 이탈리아 관용어 dolce far niente달콤한 무위와 비교되는— "khuem grushi okolachivat"인데, 이를 번역하면 '좆으로 나무에서 배 떨어뜨리기'.

폴린 케일이 "shit"이라는 단어를 인쇄하기 위해 윌리엄 숀과 끊임없이 다투던 시절 이후 〈뉴요커〉는 격심한 투렛증후군욕 같은 소리를 내는 틱 증상의 일종을 겪고 있는 것 같다. 1979년 늦여름 〈지옥의 묵시록〉이 개봉됐을 때 케일은 휴가 중이었는데, 숀 씨는 그녀 대신 영화 비평을 맡은 베로니카 겡에게 첫 대사를 인용하도록 허락했다. "Saigon. Shit." 케일은 그렇게 기회를 놓쳤다. 그보다 수년 앞서, 미국 남부 학교들의 인종차별 폐지 운동을 보도한 캘빈 트릴린은 그가 인용한 단어들을 그대로 인쇄하는 것을 숀이 허용하지 않는다면 일을 그만두겠다며 뻗댔다. 그것은 조지아 주지사 레스터 매덕스가 했던 말이었다. "연방 정부는 교육비를 갖다 '처박을ram' 수 있어요." 결국 숀은 특정한 단어들이 기사 내용과 밀접한 관계가 있다고 인정하며 한발 물러섰다. 존 맥피가 상선에 관한 글을 쓰면서 뱃사람들이 실제로 하는 말을 인용했을 때는 로버트 고틀리브Robert Gottlieb, 작가이자 편집자가 보수적 전통을 고수하며 그것을 용인하지 않았다. 맥피는 여러 해가 지난 후 편집자들에 대해 쓴 글에서 가슴에 맺힌 응어리를 풀듯 한 문단을 "fuck"으로 가득 채웠다.

1970년대 중반에 숀이 「장안의 화제」 코너를 위해 고용한 필진은 그가 정한 금기 사항 때문에 난처한 경우가 많았다. 그는 일상적인 인체의 액상 물질—오줌, 똥, 피, 침 같은—뿐만 아니라 낚싯바늘, 가발, 쌍둥이, 난쟁이에도 거부반응을 보였다. 한번은 마크 싱어가 주 상원의원 로이 굿맨의 부정한 선거운동을 보도하며 굿맨 일가가 완하제를 팔아 부를 축적했다는 사실을 언급했는데 결국 완하제에 관한 부분은 삭제되었다. 또 한번은 그의 글 중에 지하철을 타고 영화를 보러 가서 간식을 사는 데 드는 비용을 정리한 도표가 있었는데 편집자들이 그중 주니어 민트^{민트 초콜릿 제품}를 빼버렸다. 싱어가 이유를 묻자 스타일 편집자 호비 위크스가 그에게 말했다. "〈뉴요커〉 작가가 주니어 민트를 먹으면 안 돼요." 이언 프레이저는 숀의 금기 단어를 최대로 포함한 문장을 발명했다. "가발을 쓴 작달막한 대머리 남자는 생리 중인 아내를 데리고 권투경기를 보러 갔다."

　　하지만 이제 여론의 동향이 반대편으로 쏠린다. 시베리아를 여행하기로 마음먹고 러시아어를 공부한 프레이저는 러시아 미술가 알렉스 멜라미드가 발행하는 잡지 〈러버밴드소사이어티가제트^{Rubber Band Society Gazette}〉에 한 지면이 음담패설로 도배된 글을 실었다. 프레이저는 렘닉이 "그것을 보고 좋다고 해서" 이 말을 듣고 "그를 위한 글을 써볼 용기가 생겼다"라고 회상했다. 그래서 「욕쟁이 엄마^{Cursing Mommy}」가 탄생했다. 엘로이즈^{Heloise. 칼럼니스트} 같은 이 인물은 큰 소리로 "누가 제발 말해줘, 나의 stupid goddam fucking drink가 없어지지 않았다고" 같은 말을 하면서 본색을 확 드러낸다. 그녀는 "SukMore^{suck more의 변형}"라는 진공청소기를 사용한다. 욕쟁이 엄마 덕분에 프레이저는 다음과 같이 주장할 수 있었다. "〈뉴요커〉의 한 페이지에 욕설을 나보다 더 많이 집어넣은 사람은 없다."

얼 스웨트셔츠 사건 이후, 참으로 불경한 것에 대한—뭐가 장난이고 뭐가 저널리즘인지 헷갈리는—나의 판단은 미덥지 못하게 되었다. 벤 맥그래스Ben McGrath가 브라질 축구팀에 관한 글을 쓰면서 "bros before hos창녀들 앞 형제들"라는 문구를 사용했을 때, 나의 최대 관심사는 "hoswhores의 약자"의 철자였다. 그때 내가 포르투갈어 때문에 산만해진 듯싶다. 포르투갈어는 내가 공부했던 언어들 중에서 나를 울린 유일한 언어다. 나는 전체 검색 기능을 이용해서 São Paulo의 a 위에 악센트를 두었고, 브라질의 화폐단위 real을 포르투갈어 복수형 reais로 써야 한다고 주장했다.(포르투갈어에서 r은 h처럼, l은 w처럼 발음되므로 real와 reais는 각각 '헤-아우'와 '헤-아이스'로 발음된다.) 강세가 있는 ão는 콧소리를 동반하는 이중모음인데, 이는 마치 선사시대의 새가 구애하는 소리같이 들린다. 이것을 잘못 발음하면—사실상 (미시건 주 플린트 출신의 일부 영재들을 제외하면) 외국인이 이것을 정확히 발음하기는 불가능하지만 어쨌든—빵집에서 웃음거리가 되고 만다. 우리는 빵(pão)을 주문한다고 생각하지만 기실 나무(pao)를 요구하는 중이고, 후자는 영어에서도 그렇듯 '좆'을 뜻하는 또 다른 단어다.

아무튼 문맥상 "창녀들 앞 형제들"은 버스에 타고 있던 축구 선수들을 가리키는데, 당시에 그중 한 명이 그의 새로운 여자 친구를 만나려고 버스에서 내리고 싶어 했다. 그는 "창녀들 앞 형제들"의 의리 때문에 거절을 당했다. 이 글을 두 번째로 받아 본 교정자는 "새로운 여자 친구"와 "창녀"에 동그라미를 치고 "동의어?" 라고 적었다. 물론 동의어는 아니었다. 나는 그 질의를 심각하게 받아들이지 않았다. 난 오히려 사람들이 "창녀들hos"을 경작 도구인 '괭이들hoes'로 착각할 것 같아서 계속 신경이 쓰였다. 최종 회의에서 이 문구가 다시 거론됐다. "이대로 인쇄해도 정말 괜찮아요?"라고 작가가 물었다. 나는 내 동료의 불편한 심기를—그는 운동을 좋아하고 결혼도 했고 그의 아내가 창녀로 치부되는 것을 원치 않는다고—언급했다. 그렇지만 난 문맥상 이것을 심각하게 여길 까닭이 없다고 생각했다. 사내들이 별생각 없이 씨부렁거리는 소리니까. 그래서 우리는 그대로 실었다.

이 글이 게재되자마자 〈뉴요커〉에서 최초로 "창녀들 앞 형제들"이란 표현을 썼다는 사실을 누군가 트위터에 올렸다. 그럴 만하다. 요즘은 아무도 사용한 적 없는 음담패설을 최초로 인쇄하기 위해 경쟁하는 시대다. 이후 그 이야기를 브라질 언론에서—축구팀을 사창굴에 비유했다는 내용으로—다뤘다. 나는 그제야, 그 축구 선수들과 그들의 아내들 및 여자 친구들이 그들에 관한 글에 관심을 가질 테고 알음알음으로 그 글을 번역해달라고 부탁할 것이 뻔하다는 생각이 들었다. "창녀들 앞 형제들"을 포르투갈어로 옮기면 어떻게 될까? '매춘부들과 맞선 선수들' 같은 것이 될까? 우리가 무심코 축구팀을 사창굴에 비유했던가? 나는 그 선수들과 그들의 아내들과 여자 친구들 생각에 밤낮없이 시달렸다. 창녀로 불린 그 여자들이 얼마나 분개할지 근심스러웠다. 그 모든 부인들이 축구를 보이콧해서, 이 논란이 브라질의 여성 대통령 지우마 호세프의 귀에 들어가 국제적 분쟁으로 비화하는 바람에 브라질에서 미국 기자들의 입국을 거부하는 사태가 벌어지면 어쩌나 싶었다. 브라질은 가톨릭 국가고, 비록 축구가 폭력과 상스러운 험담으로 얼룩져 있다 해도(그 글에 소개된 일화에 따르면 한 선수가 게이를 공개적으로 지지하기 위해 다른 남자에게 키스하는 포즈를 취했는데, 그다음 경기에서 팬들은 그를 남색자라고 불렀다) 졸지에 갈보로 불린 여자의 기분이 좋을 리 없다. 내가 부주의했다. 나는 미국 속어 하나가 포르투갈어로 번역되면 어떻게 들릴지 추측하면서 내내 마음을 졸였다. 가만있자, 그런데 내가 항상 뭐든 포르투갈어로 어떻게 들릴지 미리 생각해야 할까?

스포츠는 흔히 이러한 딜레마를 수반한다. 누군가 내뱉은 투박한 말을 보도할지 아니면 이런 것은 기삿거리가 아니라고 여길지 선택해야 하는 딜레마다. 나중에 알고 보니 브라질에서 화제에 오른 것은 "창녀들 앞 형제들" 구절이 아니라, 한 브라질 사람이 실제로 했던 말로서 그 글에 영어로 직접 인용된 것이었다. 한 축구팀의 부단장이 팀을 운영하는 일을 사창가 관리에 비유하면서 그의 일을 사랑한다고 말한 대목이었다. 나는 이 부분을 읽고 얼떨떨했지만 인용문이기에 질의할 계제가 아니라고 생각했었다. 어쨌건 나는 국제적 분쟁을 일으킬 가능성에 대한 염려를 떨쳤다. 다만 밀워키에 사는 한 독자가 "창녀들 앞 형제들"을 접하고 노여워하며 편지를 보내 이 표현은 무심결에 여성 혐오를 드러낸다고 지적했다. 나는 그동안 작가를, 그 구절을 사용하기를 주저했던 그 작가를 내가 부추겼다는 사실을 깨달았다. 내 탓이로다.

손상된 판단력을 보여주는 예가 또 있다. 내가 읽은 글 속에 저명한 단체의 한 임원이 그의 비평가들을 떠올리며 "Fuck you!"라고 말하는 대목이 있었다. 난 심한 말이라고 생각했다. 하지만 이것을 수정하자고 제안하진 않았다. 꼼꼼한 리포터가 그 임원의 말을 정확하게 인용해둔 터였다. 나는 재검토 단계에서 이에 대해 질의할 기회가 한 번 더 있었다. 재고할 두 번째 기회였다. 하지만 역시, 그 임원은 남의 기분에 전혀 신경 쓰지 않는 사람이라고 나는 판단했다. 그런데 내가 이 글을 마지막으로 받아 봤을 때 "Fuck you"가 보이지 않았다. 최종 회의에서 편집자는 결국 그 욕설을 빼기로 결정했다고 말했다. 이번에도 내가 판단력이 흐려져 욕설을 문제 삼지 않은 걸까? 나는 그것을 질의하지 않았는데 누가 했을까? 그것을 질의한 사람은 내가 업무에 소홀하다고 생각했을까? 여태껏 작가와 편집자는 내가 그걸 없애주기를 기다렸을까? 나는 한계를 설정할 의무가 있는 부모 같은 존재였을까? 그것이 사라지자 비로소 나는 안심이 되었다. 그리고 안심이 되니 내가 그것을 질의했어야만 했다는 생각이 더욱 솟구쳤다.

내가 편집자에게 이 사건의 경위를 알아봤더니 인용을 반대한 사람은 그렇게 도발적인 심한 막말을—더군다나 회의실에서—했던 그 임원이었다. 편집자는 자신을 "무자비한" 사람이라고 표현했다. 그는 언제나 발언을 곧이곧대로 인용해서 그 주체로 하여금 그것을 떠안게 만들고 싶어 하기 때문이다. "말을 했으면 한 거죠. 그럼 주워 담을 수 없어요." 하지만 그 임원은 알아듣기 쉽게 표현했을 뿐이라고 해명했다. 그 단어가 제지된 사례 하나가 그 단어가 인쇄된 모든 경우보다 교훈적이었다. 그것이 여전히 지니고 있는 위력을 과시했다.

가끔가다가 완곡어euphemism도 힘을 발휘한다. euphemism 또한 그리스어에서 유래한 단어다. 좋다는 의미를 지닌 eu(eugenics 우생학가 좋은 유전자, 토머스 모어의 조어인 utopia가 좋은 장소를 의미하듯)와 발언을 뜻하는 pheme이 결합된 것이다. 한마디로 당의sugar-coating다. "Fuck this shit"을 스칼릿 오하라〈바람과 함께 사라지다〉의 주인공식으로 말하면 "Fiddlesticks엉터리"다. 셜리 템플미국 배우은 "Phooey 피"를 선호했을 듯싶다. "Jeepers어머나"와 "Jiminy Cricket놀라거나 짜증 내는 소리"은 각각 Jesus와 Jesus Christ의 변형이다. 나는 법률사무소의 이름이 "Johnson, Johnson, Johnson & Johnson"으로 인쇄된 편지지를 보고 며칠에 걸쳐 웃음이 나서 혼났다. 내가 오가던 대학가엔 반창고와 유아용 샴푸를 파는 회사 "New Brunswick's own Johnson & Johnson"이 있었는데, 나는 이 이름이 웃긴다는 생각을 왜 진작 하지 못했는지 모르겠다. 사전 편찬학의 아버지 새뮤얼 존슨이 만약 그의 성씨와 남근이 동의어라는 사실을 알았다면 틀림없이 즐거워했을 것이다. 하루는 내가 평소와 다름없이 일하고 있었는데, "로버트 카로Robert Caro는 그의 존슨 일대기 시리즈 중 가장 최근에 출간된 책에서……"라는 구절을 읽다가 웃음보가 터졌다. 나는 카로가 린든 존슨미국 제36대 대통령의 권위 있는 전기 작가라는 사실을 알고 있지만, 반듯해 보이는 로버트 카로가 의외로 성적인 모험을 무지하게 즐기는 남자라서 그의 존슨 전기를 여러 권 저술하게 됐다는 상상을 내 사무실 안에서 남몰래 해봤다.

우리가 욕설을 얼마만큼 받아들이면서 즐길 수 있을지 나는 잘 모르겠다. 사전 편찬자 제시 셰이드로어Jesse Sheidlower가 편집한『F 단어The F-Word』는 이 다재다능한 쌍말의 변형을 알파벳순으로 정리해놓은 270쪽 분량의 책이다. 나의 동료들과 나는 F-word, F word, "F" word, "f" word 중에서 옳은 표기를 가리기 위해 논쟁을 벌였지만, 사실 어떤 인간이 완곡어의 올바른 변형을 따지겠는가? 일관성을 유지하려 애쓰는 것이 도리어 이상한 일이다. 뉴욕의 전설적 중고 서점인 스트랜드의 아래층 어학 코너에는 셰이드로어 어휘집의 다양한 간행본이 기다란 선반 위에서 1미터 정도를 차지한다. 내가 가지고 있는 신판의 표지는 미끈한 빨간색 하드커버지만, 1995년에『F단어』가 처음 나왔을 때는 흡사 음란물처럼 밋밋한 누런 종이 포장 같은 표지가 붙어 있었다.『F단어』는 '로큰롤 명예의 전당'과 비슷한 점이 있다. 이 사전은 박물관의 전시실과 마찬가지로, 그 속에 고이 간직된 것에 원천적 생기를 부여했던 조야한 성질을 앗아갈 수밖에 없다.

우리는 언어를 입법화할 수 없다. 금지해도 소용없는 것을 생각해보라. 음주, 섹스, 단어. 그렇지만 시도 때도 없이 욕설의 충격을 받고 싶어 하는 사람도 없다. 그것을 사용하려면 제대로 사용하자. 욕은 재밌어야 한다. 나는 이 장의 제목이 맘에 들어서 그 단어들을 검열 표시 없이 그냥 적으려 했었다. 스왜그 있게! 하지만 은총을 입은 완곡한 표현이 더 좋아 보인다. 모음자를 대신한 별표는 내부의 구두점이요, 단어 속의 작은 불꽃놀이다.

연필 중독자의 발라드

　나는 어린 시절에 연필과 더불어 두 가지 결정적 경험을 했다. 첫 번째는 유치원에서 내 이름을 적는 법을 배우는 시간이었다. 우리는 낮은 테이블 앞 조그만 의자에 앉아 있었고, 미스 크로즈비 선생님은 우리의 이름이 적힌 카드를 각자의 앞에 놓았다. 그러면 우리는 자신의 이름을 종이에 옮겨 적는 연습을 했다. 나는 굵직한 타이콘데로가^{Dixon Ticonderoga} 연필을 꼭 쥐고 주의 깊게 한 자 한 자 썼지만, 다 쓰고 나서 의자에 기대 그 결과물을 보면 엉망이었다. "sirroN yraM." 미스 크로즈비는 내 뒤로 다가와(이러면 난 싫었다. 당시는 공습에 대비해 방공훈련을 하던 시절이라 갑자기 무슨 일이 일어날지 몰랐다) 연필을 쥔 내 오른손을 종이의 저 왼편으로 옮겨주었다. 그러고 나서 내가 다시 내 이름을 쓰니 알아볼 만했다. 그 후 수년간 종이의 바른 곳, 즉 왼편에서 글을 쓰기 시작하려면 나는 두 눈을 감고, 군데군데 노랗게 얼룩진 바닥에 블록과 구슬이 널려 있는 그 유치원 교실을 떠올려야 했다. 내 뒤편의 문과 내 앞의 높다란 창문을 상상하며, 내 손을 문에서 가장 먼 창문 쪽으로 움직여 내 몸 앞을 지나가게 한 후 거기서 연필을 종이 위에 놓았다. 나는 좌측에서 우측으로 쓰는 법을 그렇게 배웠다.

또 다른 경험은 우리 집 식탁에서 했다. 우리 부모님은 (우리 엄마의 표현대로) "놀러 나가"면서—두 분이 아주 가끔 데니슨 애버뉴에 있는 아이비 인Ivy Inn이라는 맥줏집에 갈 때—나의 오빠 마일스에게 동생들을 잘 돌보라고 하셨다. 나는 종이와 연필을 가지고 혼자 노는 중이었다. 나는 종이를 앞에 두고 연필을 쓰기 전에 연필심의 촉을 핥는 버릇이 있었다. 물기를 머금은 연필 촉이 더 진하게 써진다고 생각했던 것 같다. 이건 평범한 연필이 아니었다. 내가 어디선가(아마 우리 아빠의 작업대에서) 빼낸 것이었다. 우리 집엔 연필이 늘 부족했다. 그때 내가 가지고 놀던 연필은 꼭대기에 지우개가 없었고 자주색 심이 들어 있었다. 핥는 느낌이 특별히 좋았다. 마일스는 이렇게 노는 나를 보고 말했다. "그거 안지워지는 연필이야!" 나의 두 손은 얼룩이 졌고 입술은 푸르스름해졌다. 그는 내게 혀를 내밀어 보라고 했다. 자줏빛이었다. "이 얼룩은 절대 안 지워져!"라고 그는 말했다.

나는 가톨릭 학교에 다니면서 얼룩에 대해—영원한 원죄의 얼룩이라고—들은 바가 있어서 겁에 질려 소리를 질렀다. 내가 훌쩍거리며 눈을 비비자 양 볼에 눈물이 흐르며 자줏빛 얼룩이 번졌다. 앞으로 나의 죄악이 겉으로 드러나 보일 거라고 나는 확신했다.

그날 이후 나는 지워지는 연필을 선호했다. 이런 취향은 내가 취합부에서 에드 스트링엄과 일하는 동안 더욱 굳어졌다. 에드는 스치듯 썼다. 그의 필적은 깔끔하고 정확했지만 희미해서 문제였다. 취합된 교정지는 팩스를 통해 인쇄소로 전달되었는데, 에드가 남긴 표시는 전송되지 않을 때가 종종 있었다. 취합 중에 선을 교차시켜 긋는 행위는 대죄에 속하기 때문에, 가령 꼬불꼬불한 선이 가득한 지면에서 한 단락 전체를 이동시키는 표시를 하려면 어떻게든 다른 것과 구별 지어야만 하는데, 이럴 때 에드는 파란 연필을 집어 드는 버릇이 있었다. 하지만 팩스가 색맹이라서 파란색은 두드러지기는커녕 전혀 전송되지 않았다. 조판부 직원들은 파란색을 사용하지 말아달라고 에드에게 사정사정했다. 그는 얼마간 조심하다가 이내 그의 옛 습관을 따르곤 했다. 그는 구제불능이었다.

조판부 직원들(당시엔 모두 남자들)은 이 문제에 실용적으로 접근했다. 그들은 그들이 에드를 제거하지 못한다는 점을 알고 있었다. 그는 그 일을 30여 년간 해오던 터였다. 연필에 더 힘을 실어 쓰라고 그들이 설득해서 평생 그의 몸에 밴 필기 습관을 고칠 수도 없는 노릇이었다. 그렇지만 그들이 연필을 바꿀 수는 있었다. 조판부장 조 캐럴은 No. 1 연필 두 상자를 들고 취합부에 다시 나타났다. 로비에 있는 그레이엄스Graham's, 즉 내가 내 엄지에 끼울 고무 골무를 맞춘 문구점에서 구입한 것 같았다. 연필심의 등급 체계상 No. 1은 아주 무른 심이라서, 에드가 힘들여 쓰지 않아도 이 새로운 연필은 더 진하게 표시되었다.

나의 문제는 에드의 상황과 정반대였다. 나는 연필을 꾹 눌러 썼고—초등학교 3학년 이후 줄곧 지적을 받을 만큼—내 글씨체는 괴상했기 때문에 내가 쓴 것을 지우고 더 잘 쓰려는 경우가 잦았다. 이렇게 작성한 문서를 팩스로 보내면 내가 지운 흔적까지 전송되어서 마치 기존의 기록을 지우고 다시 쓴 고문서같이 보였다. 나는 취합부에서 뛰어난 문법학자들의 수정 사항을 필사하며 많은 것을 배웠지만, 중세에도 있었던 '서기scribe'라는 직업은 필체에 자신이 없는 사람에겐 어울리지 않는 것 같았다. 나의 필체는 여러 사람들의 필체가 혼합된 결과다. 나는 한때 조지 해리슨의 서명에 있는 G를 흉내 냈다. 내 친구는 위쪽에 큰 고리 모양을 만들고 아래로 가늘게 내리그어 J를 썼는데, 난 이 방식을 영구히 채택했다. M을 쓸 때 양쪽 정점을 뾰쪽하게 만드는 사람은 자신의 엄마를 미워한다는 내용의 문장을 나는 어디선가 읽었는데, 물론 우리 엄마가 나를 미치게 한 적은 무척 많지만 난 내 서명을 그런 식으로 하고 싶진 않았다. 내가 읽은 글 중에 창조적인 사람은 글자를 각각 분리해서 쓴다는 얘기도 있었는데, 나의 글씨는 진득진득하게 이어지니 유감스러웠다. 내가 유일하게 띄어 쓴 글자는 z였다. 나는 z를 흘려 쓰는 법을 잊어버려서—자칫하면 y로 보여서—그것을 끊어 정자로 적어야 했다. 내가 10대 소녀이던 시절에, 가령 아이 메이크업 세트를 받아야 하는 이유를 스물다섯 단어 이내로 적어 보내는 경품 행사에 참여하거나 폴 매카트니에게 팬레터를 보낼 때면, 최대한 매혹적으로 보이기 위해 나는 글의 내용 못지않게 글씨에도 공을 들였다. 나의 발랄한 대문자 R의 꼬리에 폴이 홀딱 반할 것만 같았다. 나중에 내가 대학을 졸업한 후 작문법을 가르쳐보니 글씨를 제일 단정하게 쓰는 학생의 글이 제일 지루한 경우가 많았다.

옛날에 〈뉴요커〉에선 쓰던 연필의 끝이 뭉뚝해지면 그것을 그냥 옆으로 치워놓고 새것을 집어 들었다. 그때는 아침나절에 한 사환이 뾰족하게 깎인 나무 연필을 쟁반에 수북이 담아서 돌아다녔다. 몽당연필이 아닌, 길쯕길쯕한 좋은 것들이었다. 사환이 연필

쟁반을 들고 있으면 우리는 한 움큼씩 집었다. 지금은 꿈같은 이야기로 들린다. 나는 당시에도, 그 사환과 연필 쟁반이 언젠가 상아부리 딱따구리처럼 멸종 위기에 처할 것이라는 예감이 들었다.

그 후 No. 1과 No. 2 연필 상자가 비품 창고에 차곡차곡 쌓여 있었다. 나는 그저 한 타打dozen씩 집어 와서 여러 자루를 깎은 다음(당시에 난 자동 연필깎이를 사용했다) 내 연필꽂이를 채웠다. 무진장 사치스러웠다. 나는 수많은 시간 동안 No. 1 연필로 부지런히 수정 사항을 옮겨 적으며 그 무른 심의 촉감에 익숙해졌다. 이따금 편집자가 손에 연필을 쥐고 돌아다니다가 잠시 내 책상에서 뭔가 수정한 후에 그 연필을 두고 갔다. 그러면 내 것과 섞이는데, 만약 내가 이렇게 이주해 온 연필을 우연히 집어 들면 난 차이를 느꼈다. 그것을 가만히 살펴보면, 아니나 다를까 연필대에 "No. 2"가 도드라지게 인쇄돼 있었다. 나는 No. 2 연필을 쓰면 숙취가 있을 때와 비슷한 느낌이 들었다. 나의 손과 나의 뇌가 서로 멀어지고, 내가 쓰고 있는 종이의 표면과 내가 동떨어진 기분이었다. 나는 그것을 책상 서랍 속에 던져두곤 했다.

몇 년 후 내가 타임스스퀘어 일대의 No. 1 연필을 모두 소비했을 무렵에, 사무용품 담당자에게 그 연필을 더 주문해달라고 요청했더니 그녀는 그건 안 들어온다고 말했다. "안 들어온다는 게 무슨 말이에요?" 나는 물었다. "그건 카탈로그에 없다고요"라고 그녀가 대답했다. 그녀는 두꺼운 사무용품 카탈로그를 내게 보여주며 고르라고 말했다. 어이가 없었다. 사무용품 카탈로그를 보니 내 친구가 코수멜 섬멕시코 유카탄반도 근해의 휴양지 리조트 회원권을 구입했을 때 그녀가 받은 휴가 클럽 카탈로그가 생각났다. 그녀는 그 리조트를 카탈로그 속의 아무 장소와 맞바꿀 수 있었다. 하지만 그녀가 가고 싶은 장소가 그 카탈로그 속에 없으면 어찌할까? 나는 여행 가고 싶은 곳을 항상 생각해뒀고, 언제나 과도한 여행 계획을 세우고 있었다. 런던, 캔터베리, 도버, 라이, 와이, 스완지, 틴태절, 더블린, 킬케니, 골웨이, 마요, 그리고 런던으로 돌아와 당일치기로 옥스퍼드 여행. 아테네, 크레타 섬, 로도스 섬, 키프로스, 사모스 섬, 키오스 섬, 차나칼레(트로이), 이스탄불, 테살로니키, 스키아토스 섬, 델포이, 미케네, 그리고 아테네로 돌아와 짬을 내서 수니온 곳에 들러 바이런의 그라피티 구경. 이럴진대 어찌 카탈로그 속에 있는 장소들 중에서만 고를 수 있으랴.

"샤프 써본 적 있어요?" 나의 동료가 물었다. 그녀는 내게 샤프 한 자루와 작은 원통에 든 샤프심을 건넸다. 샤프는 단단한 플라스틱 아래 딱딱한 판지에 고정돼 있었다. 나는 시도했지만—하늘에 맹세코 시도해봤지만—그것을 제대로 쓰지 못했다. 샤프의 꼭지를 한 번 누를 때마다 엇빠르게 길어지는 샤프심의 길이에 좀처럼 적응하지 못했다. 나는 너무 많이 눌러서 너무 길어진 심을 부러뜨리기 일쑤였다. 샤프 속의 심이 저절로 구멍에 쏙 들어가는 게 의심스러워서 샤프를 흔들어보기도 했다. 난 새로운 심을 채우기 위해 샤프를 분리하는 일이 너무 싫었다. 의수義手로 글을 쓰는 기분이었다. 지구에서 캐낸 흑연으로 종이에 자국을 남기고 싶어 하는 사람들에게 사무용품 카탈로그는 성에 차지 않는다.

마침내 내가 쓸 연필을 내가 직접 사야 하는 상황에 직면했다. 그런데 가장 무른 심을 찾기가 점점 더 어려워졌다. 나는 라커웨이에 있는 로고프스Rogoff's라는 문구점에서 조금 쟁여둔 No. 1 연 필을 발견했다. 로고프스는 라커웨이에서 널리 알려진 이름이다. 같은 이름의 치과도 있다. 이 문구점은 어린아이가 해변으로 가 는 도중에 들러서 고르고 싶어 할 물건이 많은 곳이다. 저렴한 장 난감과 물놀이용 잡동사니, 파티 용품이 무수히 널려 있다. 이곳 의 문구 코너는 매우 만족스러워서, 여기서 나는 마치 어린아이 처럼 공책과 파티 초대장, 다양한 색상의 색인 카드와 파스텔 계 열의 필기장을 보느라 시간 가는 줄 모른다. 연필 상자들이 있는 선반은 특히 매력적이었는데, 내가 No. 1의 재고를 바닥낸 후 로 고프스에서 그것을 다시 들여놓지 않았다.(속보: 다시 들여놓았다! 나는 두 상자를 샀다.)

그래서 나는 어느 크리스마스를 맞아 나의 연필 구입난을 널리 알리기로 마음먹고, 내가 원하는 선물들을 온라인에 올렸다. 아 이폰, 스마트카, 미용사 보험, 성합, 그리고 No. 1 연필 많이.(기꺼 이 연필값을 치러주려는 사람들이 있어서 좀 놀라웠다.) 혹자는 "혹시 No. 2 연필이 필요한 거 아녜요?"라고 물었다. 내가 왜 No. 2 연필 처럼 흔해빠진 것을 특별히 요청하겠는가? 며칠 전에 나는 파크 애버뉴 사우스 하수구에 떨어져 있던 한 자루를 발견했다. 당연 히 주웠다. 연필에 대한 나의 취향은 확고하더라도 언젠가 몽당 연필 하나가 아쉬운 날이 올지도 모른다. 지금도 난 No. 2를 더 좋 아하는 사람들이 신기해 보인다. 그들은 그 심이 더 단단하기 때 문에 그리 자주 깎을 필요가 없다고 말한다. 나는 그런 수고를 감 수하겠다고 말한다. 그해 12월, 나를 경애하는 익명의 발송인이 우 편으로 내게 선물을 보냈는데, 내가 열어보니 딕슨 타이콘데로가

No. 1 연필이 왕창 들어 있었다. 나는 주머니가 든든해진 듯했다.

이리하여 실망과 남용의 세월이 시작됐다. 나는 이전에 품질이 나쁜 연필을 간간이 접해봤지만 무더기로 나쁜 경우는 처음 봤다. 내가 쓰려 하면 심이 자꾸 부러졌다. 연필을 깎아 다시 쓰면 또 부러졌다. 그것을 깎는 동안 심의 다음 부분이 나무 속에 꽉 물려 있지 않아서 막 떨어져 나오려 했다. 내가 그 부분을 넘어설 때까지—카세트테이프를 빨리 감아서 잡음이 심한 부분을 건너뛰듯이—깎아봤더니 심이 연필 전체에 걸쳐 부스러진 상태였다. 한 자루가 이러면 상자째로 이랬다.

회사에서 이러면 당혹스러웠다. 나는 최종 회의에 참석할 때 연필 몇 자루와 매직럽Magic Rub, 지우개 상표 하나를 들고 갔다. 연필을 쓰다가 끝이 뭉툭해지면 난 그것을 옆으로 치워놓았다. 그런데 끝이 부러지면 난 얼간이가 된 것 같았다. 한 작가는 내 앞에서 그의 샤프를 자랑스레 흔들어 보인 후, 그의 양복 상의를 젖혀 안주머니에 숨겨둔 대여섯 자루를 더 드러냈다. 그는 팩트체킹 부서에서 가져온 것들이라고 얄밉게 설명했다.

나는 이 연필들을 도매상에게 돌려보내기로 결심했다. 내가 상자의 겉면을 보고 알아낸 정보는 이것이 뉴저지에 있는 도매점에서 왔다는 사실뿐이었다. 메도랜즈 하역장에서 인부들이 연필 상자를 트럭 밖으로 휙휙 던지는 모습을 나는 상상했다. 내가 웹사이트에서 확인한 바에 따르면, 딕슨 타이콘데로가 본사는 플로리다에 있고 연필은 멕시코에서 만들어졌다. 이 회사의 창립자 조지프 딕슨(1799~1869)은 매사추세츠 주 세일럼에서 개업했다. "조지프 딕슨의 발명품 중 하나인 내열성 흑연 도가니는 멕시코-

미국 전쟁 중에 철강을 생산하는 데 널리 이용되었다. 이 발명품으로 큰 성공을 거둔 조지프 딕슨은 1847년 뉴저지에 도가니 공장을 세웠다."

웹사이트는 연필의 역사도 간략히 소개했다. "조지프 딕슨은 1829년에 첫 흑연 연필을 선보였지만 사람들은 1860년대에도 깃펜과 잉크로 글을 썼다. 그러다 남북전쟁1861-1865 이후에 깔끔한 휴대용 건식 필기도구에 대한 수요가 증가하면서 연필이 대량으로 생산되기 시작했다. 조지프 딕슨은 연필의 자동화 생산 체제를 최초로 개발한 인물이었다. 1872년, 그의 회사는 하루에 8만 6000자루의 연필을 만들어냈다."

딕슨 씨는 "'번뜩이는 순간의 기회'를 언제나 민감하게 포착하는 (…) 호기심 많은 성격"의 소유자였다. 이는 근래 이 회사의 연필에 적힌 다양한 기회주의적 문구와도 연관이 있는 것 같다. 예를 들면 타이콘데로가 유방암 조심 연필, 타이콘데로가 항균 연필(감기가 유행할 때에 쓰는 건가?), "재조림된 숲의 자연목"으로 만든 타이콘데로가 엔바이로스틱스(친환경 연필). No. 1 연필은 보이지 않았다. 아마도 그에 대한 수요가 더 이상 없어서 공급이 중단되었나 보다.

나는 우리 엄마의 기질을 되살려 불만에 찬 모든 고객의 심기를 대변하기로 마음먹고 딕슨 타이콘데로가의 최고경영자에게 편지를 썼다.

플라스틱으로 봉해진 것은 딕슨 타이콘데로가 No. 1 연필 여섯 타입니다. 그리고 전혀 깎지 않은 No. 1 연필 일곱 자루가 든 상자 하나와, 사용 중에 심이 부서져 제각각 길이가 다른 연필 한 타도 함께 보냅니다. 2009년 12월에 뉴저지에 있는 도매점에서 보내온 제품 중에서 제가 쓰고 남은 것입니다. 이 연필들은 너무 실망스러웠습니다. 새것의 심은 부서져 있지 않기를 바라는 마음에 하나하나 계속 깎을 수밖에 없었습니다. 연필 촉은 휘어지다가 곧 부러졌고, 심지어 연필대 속에서 심이 흔들흔들하는 느낌도 들었습니다. 부서진 심의 조각들이 저의 사무용 자동 연필깎이 속에 들러붙는 바람에 저는 그 연필깎이를 버려야 했습니다. 수동 연필깎이들을 분해해야 했던 적도 있습니다. 제 직업의 일환으로 저는 편집 회의에 참여해서 기록을 담당한 비서 같은 역할을 하며 교정지에 연필로 수정 사항을 표시하는데, 다른 사람들 앞에서 저의 연필심이 부러지면 실망스러울 뿐만 아니라 당혹스럽습니다.

편지를 보내 불평을 늘어놓는 사람들은 대개 환불이나 공짜 제품을 원한다. 난 내가 무엇을 원하는지 몰랐지만 어쨌든 부실한 연필을 더 원하진 않았다. 편지를 쓰는 중에 부러진 연필도 함께 넣어 보냈다. 나는 '사용하지 않은 분량'을 쓰레기통에 버리지 않고 반환한다고 말했다. 내가 파크 애버뉴 사우스에서 No. 2 한 자루를 주웠듯이, 만일 내가 버린 것을 누군가 주워 쓴다면 그 연필이 내게 준 실망감을 내가 세상에 전파하는 셈이었기 때문이다. 간단히 말해서 내 편지의 요지는 '이 연필들을 받아라'였다. 그래도 난 답장을 받고 싶어서 연필의 품질이 형편없는 이유를 물어봤다.

무엇 때문에 이런 일이 생겼다고 생각하시는지 정말로 알고 싶습니다. 흑연에 결함이 있었나요? 직공의 솜씨 탓인가요? 아니면 운송 과정에 문제가 있었나요? 누군가 그걸 떨어뜨렸을까요? 어디서 제조된 것이지요? 품질관리 제도는 있나요? 이 쓸모없는 딕슨 타이콘데로가 연필들과 귀사의 자랑스러운 역사 및 "최고의 연필"이라는 표어 사이의 모순을 어떻게 설명해야 할까요?

*

답장이 올 것 같지 않았다. 나는 그리니치빌리지에 있는 화방에서 사둔, 지우개가 달리지 않은 연필 네 자루로 그럭저럭 지냈다. 그런데 얼마 후 한 친구가 펜슬스닷컴pencils.com을 검색하던 중에, 캘시더Cal Cedar라는 연필 회사에서 블랙윙을 다시 판매한다는 사실을 알아냈다. 그것은 납작한 지우개가 독특하게 달린 까만 연필이었다. 1998년에 블랙윙 연필의 공급이 중단된 후, 이 한 자루를 얻기 위해 40달러씩 지불하던 애호가들도 있었다. 내 친구는 블랙윙 연필을 주문해 한 타를 내게 주었다. 이 연필심에 등급은 없지만 분명 No. 2보다 무르고 수월수월 써진다. 블랙윙의 표어는 "힘은 절반으로, 속도는 갑절로"다.

난 중독됐다. 오레오크림이 든 원형 초콜릿 비스킷에 중독되듯이. 이내 한 타씩 사서 쓰기 시작했다. 그 상자에 적힌 글은 포도주 시음 노트를 방불케 했다. 검정 지우개가 달린 암회색 팔로미노 블랙윙 602의 "흑연 성분"은 "단단하고 매끄럽다". 하얀 지우개가 달린 까만 팔로미노 블랙윙은 "부드럽고 매끄럽다". 이외에 블랙윙 펄Pearl

이라는 (첫 영성체 의식에 어울릴 듯한) 새하얀 연필도 출시됐는데, 이것은 "균형 있게 매끄럽다"라고 소개되어 있었다.

내가 이 연필을 처음 얻고 오래 지나지 않아 캘시더에서 블랙 윙의 부활을 축하하는 연필 축제를 열었다. 주최자는 연필 제조 업을 6대째 이어받아 캘시더를 경영하는 찰스 베롤츠하이머였다. 그는 연필심 색조의 옷을 입고 나타났다. 수백 명의 연필광들이 아트디렉터스클럽에 모여, 커다란 백지에 그라피티 같은 그림을 그리거나 작은 단체 노트에 메모를 남기고, 혹은 회전 그림판을 손수 만들거나 어둠상자와 카메라루시다^{사생용 광학기구}로 실험을 했 다. 한 여자의 머리엔 블랙윙 두 자루가 꽂혀 있었다. 천장에는 광 고용 대형 연필이 매달려 있었고, 그곳에 모인 모든 사람은 각자 입장할 때 팔로미노 블랙윙과 팔로미노 블랙윙 602 중 한 자루를 공짜로 받았다.

기다란 한쪽 벽면을 따라 연필의 역사가 선형으로 요약되어 있 었는데 그 발전사와 연관된 낯익은 이름들이 눈에 많이 띄었다. 파버, 에버하르트, 딕슨, 다빈치, 소로, 보로데일(잉글랜드에 있는 최초의 흑연 산지). 블랙윙 옹호자들 중엔 스티븐 손드하임^{작곡가, 뮤} ^{지컬 기획자}, 척 존스(벅스 버니의 창조자), 존 스타인벡, 블라디미르 나 보코프, 페이 더너웨이가 있었다. 이러한 역사는 연필깎이와 지 우개 고정쇠 같은 보조 제품의 개척자들도 포함했다. 하지만 그 날 밤, 국제적 연필 세계에 불쑥 첫발을 내디딘 내게 특히 흥미로 운 사실이 있었다. 연필은 모두 샌드위치다. 지난 세월 동안 나는 연필 속에 심이 어떻게 들어갔는지 궁금했다. 그런데 이번에, 연 필이 허시 초콜릿 바만 한 크기의 주름진 나무판자로 만들어진다는 사실을 알게 됐다. 흑연을 판자의 홈 안에 넣고, 그 위에 다른 판자를 접착제로 붙이고 나서, 이 샌드위치를 톱으로 잘라 낱자루로 분리한다. 그러고 이것을 사포로 문지르고, 여기에 페인트를 칠한 후 쇠테와 지우개를 달면 사랑스러운 블랙윙이 완성된다.

펜슬스닷컴은 여러 색상의 지우개를 선보이며 나를 유혹하기 시작했지만 난 넘어가지 않았다. 팔로미노 블랙윙에 달린 지우개는 길쭉한 치크릿^{네모난 껌}처럼 납작하게 생겨서, 납작한 모양의 독특한 쇠테 속에 자그마한 고정쇠로 끼워져 있다. 사용자는 이 지우개를 더 빼낼 수 있고, 쇠테 속에 도로 집어넣어 더 아껴 쓸 수도 있다. 혹은 정밀하게 지울 것이 있을 때 지우개를 거꾸로 끼워서 예리한 모서리를 요긴하게 쓸 수 있다. 납작한 쇠테는 이를테면 스티븐 손드하임의 피아노에서 연필이 굴러떨어지지 않게 한다.

하지만 나는 연필 꼭대기에 끼워진 지우개에 의존하지 않는다. 내게 과도하게 공급된 부실한 딕슨 타이콘데로가에 달린 지우개는 전혀 닳지 않았다. 내가 가진 연필들 중에 꼭대기의 지우개가 거의 다 닳은 것이 있으면 그것은 틀림없이 이전에 다른 사람이 쓰던 연필이다. 나는 실수를 많이 하기 때문에 적어도 얼음 한 조각만 한 지우개가 필요하다. 카탈로그에 올라 있는 매직럽은 도미노 모양의 회백색 비닐수지 지우개다. 내가 교정지의 여백에 꼭 적어야만 해서 적은 것이 이후 군더더기로 보여서 후회되면 난 이 지우개를 사용한다. 한 작업을 마칠 때마다 주물공장의 찌꺼기 같은 지우개 가루를 내 책상에서 쓸어내는 일은 내 일상의 일부분이다. 예전에 나는 지우개를 한 번에 하나만 가져와서 꽁다리가 될 때까지 썼다. 그러면 난 그 꽁다리를 청소부 아줌마가 버리지 않았기를 바라며 기를 쓰고 찾기 일쑤였다. 이제는 매직 럽 열두 개들이 한 상자를 통째로 가져온다. 이렇게 쓰다가 제일 아래층에 세 개가 남으면 나는 그만 조바심이 나서 비품 캐비닛으로 가야 한다.

내가 연필 축제에서 배운 바에 따르면, 지우개가 달린 연필의 역사는 이론異論의 여지가 있다. 1650년 뉘른베르크에서 최초로 흑연이 목재에 접착되어 근대적 연필이 탄생했지만, 헨리 페트로스키Henry Petroski의 권위 있는 저서 『연필The Pencil』에 따르면 1858년에 이르러서야 사업가 기질이 있는 미국인 하이멘 리프먼Hymen Lipman이 필라델피아에서 연필에 지우개를 결합하는 방법을 고안해 특허를 획득했다. 그의 특허권을 사들인 조지프 레켄도르퍼 Joseph Reckendorfer는 1862년에 지우개가 새로운 방식으로 달린 개선된 연필로 특허를 따냈다. 유럽은 1864년에 독일의 연필왕 로타르 파버Lothar von Faber를 기리기 위해 지우개가 달린 2.4미터짜리 연필을 선보이는 퍼레이드를 벌인 곳이지만, 유럽에서 지우개는 별도의 물품으로 판매되는 경향이 더 크다.

영국에서 지우개는 그 본래의 원료 이름으로 러버rubber라고 불린다. 실은 순서가 뒤바뀌었다. 러버라는 명칭은 이 물질이 오자를 문질러rubbing 없애는 데 유용했기 때문에 생겼다.(미국인이 러버라고 부르는 것을 영국인은 프랑스 문자에서 유래한 고무로 이해한다. 지우개를 뜻하는 프랑스어는 gomme이다.) 러버가 쓰이기 전에 연필 자국을 지우는 데 가장 적당했던 물질은 빵 부스러기였다. 혹 까다로운 사람은 지우개 달린 연필이 소파 침대 같다고 말할 수도 있겠다. 소파 침대는 좋은 발상인 듯하지만 막상 써보면 그다지 만족스러운 소파도 아니고 만족스러운 침대도 아니기 십상이다. 지우개에 공을 들이며 저질 심을 써서 소비자를 우롱하는 비양심적인 연필 제작자들도 있다. 반대로 심은 괜찮은데 지우개가 불량이라서 실수의 흔적을 퍼뜨리며 더 돋보이게 만들기도 한다. 서로 이질적인 두 가지를 한 제품에 결합하려는 노력은 이 둘의 품질을 모두 저하시킬 수 있다.

내가 아는 미술가 친구들은 지우개를 꼼꼼히 따진다. 아트검Art Gum이나 핑크펄Pink Pearl로 지우면 번진 얼룩이 남아 그림의 바탕을 변질시킬 우려가 있다. 작품에 손의 일부가 닿지 않게 지우려는 미술가에겐 막대형 지우개가 안성맞춤이다. 나는 코이누르Koh-i-Noor(보석대형 다이아몬드을 연상시키는 이름을 가진 연필 회사)에서 잉크를 지우는 용도로 만든 지우개를 본 적이 있는데, "액상 지우개가 흡입된 제품"이라는 라벨이 붙어 있었다. 전동 지우개는 치과에서 치석을 제거할 때 사용하는 기구처럼 생겼다. 한때 나의 동료 교열자였던(뻣센 머리털을 지니고, 이를 악물고 씩 웃으며, 상의 윗주머니에 필기구를 잔뜩 넣고 다녔던) 고故 빌 월든은 건전지로 작동되는 지우개의 초기 모델을 갖고 있었다. 그건 종이에 구멍을 냈다.

페트로스키의 설명에 따르면 나보코프는 "내 연필보다 지우개가 먼저 닳아 없어졌다"라고 말했다.(왜 베라나보코프의 아내는 그에게 매직럽을 주지 않았을까?) 존 스타인벡은 "연필의 쇠테가 그의 손에 닿으면 더 이상 그 연필을 쓰지 못했다". 나는 스타인벡의 말에 공감한다. 연필의 길이가 절반 정도로 줄어들면 블랙윙의 그 멋진 쇠테는 내 손을 집적댄다. 그래서 나는 근래에 내가 쓰던 블랙윙을 한 움큼 모아 동료에게 전했다. 내가 모두 깎아서 주었더니 그녀는 대단히 고마워했다. 그녀는 전부 몽당연필이 될 때까지 쓴다.

그날 연필 축제에서 나는 처음으로 휴대용 롱포인트 연필깎이를 접했다. 그때껏 나는 휴대용 연필깎이를 그저 장난감으로 치부했었다. 내가 감상적인 이유로 애장하고 있는 엠파이어스테이트 빌딩 모양의 연필깎이는 쓸모가 없어서 가끔 케이크 장식이 될 뿐이다. 축제 장소에 마련된 '연필깎이 라운지'에는 최신식 이그잭토X-Acto 연필깎이가 한쪽 벽에 죽 부착되어 있었고(이 제품은 연필을 기막히게 잘 깎을 뿐만 아니라 깎는 동안 신기하게 소음이 없다), 데이비드 리스의 연필 지침서에 해당하는 『연필 깎기의 정석』이라는 노란 책도 팔고 있었다. 이것은 "유머/참고" 두 가지 범주에 걸맞은 아주 드문 책들 중 하나다.

연필 축제에 참여하기 전까지 난 무척 외로웠다. 사내에 비치된 여러 종류의 자동 연필깎이 중 아무것에나 No. 2 연필을 꽂아넣는 데 만족하는 직장 동료들 사이에서 난 괴짜 같았다. 나 역시 직장에서 자동 연필깎이에 의존했는데, 난 데이비드 리스의 책을 읽고 나서야 왜 그것이 허구한 날 불만족스러웠는지 깨달았다. 우리는 그 속에서 일어나는 일을 보지 못한다.

데이비드 리스는 No. 2 연필을 공예품처럼 깎는 전문가다. 그는 돈을 받고 남의 연필을 손으로 깎은 후(처음엔 15달러였는데, 일반적 물가와 마찬가지로 연필을 깎는 일의 대가도 상승했다) 연필 촉을 플라스틱 튜브로 감싸서 (연필밥과 함께) 되돌려 준다. "전기톱으로 토템폴을 조각할 수 있는 사람은 주머니칼로 연필을 깎을 수 있다"라고 리스는 적었다. 이렇게 하지 못한다면 구식 수동 연필깎이가 훨씬 낫다. 클리블랜드에 있는 우리 집 지하실 벽엔 우리 아버지가 1960년경에 부착해둔 수동 연필깎이 하나가 있었다.(시카고, 2A형 커터 어셈블리를 장착한 APSCO 제품.) 나의 전임자 루 버크가 내게 준 것도 수동식이었는데, 그것은 "연필을 깨뭅니다"라는 경고문이 붙어 있는 강력한 보스턴레인저 55였다. 리스의 책을 읽은 후에 나는 루의 보스턴레인저를 자세히 살펴보다가 연필심의 뾰족한 정도(B, M, F)를 사용자가 선택할 수 있도록 회전축에 연결된 레버를 발견했다.

세월이 흐르면서 사환이 하던 일을 자동 연필깎이가 떠맡았다. 난 파나소닉 제품을 사용했는데, 거기에 꽂은 연필을 제때에 뽑아내기만 하면 심이 상당히 잘 깎여 나왔다. 하지만 점점 고장이 잦아졌다. 물론 내가 부실한 No. 1 연필들을 자꾸 집어넣었기 때문이다. 으깨진 심이 칼날에 들러붙은 것 같지만 나는 그 속을 들여다볼 수 없었고, 리스의 조언대로 부드러운 칫솔로 칼날을 청소할 수는 더더욱 없었다. 그래서 난 차선책을 실행했다. 플러그를 뽑은 후 연필깎이를 책상에 쿵쿵 내리쳤다.

*

어느 날 나는 소포 하나를 받았다. 반송 주소는 플로리다 주 레이크메리에 있는 매니 로드리게스 앞으로 되어 있었다. 나는 이 이름을 매니 라미레스로 착각해서, 야구 스타가 합숙소에서 내게 웬 선물을 보냈는가 싶어 의아했다. 그 속엔 No. 1 연필 열두 타와 편지가 들어 있었다.

노리스 님께,

　편지를 보내주셔서 감사합니다. 이 연필들 때문에 그렇게 오래 고생하셨다니 제 마음이 무겁고, 이번에 경험하신 문제를 자세히 알려주셔서 고맙습니다. 이 문제를 종결하시는 데 도움이 되고자 귀하의 질문에 제가 답변을 드리겠습니다.

　종결! 내가 원했던 것이다. 연필은 더 필요 없고 종결이 필요했다. 진중한 어조의 편지글을 읽으니 난 묘한 기분이 들었다. 딕슨 타이콘데로가에 대한 나의 입장은 콤마와 하이픈 때문에 내게 항의 편지를 보내는 사람들의 입장과 같았을까? 이런 편지를 받을 때마다 나는 일단 '할 일 없는 사람이네'라는 식으로 반응한다. 앞으로 그들의 말에 더 공감하려고 노력해야겠다. 그리고 종결지을 수만 있으면 나도 답장을 쓰겠다.

　편지글은 이어졌다.

　딕슨 타이콘데로가를 위해 일하는 우리는 진실로 최고를 추구하고 있습니다. 여기서 제조된 연필들은 각 배치batch, 일정한 제조 단위별로 아주 엄격한 품질관리 절차를 거칩니다. 우리는 모든 연필에 배치 번호를 표시하기 때문에 그 배치를 추적할 수 있습니다. 새로 생산된 배치는 다양한 방식으로 품질 시험을 거치는데, 이 과정에서 우리는 연필의 전체적 외양부터 연필심의 파괴강도까지 모든 사항을 점검합니다. 이 시험 결과 및 각 배치의 샘플은 장래에 문제가 발생할 경우에 대비해 수년간 보존됩니다. 우리의 연필에 관한 소비자의 불만 사항을 접수하면 우리는 이를 기록해두고 그것이 원래

속했던 배치를 역추적합니다. 이번에도 그리하여 219 배치의 결과를 확인했는데, 분명히 이 배치는 우리의 품질관리 절차를 통과했고, 이전에 이 배치에 대해 불만이 제기된 적은 없었습니다.

"219 배치." 난 이 말이 맘에 들었다.

그럼 귀하의 연필들은 왜 그랬을까요? 귀하의 편지는 저의 호기심을 매우 자극했습니다. 저는 귀하의 연필들을 시험하는 과정을 직접 지켜봤습니다. 우리 품질관리부와 제가 그 일곱 타 남짓 되는 분량을 모두 시험해보진 않았지만, 귀하가 깎은 후에 보내주신 연필들 중 상당수는 말씀하신 대로 파손된 상태였습니다. 그런데 개봉되지 않은 상자 속의 연필들은 이러한 문제가 없었습니다. 따라서 우리는 이 문제의 원인을 두 가지로 추정합니다.

1. 운송 중 손상

아마 알고 계시겠지만 No. 1의 심은 부서지기 쉬운 편입니다. 특별히 무른 것이라서 운송 중에 충격을 받으면 비교적 쉽게 손상됩니다. 귀하에게 배달되기 전 어느 시점에 누군가 이 연필들을 떨어트렸거나 잘못 취급했을 가능성이 있습니다. 그러면 연필 속이 파손되어 귀하가 겪으신 문제가 발생합니다.

2. 연필깎이 손상

오래 써서 닳은 연필깎이는 때때로 연필의 중심부를 부서트릴 수 있습니다. 특별히 무른 심은 이런 조건에서도 비교적 쉽게 손상됩니다. 주로 연필을 처음 깎을 때 이런 현상이 일어납니다. 처음 한 순간에 심이 부서지면 대단히 실망스러울 것입니다. 귀하가 그 연필을 계속 사용하시거나 혹 다른 연필깎이에서 같은 결과를 얻으시더라도 어쨌든 그 중심부는 이미 손상된 상태입니다. 귀하의 연필깎이가 수년 이상 사용된 것이라면 저는 그것을 필히 교체하시라고 권해드리고 싶습니다.

그리고 딕슨 타이콘데로가 컴퍼니의 마케팅 매니저 크리스틴 리 더스타인의 서명이 있었다.

*

나는 『연필 깎기의 정석』 중에 「연필광을 위한 순례지: 체크리스트」라는 아주 유용한 부록을 읽으면서, 오하이오 주 콜럼버스 동남쪽의 후미진 로건에 폴 존슨 연필깎이 박물관Paul A. Johnson Pencil Sharpener Museum이 있다는 사실을 알게 됐다. 연필 축제에서 연필깎이 라운지를 구경한 이후 나는 이 나라에 연필깎이 전문점이 필요하다는 것을 절감하던 터였다. 그런 전문점은 애플 매장 같으면 되겠지만 공예가의 손길이 더 필요할 것이다. 윌리엄스버그에 자리를 잡으면 적당할 듯싶다.

한번은 타임스스퀘어의 한 가게 앞을 지나다가 앞면 유리창에 붙은 "StubHub"라는 단어를 보고 나는 내 꿈이 이뤄졌다고 잠시 믿었는데……stub가 몽당연필을 뜻하는 경우도 있다 가만히 생각해보니 StubHub는 온라인 극장표 거래소였다. 우리에게 아직 연필깎이

전문점이 없으면 박물관이 그 역할을 대신할 수 있을 것이다. 거기에 기념품 가게라도 있을 테니까. 나는 로건에 카누 대여점과 빨래판 공장도 있다는 사실을 알고 있었다. 그래서 난 소로의 방식대로, 카누를 타고 빨래판 공장에서 연필깎이 박물관까지 가는 상상을 해봤다. 데이비드 리스와 함께 가면 더없이 좋을 텐데. 리스는 그 연필깎이 성지를 방문한 적이 없었고, 불행히 나와 함께 갈 여유도 없었다. 그래도 그는 나름대로 알아보고, 그곳엔 주로 기발한 연필깎이들이 수집되어 있다고 내게 귀띔해주었다.

그래서 어느 완벽한 늦여름 날에 혼자 가봤다. 나는 매년 한 번씩 이리 호에 있는 켈리스아일랜드에서 주말을 보내는데, 거기서 뉴욕으로 돌아오는 도중에 크게 옆길로 샜다. 그 섬을 떠날 때는 샌더스키 만Sandusky Bay을 이루는 반도의 끝자락 마블헤드로 향하는 연락선을 탔다. 그리고 동쪽으로 가서 클리블랜드를 지났던 평소와 달리 남쪽으로 갔다. 4번 도로를 타고 뷰사이러스Bucyrus로, 98번을 타고 월도Waldo로, 23번을 타고 콜럼버스로 가다가 I-270으로 빠져 33번을 타고 랭커스터를 거쳐 로건에 도착했다. 비료 냄새가 코를 찔렀다. 광대한 옥수수밭과 호박밭을 철로가 제멋대로 양분하고 있었다. "SIAM"이라 적힌 표지판이 내 눈을 현혹했다. 주위에 옥수수가 너무 많아서 내가 멍해진 탓인지 모르겠는데, 그게 거꾸로 "MAIS"로 적힌 것처럼 보였다. 채트필드Chatfield에 들어서니 간판의 오자가 나를 즐겁게 만들었다. "Chatfield Canvas & UpholstreyUpholstery(천갈이)의 오자." 오하이오 주 델라웨어 외곽에는 "반값 무덤"을 광고하는 공동묘지가 있었다. 나는 젠더 로드Gender Road 분기점을 지났다. 젠더라는 남자의 이름에서 따온 도로

명이 아닐까 싶었다. 아니면 혹시 모든 것이 남성, 여성, 중성으로 구분되는 놀이동산으로 향하는 도로였을까?

폴 존슨 연필깎이 박물관은 호킹힐스웰컴센터^{Hocking Hills Welcome}^{Center}에 있다. 박물관은 독립된 작은 조립식 오두막집이고, 외부에 대형 색연필 한 묶음이 장식되어 있다. 입장료는 없다. 나는 경건한 마음으로 입장했다. 입구엔 존슨 목사(1925~2010)를 기리는 명판이 있고, 신문에서 오려낸 기사들이 액자 속에 담겨 있다. 기사문에 따르면 이 박물관은 연필깎이를 3400개 이상 수집했고, 넬슨빌 근처 카본힐에서 웰컴센터로 옮겨 와서 2011년에 공식적으로 다시 개장했다. 존슨은 1988년에 성직에서 은퇴한 후 수집을 시작했다. 그의 부인 샬럿은 은퇴한 남편에게 소일거리가 필요하다고 판단하고, 금속제 자동차 모양의 연필깎이 두 개를 크리스마스 선물로 주었다. 그는 이후 11년 동안 "독특한 디자인과 모델"을 찾아다녔다. 특히 그가 병원의 선물 가게들에서 획득한 연필깎이가 많았다.

존슨의 수집 원칙들 중에서 리스가 찬성할 만한 것이 있다. 이 박물관은 자동 연필깎이를 사절한다.(존슨이 그의 손주들에게 받은 고릴라는 그가 허용한 예외다. 이걸로 연필을 깎으면 그 눈에 빨간불이 들어온다.) 정작 존슨은 그의 연필깎이들을 전혀 사용하지 않았다. 누군가 그에게 왜 그걸 수집하느냐고 물었을 때 그는 말했다. "아무도 안 하니까요."

연필깎이들은 유리창 뒤편 유리 선반 위에 범주별로 진열되어 있다. 교통, 음악(하프, 축음기, 밴조, 아코디언, 오르간), 군대, 우주, 역사(콜로세움, 내 것과 똑같은 엠파이어스테이트 빌딩, 금문교, 리우데

자네이루 산꼭대기에서 양팔을 벌리고 있는 구주 그리스도), 황도십이궁, 개, 고양이, 성탄절, 부활절(어, 유월절 연필깎이는 없나?), 심장, 스포츠, 가구/세간(욕조, 선풍기, 재봉틀, 금전등록기) 등등. 몇몇 기술적 범주 중엔 이중 구멍 연필깎이(코 모양의 것들—아야)와 주로 목수가 사용하는 납작한 연필을 위한 것이 있었다. 나는 사진을 최대한 많이 찍었다. 다만 이 박물관은 1일 24시간 감시 체제로 운영 중이라는 경고문이 있어서 난 춤을 출 수는 없었다.

웰컴센터 안에서 나는 수집품 중 제일 오래된 연필깎이의 특허증을 살펴봤다. 그 주위엔 변기, 잠수함, 트럼펫, 차장차 모양의 연필깎이들이 벽에 조금 진열되어 있었다. 나는 예쁜 카디널cardinal(추기경이 아니라 홍관조라는 새)의 머리를 보니 혹시 조류 연필깎이 시리즈가 있을지, 그리고 바티칸에서 교회와 관련된 연필깎이들을 갖추고 있는지 궁금해졌다.

나는 캐런 레이모어라는, 검은 점무늬 모슬린 옷을 입은 금발의 여자와 얘기를 나눴다. 그녀는 위스콘신에서 관광 마케팅에 종사하다가 오하이오로 왔다. 연필깎이 박물관을 지도에 등재시킨 장본인이다. 어느 날 그녀는 넬슨빌 쪽으로 차를 몰던 중에 존슨 목사가 세워둔 표지판을 봤다. 그 표지판은 지나가는 사람들에게—당시 카본힐에 자리 잡은 그의 소유지 내에 있던—연필깎이 박물관을 방문하도록 권유하는 것이었고, 거기엔 전화번호도 적혀 있었다. 그녀는 여행 작가들을 위한 단체 여행을 계획했다. 존슨 목사가 돌아가셨다는 소식을 들었을 때 레이모어는 걱정했다. "이제 수집품은 다 어떻게 되는 거지?" 일찍이 그녀는 도시락 박물관을 운영하는 부부를 알고 있었다. 그것은 그들의 간이식당에 딸려 있었다. 누군가 어렸을 적에 갖고 다니던 도시락의 종류를 그 남자에게 말해주면 그는 그 사람이 태어난 해를 맞힐 수 있었다.(내가 초등학교 1학년 때 쓰던 것은 고전적인 빨간 격자무늬였다. 나중에 우리가 블랭크네와 대시네 동네로 이사 온 후에 나는 오기도기Augie Doggie. 만화 속 강아지 캐릭터를 갖고 다녔는데 후회스러웠다.) 도시락 전문가가 죽고 나서 홀로된 아내는 힘겨워서 식당 문을 닫았고, 도시락 박물관도 사라졌다. 레이모어는 연필깎이 박물관이 그러한 전철을 밟지 않도록 해야겠다고 결심했다.

"마침 그 가족이 박물관을 어찌해야 좋을지 몰랐어요." 그녀가 말했다. 그들은 이것을 호킹힐스관광협회에 기꺼이 위탁했다. 연필깎이 박물관의 큐레이터 수지 매키넌은 개방형 선반 위에 범주별로 배치된 연필깎이들을 그대로 사진으로 남기고 모든 연필깎이를 낱개로 포장했다. 그사이 웰컴센터는 기초를 마련하고 그 위에 조립식 건물을 올려놓았다. 2011년 여름에 박물관이 다시 문을 열었을 때 "마침 기삿거리가 별로 없는 날이었어요"라며 레이모어가 말을 이었다. "그래서 전 세계 132개 언론 매체에서—오스트레일리아부터 사우디아라비아까지 두루두루—개관 소식을 보도했어요. 우리 박물관을 15초 동안 대대적으로 광고한 셈이죠."

한 해에 약 5만 명이 호킹힐스웰컴센터를 방문한다. 그중엔 연필깎이 전시품을 살펴볼 기회를 갖지 못하는 이들도 있겠지만, 박물관이 카본힐 도로변에 있던 시절에 비해 확실히 관람객이 크게 늘었다. 존슨 목사의 딸은 레이모어에게 말했다. "아빠는 박물관이 이곳에 자리를 잡으면 좋겠다고 늘 말씀하셨어요."

수지 매키넌은 이 박물관에 연필깎이 3441점이 있다고 내게 말했다. 존슨 목사는 각각의 연필깎이가 복제품이 아니면서 독특해야 한다는 기준을 적용했다. 존슨이 말한 "독특한"의 정의를 매키넌이 상술했다. 그것은 연필깎이가 같은 형태일지라도 다른 색상이거나, 시시하지 않고 매우 세련된 경우를 의미할 수 있다. 존슨 목사는 그가 갖지 못한 색상의 연필깎이 하나를 얻기 위해 열두 개들이 한 세트를 구입해서 나머지를 선물로 나눠주곤 했다. 나는 언젠가 "차를 타고 둘러보는 나무 동산"과 "캘리포니아 삼나무 숲" 같은 다양한 글귀가 적힌 나뭇가지에 걸터앉은 곰 시리즈를 본 적이 있다. 연필깎이 박물관은 기증을 받기도 한다. 자신이 가진 제품이 독특하다고 생각하는 사람은 그 사진을 찍어서 매키넌에게 이메일로 보내면 된다. 박물관이 자리를 옮기기 전에 매키넌은 모든 전시품을 본래의 장소에서 촬영하고 그 연필깎이들을 하나하나 정리했기 때문에 척 보면 그것이 독특한 것에 해당하는지 즉시 알 수 있다. 그녀가 직접 기증한 목제 연필깎이는 고양이가 실뭉치를 가지고 노는 모양이다. 이사를 앞둔 한 여자는 연필깎이 50개의 사진을 보내왔는데 그중 48개가 새로운 전시품이 되었다. 이보다 한 해 앞서, 버진 제도Virgin Islands에 사는 한 남자가 매키넌에게 연락해서 10파운드4.5킬로그램짜리 주철 연필깎이를 박물관에 들여놓을 의향이 있느냐고 물었다. 그는 그것이 최근 여든넷의 나이로 돌아가신 아버지의 유품이라고 말했다. 그녀는 그로부터 다시 연락을 받지 못했지만 그의 기증을 바라는 이유가 있었다. "그건 1904년경에 만들어졌을 거예요"라고 그녀가 말했다. "그게 들어온다면 수집품 중에서 제일 오래된 것은 아니겠지만 아주 오래된 것들 중에선 제일 클 거예요." 아주 오래된 것들의 예를 들면, 지금도 원래의 가죽 주머니 속에 들어 있는 구식 연필깎이, 우아하게 차려입은 꼬마 숙녀 모양으로 만들어진 것, 그리고 셔츠 주머니에 필기구를 넣고 다닌 고리타분한 남자 조상들이 사용했음 직한, 조그만 클립이 달린 1900년대 초반의 것이 있다. 나도 이들을 봤다. 이들은 "특별 전시"라는 표지가 붙은 한쪽 모퉁이 선반 위에 있었다. 나는 기대감을 갖고 물어봤다. "카탈로그가 제작되고 있나요?"

"아뇨, 그렇지 않아요." 매키넌이 단호히 말했다.

매키넌은 이 사실을 소문내지 말아달라고 내게 부탁했다. 그래도 이 박물관이 24시간 감시하에 있다고 알리는 경고문이 있었다. 호킹힐스에서 연필깎이와 관련된 범죄는 별로 없다.

우리가 얘기를 나누는 사이에 내게 좋은 생각이 떠올랐다. 나는 검은색 KUM 롱포인트 연필깎이를 가지고 여행 중이었는데 박물관에서 이런 것을 보지 못했다. 이것은 내가 연필 축제에서 봤던 휴대용 모델이었다. 내가 연필을 아주 많이 주문했더니 캘시더에서 공짜로 보내준 연필깎이였다. 난 이것을 지니고 있으면 참 좋았다. 어디서든 내 연필을 쓰다가 깎을 수 있었고, 카페에서 친구의 연필 촉이 뭉뚝해지면 얼른 이것을 꺼내 주었다. 박물관에는 이중 구멍 연필깎이도 몇 점 있었는데, 매키넌은 많은 사람들이 그러하듯 한 구멍은 보통 연필용이고 다른 구멍은 색연필용이라고 추측하고 있었다. 나는 그 기능을 설명해줬다. 칼날 아래 있는 두 실린더의 경사도가 서로 다르고, 그래서 연필을 깎으려면 우선 한쪽 구멍에 넣어 나무를 깎은 다음 다른 쪽 구멍에 넣어

흑연을 갈아내야 한다. 매키넌은 이를 진심으로 흥미롭게 여기는 듯 보였지만 나는 더 자세한 이야기로 그녀의 흥미를 시험하지 않았다. 더 자세히 말하자면, 나는 한쪽 구멍에서 나무를 깎는 동안 연필깎이의 뚜껑을 위로 올려둬서 나뭇밥이 죽 이어져 나오는 것을 좋아한다. 사과 껍질을 기다랗게 한 줄로 깎으려는 것과 유사하다. 연필밥은 종잇장같이 얇게 나선형으로 나오고 육각형 연필이라서 물결무늬를 이루며 연필대의 색상이 그 가장자리를 장식하는데, 블랙윙 602라면 근사한 짙은 회색이다. 이쑤시개 인형에 어울릴 쪼그만 티어스커트일명 캉캉치마 같다. 내가 이런 이야기를 하면 사람들은 나처럼 연필 애호가라 할지라도 고개를 절절 흔든다. 그들도 몰래 한번 해보고 싶을 듯한데. 나는 완벽하게 뽑아낸 나선형 연필밥을 선반 위에 올려둔다. 그것은 한동안 그대로 있다. 청소부 아줌마가 긴가민가하다가 버릴 때까지.

나는 내 차에 가서 내 배낭의 지퍼 달린 앞주머니에 넣어둔 연필깎이를 찾아 내 차 뒤에 올려놓고 사진을 찍었다. 그러고 나서 그 속의 연필밥을 주차장에서 떨어냈다. 내 연필깎이가 지저분해서 박물관에 전시되기에 부적합하다는 소리는 듣기 싫었다.

"이건 우리한테 없는 거네요"라고 매키넌이 말했다. 나는 설레었다. 내가 오하이오 남부의 연필 역사의 일부분이 된 기분이었다. 그녀는 그녀의 열쇠를 집어 들었고, 우리는 다시 밖으로 나가 박물관으로 갔다. "어디에 두면 좋을까요?"라고 내가 말했다. 연필깎이들은 선반 위에 빽빽이 들어차 있었다. 매키넌은 그것을 다른 이중 구멍(코 모양은 아닌) 연필깎이들과 함께 두기로 결정했다. 그녀는 잠긴 여닫이문을 열고 기존의 전시품들을 조금 밀

처놓더니 나의 검은색 팔로미노 블랙윙 롱포인트를 눈에 잘 띄는 진열장 앞쪽에 두었다. 반사광을 피해 사진을 찍고 싶었던 나는 그녀가 유리문을 좀 더 열어줬으면 했지만, 폴 존슨 연필깎이 박물관에서 내 임무를 완수했기에 그녀의 사무실로 돌아가는 수지를 붙잡지 않고 길을 떠났다.

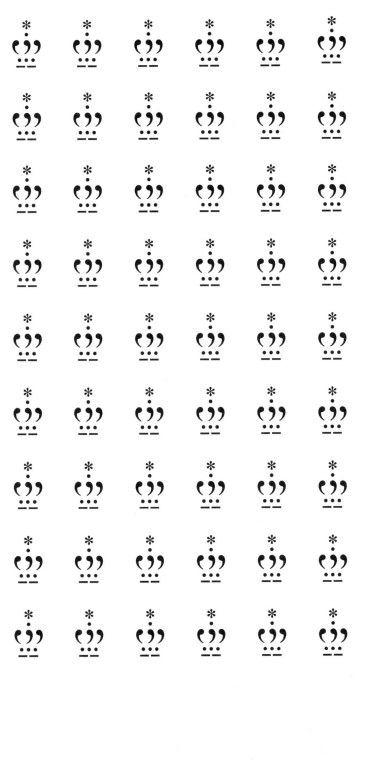

100만 달러의 교열자

'백만장자'와 '교열자'라는 두 단어가 같은 문장에 쓰이는 일은 거의 없고 같은 사람을 가리키는 경우는 더더욱 없지만, 루 버크는 그런 드문 사람이었다. 백만장자가 된 교열자. 그녀는 〈뉴요커〉에서 1958년부터 일하다가 1990년에 은퇴해서 코네티컷 주 사우스베리로 갔다. 난 그녀가 백혈병에 걸려 죽었다는 얘기를 들었는데, 아무튼 2010년 10월에 그녀가 죽고 1년이 지난 후, 루가 100만 달러 이상의 전 재산을 사우스베리 공공 도서관에 유증했다는 사실이 알려졌다. 나는 가끔가다 매사추세츠로 향하는 도중에 그녀를 만나러 가서 함께 프렌들리스Friendly's에서 점심을 먹곤 했는데, 옛 직장 동료들에 관한 가십에 굶주려 있던 루 때문에 우리의 만남은 나의 세 시간 반짜리 드라이브 코스를 종일 여행으로 만들었다. 그녀가 죽었을 당시 나는 몇 년간 그녀를 찾지 않았던 터여서 마음이 편치 않았는데, 루가 100만 달러어치 돈방석에 앉아 있었다는 사실을 알고 나니 마음이 조금 편해졌다.

루는 언제나 자신의 사생활을 보호했고 사적인 질문들을 아주 능란히 피해 갔기 때문에, 그녀의 유언이 공증되고 〈코네티컷매거진〉의 필자가 우리에게 전화를 걸어 이것저것을 묻기 시작하고 나서야 우리는 그녀의 진면목을 모르고 있었다는 것을 깨달았다. 우리는 그녀가 트롤럽Anthony Trollope, 19세기 영국 소설가을 좋아하고 재즈를 사랑한다는 것을 알고 있었다. 그녀는 그리니치빌리지에 있는 호레이쇼 스트리트에 살았다. 그녀는 샐린저와 사귄 적이 있다. 1960년대에 그녀는 〈빌리지보이스Village Voice〉에 편지를 보내면서 노먼 메일러와 논쟁을 일삼았다. 한번은 그녀가 동료에게 그녀의 인생에서 가장 행복했던 시간을 말해줬는데, 그것은 그녀가 어느 여름에 한 캠프장에서 나팔을 지급받고 매일 아침 기상 나팔을 불던 날들이었다. 하지만 우리는 그녀의 고향이 어디인지, 그녀가 어느 학교에 다녔는지, 그녀의 정확한 이름이 무엇인지 알지 못했다. 루는 분명 약칭이었다.

루는 헤리티지빌리지의 실버타운에서 사우스베리에 있는 요양원 폼퍼로그우즈Pomperaug Woods로 들어간 후 그곳의 식당에서 다른 거주자들과 어울릴 생각조차 하지 않았다. 음식을 들고 그녀의 방으로 올라가서 혼자 먹는 것을 선호했다. 그녀가 사망한 후 떠도는 소문이 있었다. 언젠가 승강기를 기다리던 그녀가 한 거주자 동료를 손짓으로 불러서 물었다. "부탁 하나 해도 돼요?" 그 여자가 그러라고 말하자 루는 그녀에게 말했다. "확 뒈져버려요."

*

이제 루 버크는 사우스베리 공공 도서관의 불멸의 후원자가 되었다. 나는 루가 살아 있을 때 한동안 사우스베리에 들르지 않아서 이제 그 도서관에 가보려니 좀 쑥스러웠지만 그래도 궁금했다. 도서관은 포버티Poverty 로드 100번지에 있는데, 이 주소는 그 도서관의 상태와 아무 상관이 없다. 진입로의 맨 끝에는 "1776년 개관"이라고 적힌 표지판이 있다. 이를 해설하면, 식민지 시대에 사우스베리 타운에 모종의 도서관 및 여기에 고용된 사서가 있었는데, 호박밭으로 쓰였던 2만 4000제곱미터 넓이의 땅에 팔라디오풍고전적 건축양식의 창문과 정문 앞의 주랑, 옥상 난간을 갖춘 새로운 사우스베리 공공 도서관이 2006년에 문을 열었다는 것이다. 이곳은 아직 도서관다운 냄새도 나지 않았다. 나는 한편으로 루가 어렵사리 모은 돈을 기탁하기에 좋은 곳이라는 생각이 쉽게 들면서도 다른 한편으로 이곳에 더 필요한 게 있을까 싶었다. 그 모든 시설이 훌륭했다. 자료실에 독서용 빌 블래스 램프, 열람실 엔 가죽 안락의자와 가스 벽난로가 있었고, 노인네를 위한 큰 활자 서적들과 그림 퍼즐, 갑옷 두 벌을 전시한 아동 도서실, 컴퓨터 열두 대, 무료 와이파이, 대출용 킨들아마존의 전자책 단말기, 테라스, 젖은 우산을 담을 비닐봉지를 배부하는 기구도 있었다. 그리고 아직도 비어 있는 서가들은 애서가를 위한 궁극의 사치품이었다.

기부금이 고지되었을 때, 시행정위원들이 지명한 아홉 명의 자원자들로 구성된 도서관위원회는 루의 뜻을 기릴 적당한 방법을 찾기 시작했다. "우리는 아주 전략적으로 계획을 세웠어요." 도서관위원회의 위원장 셜리 마이클스가 내게 말했다. "돈을 그냥 허투루 쓰고 싶지 않거든요." 그들은 거무스름한 벚나무로 만들어진—10미터 남짓 되는 길이로 성당에서 늘 제자리를 지킬 만큼 장대한—대출 데스크에 루의 이름을 붙이고, '〈뉴요커〉 픽션의 밤'을 비롯한 새로운 문학 프로그램을 5월에 개시하기로 결정했다. 하지만 이는 취소되었고, 그들이 주문한 화강암 명판의 제작은 보류되었다. 사우스베리에서 새로 선출된 시행정위원장 에드 에델슨이 루의 기부금 규모에 매료되어 타운과 도서관의 재무 관계를 따져보기로 결정하는 바람에 일어난 일이었다. 도서관이 타운의—상위가 아니라—소유이고, 루의 유증액을 포함해 180만 달러에 달하는 도서관 자금이 타운의 자산에 속한다는 사실을 그는 밝혀냈다. 그는 전화로 이렇게 말했다. "타운의 자산을 자원자들이 관리하는 것은 적절해 보이지 않아요." 위원회에 대한 모욕이었다. "지난 50년 동안 도서관의 돈을 낚아채려는 시행정위원장은 없었어요"라고 마이클스는 말했다.

에델슨은 두 가지에 감명을 받았다고 말했다. 루 버크의 후한 인심(실상 루의 마음씨는 그렇게 알려져 있지 않았다. 교열자가 인심을 쓰면서 100만 달러를 모을 수는 없는 노릇이다)과 그녀가 도서관에 관여한 적이 없었다는 사실. 주위 사람들이 아는 바에 따르면 그녀는 도서관 카드를 가진 적도 없었다. 도서관에서 그녀가 누구인지 아는 사람이 아무도 없었으니 그녀가 그들에게 맡긴 돈이 어디에 쓰이길 원했는지 그들이 어찌 알겠는가? 에델슨은 공증 사무소에 가서, 루 버크가 그 돈을 "도서관의 일반 용도"로 남겼다는 사실을 알아냈다. 그는 곧바로 '그럼 이 돈으로 책을 살까?'라고 생각했다. 그는 타운에서—매해 도서관 도서 구입을 위한 예산으로 5만 달러를 책정해서—책을 사들이는 데 세수입을 축내지 말고 그 대신 루 버크의 유산을 20년에 걸쳐 지출하자고 제안했다. 이 제안에 대한 반응은 "안 된다"였다. "그렇게 하면 유야무야될 거예요"라고 마이클스가 말했다.

루의 유증을 둘러싼 언론 보도를 통해 그녀의 가까운 친척이 드러났다. 테네시 주 내슈빌에서 보건 교사 감독관으로 재직했던 스테파니 블랜셋은 〈사우스베리패치〉라는 온라인 뉴스 매체에서 루를 다룬 기사를 보고 댓글을 남겼다. 그녀는 자신을 루 버크의 조카딸이라고 소개했다. 그녀의 아버지 존 사이터는 루의 이복 오빠였고 루보다 아홉 살 많았다. 스테파니는 루의 본명이 룰루Lulu였다는 놀라운 사실을 발설했다. 내가 스테파니에게 전화를 걸었을 때 그녀는 "루가 룰루라고 불린 적은 없었어요"라고 말했다.

*

마침내 에델슨은 고집을 버리고 도서관의 운영자들과 후원자들로 하여금 루의 돈을 그들이 원하는 대로 지출할 수 있게 했다. 2013년 5월 22일에 유증을 경축하는 행사가 열렸다. 나는 사우스베리를 다시 찾아갔다. 이번엔 한때 〈뉴요커〉에서 시 편집을 담당했던 앨리스 퀀과 함께였다. 그녀는 논쟁의 귀결을 내게 알려줬다. 세수입 대신 루의 돈을 매해 도서 구입 예산의 재원으로 만들려는 시행정위원장의 구상, 즉 '삭감' 정책은 무효화되었다. 도서관은 그 돈을 매년 재량껏 운용할 자금으로 확보했고, 도서관의 자금이 넉넉하더라도 타운은 도서관을 계속 지원할 것이다.

널찍한 주차장에 빈자리가 조금 보였고, 날씨가 좋은 저녁이라서 우산용 비닐봉지를 비축한 기구는 필요가 없었다. 나는 행사장에 마련된 쾌적한 시설들을 보고 루가 그 비용을 댔다고 상상하기 어려웠다.(실제로 루가 지불한 것이 아니었다. 도서관후원회에서

247

해마다 도서 판매 행사를 열어 얻은 수익금으로 각종 비품을 구입한다.)
음식은 노거턱Naugatuck 저축은행에서 제공한 것이었다. 맛깔스러
운 애피타이저와 와인, 디저트와 커피도 있었다. 거품 없이 흥겨
운 분위기였다.

셜리 마이클스와 수석 사서 셜리 도슨이 우리를 반갑게 맞이했
다. 파티 선물(노거턱 저축은행에서 제공한 볼펜)이 널브러져 있는
높은 칵테일 테이블 앞에서 에드 에델슨이 장광설을 늘어놓고 있
었는데, 나는 그를 둘러싼 무리의 가장자리에서 잠자코 있었다.
마이클스가 본격적으로 행사를 시작하려고 계단을 올라갈 때, 나
는 슬그머니 자리를 옮겨 앨리스와 함께 계단 아래 서서 내가 가
져온 소품을 가방 속에서 살며시 꺼내 들었다. 그것은 루의 유품,
즉 1960년대 초반에 만들어진 콤마셰이커였다.

이날의 하이라이트는 루 버크 대출 데스크의 명판 제막식이었
다. 앨리스는 『웹스터 무삭제본』 제2판을 가져와서 루에게 경의
를 표하며 이를 도서관에 기증했고, 데스크 위엔 이 사전을 받칠
독서대가 준비되어 있었다. 펼쳐진 사전 지면의 우측 상단 모서
리에 적힌 난외 표제어는 "생명Life"이었다.

마이클스는 앨리스를 루 버크의 동료라고 소개했다. 앨리스는
그녀의 아버지가 폼퍼로그우즈에서 지낸 적이 있었고, 그녀가 아
버지를 뵈러 갔을 때 거기서 루를 알아봤다고 설명했다. 처음엔
루와 앨리스가 서로 긴가민가했는데, 앨리스가 그곳을 다시 방문
했을 때 루가 다가와 말했다. "네 계획을 실현했네." 그런 단어를
선택한 루의 목소리가 내 귀에 들리는 듯했다.

곧이어 앨리스는 나를 소개했다. 나는 식사式辭를 준비하지 못

했다. 앨리스가 그녀의 프리우스(조용히 달리고 연료를 효율적으로 소비하면서 시 편집자에게 가장 적합해 보이는 하이브리드 자동차)를 몰고 나를 데리러 올 때까지 나는 웨스트 43번가에서 기다리며 몇 가지를 끼적였을 뿐이었다. 우리는 회사에서 정말로 매일 루를 생각한다. 그 주에 나는 회사에서 그녀의 의견을 구하고 싶게 만드는 철자 난제에 봉착했다. "전통적으로 셰르파는 가이드를 원하는 서구인 여행객들이 오기 전에 매 시즌 에베레스트 산의 정상에 올랐다summitted Everest" 같은 문장에서 동사 to summit의 과거 시제에 t를 두 번 써야 할까? 이런 의미의 summit이 실제로 리틀 레드웹에 자동사로서 포함되어 있지만("정상에 오르다") 나는 이것을 본 기억이 없었다. "정상회담에 참가하다"라는 첫 번째 의미만 보고 말았던 것 같다. 우리는 규칙에 따라, 사전에서 이중 자음자를 대안으로 채택하고 있으면 자음자를 이중으로 처리한다. 그런데 사전에 전혀 언급되지 않은 것을 우리가 대안으로 여길 수 있을까?

내가 예상했던 대로 이런 얘기에 대한 반응은 시원찮았다. 난 어떻게든 루의 기운을 불러내고 싶었다. 나는 루를 두려워하지 않기 위해 나 자신을 격려해야만 했던 시절이 있었다. 내가 취합부에 온 첫날에 그녀는 그녀가 원하는 것을 찾지 못하고 그녀의 말을 이해하지도 못하자 나를 울렸다. 나는 잘못한 게 없고 그래서 두려워할 것도 없다고 나 자신에게 말하곤 했다. 그렇게 루에게 계속 당당히 맞서면 마침내 그녀에게 인정을 받았다. 나는 그녀를 지켜보면서 그녀처럼 되지 말아야겠다는 생각도 했다. 나의 희망 사항이다.

이내 나는 콤마셰이커를 들어 올렸다. 내 손 안에 있는 것을 모든 사람이 볼 수 있었지만 난 이것을 설명해야 했다. 우선 이것은 좀 기묘한 물건이었고, 게다가 세월이 흐르면서 거기에 손으로 그려둔 콤마 표시들이 희미해졌기 때문이다. 나는 허공에 콤마를 듬뿍 뿌리는 시늉을 하며 그 사용법을 보여줬다. 그러고 나서 나는 지난 일을 회상하며 다른 이야기를 시작했다. 교열부가 승강기 근처에 있던 시절의 일이었다. 숀 씨는 저녁 퇴근길에 그 승강기 앞에서 릴리언 로스Lillian Ross, 저널리스트이자 〈뉴요커〉 전속 작가와 그녀의 반려견 골디를 만나곤 했다. 나는 숀 씨와 로스 양의 관계(그녀는 그의 여자 친구였다) 및 그 개의 품종(애프리 푸들)에 관한 이야기를 모두 생략했다. 골디가 복도에서 오줌을 쌌을 때 내가 그걸 닦아냈다는 일화도 건너뛰었다. 그때 내가 휴지로 재빨리 처리하자 숀 씨는 고마워했다. 청소부 아줌마로 돌변하는 나의 타고난 성향에 그는 감탄했으리라. 그는 물론 이런 일을 감당할 수 없었고, 로스 양이 뒤처리를 하는 동안 개의 목줄을 붙잡고 서 있지도 못했다. 나는 다음번에 「친구가 보낸 편지」를 숀 씨에게 보내야겠다는 아주 짓궂은 생각이 들었다.

어느 날 오후, 20층으로 올라가는 계단 밑에서 로스 양이 숀 씨를 기다리고 있을 때 골디가 짖기 시작했다. 미국 최고의 문학잡지를 발행하는 건물의 복도에서 들리는 소리치고는 괴이했다. 그들이 개를 데리고 떠나자 루가 그녀의 사무실에서 나와 그 복도에 섰다. "아프, 아프!멍, 멍!" 그녀가 골디를 흉내 내며 말했다. "아프, 아프, 아프!"

돌연 나의 연설은 끝났다. 복도에서 짖던 골디를 흉내 낸 루의 장난스러운 소리에 나는 덧붙일 말이 없었다. 셜리 마이클스는 도서관의 그 신비로운 은인에 대해서 다들 궁금해한다고 말했었다. 그래서 나는 누구든 루에 관한 질문이 있으면 언제든지 앨리스나 나에게 물어보라고^{ask Alice or me} 말했다. 바로 그때, 나의 두뇌 뒤편에서 작은 감지기가 작동했다. "me"가 맞았나? 맞았다. 이것은 "ask"의 간접목적어였다. 만약 내가 너무 잘하려다가 "ask Alice or I"라고 말하는 죄를 범했으면 루는 움찔했을 것이다. 대명사 me를 사용해서 천박해질 것은 없었다. 확실히 "ask Alice or me"였다.

감사의 글

이 책의 씨앗을 뿌린 〈뉴요커〉의 존 베넷은 무언가, 아니 무엇이든 써보라고 말하며 나를 격려했다. 엘리너 마틴과 사샤 바이스는 더 선별적이었고, 마이클 애거는 궂은일에 착수할 준비가 되어 있었다. 데이비드 렘닉의 승낙은 햇살과 같았다. 비키 라브는 내게 앤디 로스와 리 헤이버를 소개해줬고, 에밀리 넌은 나를 데이비드 쿤에게 추천해줬다. 쿤은 베키 스워른과 함께 제안서를 작성해서 노턴W. W. Norton 출판사에 있는 맷 와일런드의 관심을 끌었고, 와일런드는 나의 투박한 산문을 근사한 정원수처럼 다듬어줬다.

콤마에 관해 우리가 주고받은 서신을 인용할 수 있게 허락해준 제임스 설터, 그리고 그와 연락을 닿게 해준 닉 파웁가르텐에게 감사한다. 나는 지난 세월 동안 나의 작업을 기쁘게 만드는 글을 쓰는 모든 〈뉴요커〉 작가에게 마음의 빚을 졌다. 특히 존 맥피, 조지 손더스, 이언 프레이저, 마크 싱어, 에밀리 너스바움, 존 리 앤더슨, 로런 콜린스, 켈레파 사네, 캘빈 트릴린, 캐런 러셀, 벤 맥그래스의 글을 나는 임의로 인용했다. 신사 편집자 찰스 맥그래스와 대담한 〈뉴요커〉 독자 앨리스 러셀샤피로에게도 신세를 졌다.

이러한 책을 내려면 알게 모르게 많은 공모자가 생기게 마련이다. 내게 개인적이고 전문적인 지원을 해준 앤 골드스타인, 낸시 홀요크, 엘리자베스 피어슨그리피스. 성가신 질문들을 하며 나의 성급한 대답까지 중시한다고 역설했던 캐럴 앤더슨. 캐묻지 않았던 앤드루 보인튼. 찰스 머시어는 고전문학, 피터 소콜롭스키는 사전편찬학, 존 모스는 하이픈, 제프리 구스타브슨은 전문용어, 닉 트라우트와인은 상말, 셰런 캐머런은 에밀리 디킨슨 연구, 린슬리 미요시와 수전 피셔는 일본어의 특징, 엘리자베스 매클린은 바스크어, 제프리 프랭크는 대시에 관해 각각 내게 도움을 주었다. 엘리너 굴드와 루 버크에 관한 일화를 들려준 수전 패커드와 스테파니 사이터 블랜셋. "flower"에 관해 도움을 준 재닛 맬컴. 루 버크와 대적한 베키 소여. 뜻밖에 나타난 앨리스 퀸. 콤마셰이커를 보관한 줄리 저스트. 사우스베리 공공 도서관을 위해 결연히 대처한 셜리 마이클스. 아량과 선의를 베풀어준 숀 윌시. 별 이유 없이 관심을 보여준 필립 호어. "who"와 "whom"을 실험한 리틀 애니 반데스. 주격에 충실한 다이앤 잉글랜더. 아포스트로피와 세미콜론으로 맺어진 동지 페넬로피 로랜즈. 미술가의 안목을 보여준 토비 슈스트 앨런. 연필과 연필깎이로 연대한 낸시 프랭클린, 블레이크 에스킨, 마이클 스펙터, 데이비드 리스. 오하이오에 있는 캐런 레이모어와 수지 매키넌. 딕슨 타이콘데로가에서 일하는 크리스틴 리 더스타인. 그레고리 맥과이어는 버몬트에서, 캐슬린 화이트는 이스트빌리지에서, 프로빈스타운 공공 도서관과 더불어 메리 마틴 셰이퍼는 프로빈스타운에서 평온하고 고요한 환경을 내게 제공해줬다. 열정과 유머로써 나의 행운을 함께한 폴

라와 네이선 로스스타인, 로니 그로스, 피터 셸, 신시아 코츠, 앨리스 트루액스, 예브게니아 마골리스, 재닛 아브라모비츠, 수전 밀러, 빅토리아 로버츠. 그리고 브루스 다이오니스, 레베카 미드, 팻 키오, 론다 셔먼, 브렌다 핍스, 헨리 파인더, 대니얼 잘레브스키. 작업 막판에 도움을 준 벳시 모라이스와 에밀리 그린하우스. 기술적 도움을 준 노턴의 샘 매클로플린. 각종 허가를 받기 위해 애쓴 팻 콜. 감히 교열자를 교열한 오토 손태그와 재차 교열한 돈 리프킨. 홍보에 힘쓴 에린 러빗.

내 삶을 지탱하는 성실한 친구들과 동료 작가들 수전 그림, 메리 그림, 크리스틴 올슨, 트리샤 스프링스터브, 메리 루이스 로비슨(명복을 빕니다), 찰스 오번도르프, 수전 카펜터, 도나 자렐, 제프 건디, 톰 비숍, 켈리스아일랜드 동반자들, 그리고 고故 메리 베스 리치롭스키. 클랜시 오코너와 데니스 로디노는 내게 무조건적 사랑을 주었다. 리처드 스미스와 배럿 맨덜은 영속적인 영향을 주는 선생님이시고, 개럿 카이저는 학우로서 모범이 되었다. 끝으로 지금의 나를 이렇게 있게 해준 사람들에게 감사의 마음을 전한다. 우리 부모님 마일스와 아일린 노리스, 우리 멋진 오빠 마일스와 귀여운 여동생 디, 우리 할머니 메리 B. 노리스, 그리고 나의 요정 같은 대부모godparents 피터 플라이시먼과 진 콜스 윌슨 플라이시먼 브루스.

들어가며 _콤마퀸의 고백

"오른쪽 중앙에" : John McPhee, 「Coming into the Country—Ⅳ」, 〈The New Yorker〉, 1977년 7월 11일, 38쪽. 이와 더불어 알래스카에 관한 맥피의 다른 글들을 모은 것은 『Coming into the Country』(New York: Farrar, Straus and Giroux, 1978).

어원은 그리스어 : 『Merriam-Webster's Collegiate Dictionary』 제11판, 「synecdoche」 항목.

맞춤법은 별종의 몫

"영어에서 몇 가지 모음은" : Noah Webster, 『A Grammatical Institute of the English Language』 초판(Hartford, CT: Hudson & Goodwin, 1783), 5쪽. Facsimile edition printed at Paladin Commercial Printers for the Noah Webster House, Inc., and Museum of West Hartford History, West Hartford, CT.

"잊힌 건국의 아버지" : Joshua Kendall, 『The Forgotten Founding Father: Noah Webster's Obsession and the Creation of an American Culture』(New York: G. P. Putnam's Sons, 2010).

"타고난 정의자" : 같은 책, 5쪽.

"철자법이란 올바른 발음을" : Webster, 같은 책, 24쪽.

"이런 단어는 곧잘" : 같은 책, 33쪽(note).

"미국인들은 ache를" : Harlow Giles Unger, 『Noah Webster: The Life and Times of an American Patriot』(New York: John Wiley and Sons, 1998), 252쪽.

저 마녀!

"그래도 바위기둥은 모두" : John McPhee, 「Annals of the Former World: In Suspect Terrain—Ⅱ」, 〈The New Yorker〉, 1982년 9월 20일, 47쪽. 이 와 더불어 북아메리카의 지질학에 관한 다른 글들을 모은 것은 『In Suspect Terrain』(New York: Farrar, Straus and Giroux, 1983) 및 『Annals of the Former World』(New York: Farrar, Straus and Giroux, 1998).

"우리가 온실 안에서" : Lauren Collins, 「Sark Spring」, 〈The New Yorker〉, 2012년 10월 29일, 55쪽.

"그의 할머니가 계신" : Edward St. Aubyn, 『Mother's Milk』, 『The Patrick Melrose Novels』(New York: Picador, 2012)에 수록, 496쪽.

"학교에서 애들을 데려오는데" : George Saunders, 「The Semplica-Girl Diaries」, 〈The New Yorker〉, 2012년 10월 15일, 69쪽. 이후 이 이야기는 『Tenth of December』(New York: Random House, 2013)에 실렸다.

'HEESH' 문제

"남성과 여성이라는 단어가" : David Marsh, 『For Who the Bell Tolls: One Man's Quest for Grammatical Perfection』(London: Guardian Faber Publishing, 2013), 232쪽.

"영어는 (…) 구조적으로 유별난" : Robert Graves and Alan Hodge, 『The Reader Over Your Shoulder』(New York: Vintage Books, 1979), 6-7쪽.

"성별은 비논리적이다" : 같은 책, 7쪽.

"단 세 글자로 된" : Mark Twain, 「The Awful German Language」. http://www.crossmyt.com/hc/linghebr/awfgrmlg.html 참조.

"모든 명사에 성별이 있는데": 같은 글.

"그녀가 그에게 딱 맞았어요": 다큐멘터리 〈American Masters: LENNONYC〉, PBS, 2012년 12월 4일 방송; 2014년 3월 21일 재방송; Michael Epstein 연출/각본. http://video.pbs.org/video/2309422687/; http://www.pbs.org/wnet/americanmasters/episodes/lennonyc/about-the-film/1551/ 참조.

"영어에는 person": Bryan A. Garner, 『Garner's Modern American Usage』 3판(New York: Oxford University Press, 2009), 739쪽.

"영어가 체계를 제대로": Milne, Marsh가 『For Who the Bell Tolls』에 인용, 225쪽.

온갖 알파벳을 이용한 : 이 예들의 출처는 Denis Baron, 「The Epicene Pronouns: A Chronology of the Word That Failed」. http://www.english.illinois.edu/~people~/faculty/debaron/essays/epicene.htm 참조. 이 목록의 초기 버전이 실린 곳은 「The Epicene Pronoun: The Word That Failed」, 『American Speech 56』(1981), 83-97쪽; 『Grammar and Gender』(New Haven and London: Yale University Press, 1986).

"2000년대 초·중반 볼티모어": Elaine M. Stotko and Margaret Troyer, 「A New Gender-Neutral Pronoun in Baltimore, Maryland: A Preliminary Study」, 『American Speech 82』 제3호(2007), 262-279쪽 참조.

"남성별, 여성별, 중성별": C. Marshall Thatcher, 「What Is 'EET'? A Proposal to Add a Series of Referent-Inclusive Third Person Singular Pronouns and Possessive Adjectives to the English Language for Use in Legal Drafting」, 『South Dakota Law Review 59』 제1호(2014), 79-89쪽. 「What Is Eet?」은 온

라인에서 열람할 수 있다. http://works.bepress.com/cgi/viewcontent.cgi?article=1011&context=charles_thatcher.

"사람이나 생물에 대해": H. W. Fowler, 『A Dictionary of Modern English Usage』 제2판, Sir Ernest Gowers가 개정(New York: Oxford University Press, 1965), 221쪽.

"성이 두드러지지 않거나": 같은 책, 404쪽(「number」 항목 11번째).

"그러면 작가 지망생은": Dwight Garner, 「Creative Writing, via a Workshop or the Big City」, 〈New York Times〉, 2014년 2월 26일.

"끔찍한 '그들의'": Fowler, 같은 책, 417쪽.

"남성 단수 인칭대명사가": Bryan A. Garner, 같은 책, 740쪽.

"그들이 도울 수 있으면": Marsh, 같은 책, 230쪽.

"'사람은 그들의 출생을 돕지 못하지요.'": William Makepeace Thackeray, 『Vanity Fair』(1847-48: New York: Penguin Classics 재발행, 2001), 483쪽.

"그런 구절은 남성대명사가": Bryan A. Garner, 같은 책, 739쪽(「Sexism」 항목, "B. The Pronoun Problem").

"이 용법엔 두 가지 위험이 따른다": 같은 책, 739-740쪽.

당신과 나 사이

"보닛 아래서 일어나는": E. B. White, 「Will Strunk」 서문, 『Essays of E. B. White』(New York: Harper Perennial, 1999), 319쪽.

데이비드 포스터 월리스는: David Foster Wallace, 「Tense Present: Democracy, English, and the Wars over Usage」, 〈Harper's〉, 2001년 4월호, 39쪽. 이후에 실린 곳은 「Authority and American Usage」, 『Consider the

Lobster and Other Essays』(Boston: Little, Brown, 2005).

"The King and I" : 유례의 출처는 Ben Yagoda, 『How to Not Write Bad』 (New York: Riverhead Books, 2013), 99쪽.

"감각동사" : Karen Elizabeth Gordon, 『The Transitive Vampire』(New York: Times Books, 1984), 29쪽.

"who/whom 구별은" : Steven Pinker, 『The Language Instinct』(New York: William Morrow, 1994), 116쪽.

"The dissident blogger, whom" : Jon Lee Anderson, 「Private Eyes」, 〈The New Yorker〉, 2013년 10월 21일, 71쪽.

"If someone approaches" : Randy Steel, 「9 Things NOT to Do After a Breakdown」, AAA New York, 〈C&T 3〉 제3호, 2014년 3월, 37쪽.

콤마 콤마 콤마 콤마, 카멜레온

『웹스터』 제3판의 편집자들은 : David Skinner, 『The Story of Ain't: America, Its Language, and the Most Controversial Dictionary Ever Published』(New York: Harper, 2012), 281쪽.

"But what principally attracted" : Charles Dickens, 『The Life and Adventures of Nicholas Nickleby』(1839; New York: Oxford University Press 재 발행, 1982), 448-449쪽.

"The first house to which" : 같은 책, 310쪽.

"She brought me" : 『The Selected Letters of Charles Dickens』, Jenny Hartley 편집(New York: Oxford University Press, 2012), 311쪽.

"Often I have lain thus" : Herman Melville, 『White-Jacket』(1850; Evanston:

Northwestern University Press 재발행, 1970), 119쪽.

"Before Atwater died" : 이 문장의 출처는 Jane Mayer, 「Attack Dog」, 〈The New Yorker〉, 2012년 2월 13·20일. 인용된 곳은 Ben Yagoda, 「Fanfare for the Comma Man」, 〈New York Times〉, 2012년 4월 9일.

"When I was in high school" : Marc Fisher, 「The Master」, 〈The New Yorker〉, 2013년 4월 1일, 38쪽.

"Eve was across the room" : James Salter, 『Light Years』(New York: Vintage, 1995), 27쪽.

"She smiled that stunning, wide smile" : 같은 책, 181쪽.

"It was as if they were" : 같은 책, 231쪽.

"The ship was enormous" : 같은 책, 263쪽.

"He sailed on the _France_" : 같은 책, 262쪽.

"자신의 저서 중에서" : Jennifer Schuessler, 「A Proper Celebration of the Not-So-Proper Modern British Novel」, 〈New York Times〉, 2013년 7월 24일.

누가 '모비 딕'에 하이픈을 넣었을까?

"How was it?" : Karen Russell, 「The Bad Graft」, 〈The New Yorker〉, 2014년 6월 9/16일, 97-98쪽.

"우리 아버지는 복합어" : Edward N. Teall, 『Meet Mr. Hyphen(And Put Him in His Place)』(New York: Funk & Wagnalls, 1937), 31쪽.

"po-lop-o-ny"를 그의 각주에 : 같은 책, 19쪽.

"우리는 이것을 예술로" : 같은 책, 14쪽.

"복합어 만들기를 성역으로": 같은 책, 57쪽.

"이보다 더 철저하게": 같은 책, 77쪽.

"과도한 현학": 같은 책, 90쪽.

"오, 시간, 체력, 돈과": Herman Melville, 『Moby-Dick』(1851; New York: Modern Library 재발행, 1992), 207쪽.

미술품과 함께 온라인에 : http://www.mobydickbigread.com 참조.

"그리고 뉴베드퍼드의 여인들": Melville, 같은 책, 47쪽.

"이 새로운 제목이": 이 편지가 실린 곳은 Andrew Delbanco, 『Melville: His World and Work』(New York: Vintage Books, 2006), 177쪽.

"그 교정지는 (…) 착오로": Herman Melville, 『Pierre』, Delbanco가 『Melville』에 인용, 177-178쪽.

"콤마는 때로 말투를": G. Thomas Tanselle, Herman Melville의 『Typee, Omoo, Mardi』(New York: Library of America, 1982)에 수록한 해설, 1324-1325쪽.

"앨런은 그의 편지에서": G. Thomas Tanselle, Herman Melville의 『Redburn, White-Jacket, Moby-Dick』(New York: Library of America, 1983)에 수록한 해설.

대시, 세미콜론, 콜론이 한자리에 모여

"저는 당신의 심정을 알고 있습니다": Jeffrey Frank, 『Ike and Dick: Portrait of a Strange Political Marriage』(New York: Simon and Schuster, 2013), 253-254쪽.

"디킨슨의 시에서 대시는": Cristanne Miller, 『Emily Dickinson: A Poet's

Grammar』(Cambridge: Harvard University Press, 1987), 53쪽.

"길이와 위치를 달리하는": R. W. Franklin 편집, 『The Poems of Emily Dickinson』(Cambridge: Harvard University Press, 2005), 10쪽.

주디스 서먼의 서평에: 「A New Reading of Emily Dickinson」, 〈The New Yorker〉, 2008년 8월 3일, 68-73쪽.

디킨슨의 모든 작품을 온라인으로: www.edickinson.org 참조.

"기다려야 돼요—": Henry James, 『The Aspern Papers』, Leon Edel 편집, 『The Henry James Reader』(New York: Scribner, 1965), 235쪽.

"그녀는 나빴다; 하지만": Henry James, 『Washington Square』, Edel 편집, 같은 책, 89쪽.

"가엾은 캐서린은 그녀의": 같은 책.

"넌 타운센드 녀석에게": 같은 책, 86-87쪽.

"브뤼클라딕 증류소를 방문할": Kelefa Sanneh, 「Spirit Guide」, 〈The New Yorker〉, 2013년 2월 11/18일, 51쪽.

베이커가 "dashtard"라고 부른: Nicholson Baker, 「The History of Punctuation」, 『The Size of Thoughts: Essays and Other Lumber』(New York: Random House, 1996), Keith Houston이 『Shady Characters: The Secret Life of Punctuation, Symbols, and Other Typographical Marks』(New York: W. W. Norton, 2013)에 인용, 152쪽.

"개퍼! 나를 이런 식으로": Charles Dickens, 『Our Mutual Friend』(1865; New York: Modern Library 재발행, 2002), 6쪽.

아포스트로피에 무슨 일이 생겼을까?

"그 남자들은 이미": Mark Twain, 『The Innocents Abroad』(1869; New York: Signet Books/New American Library 재발행, 1966), 138쪽.

"서른세 살 이후에도 산다고": Gary Comer, 「Before the Beginning and After」.

http://www.contentedshopper.com/clothing.htm에서 열람 가능.

"지리적 명칭을 이루는": United States Board on Geographic Names, 「Principles, Policies, and Procedures: Domestic Geographic Names」. http://geonames.usgs.gov/docs/pro_pol_pro.pdf 참조.

"아포스트로피 근절 정책": Barry Newman, 「Theres a Question Mark Hanging over the Apostrophes Future」, 〈Wall Street Journal〉, 2013년 5월 15일.

"때때로 소유격 아포스트로피는": Kitty Burns Florey, 『Sister Bernadette's Barking Dog: The Quirky History and the Lost Art of Diagramming Sentences』(Brooklyn, NY: Melville House Publishing, 2006), 77쪽.(나는 번스 플로리 덕분에 다음 글을 소화했다. Gertrude Stein, 「Poetry and Grammar」, 『Lectures in America』.)

"'혼동'을 방지하기 위해": BBC News, 「Apostrophe Ban on Devon Council's New Street Names」. http://www.bbc.com/news/uk-england-devon-21795179 참조.

"아포스트로피가 제거된다는": 같은 글.

F*ck This Sh*t

래퍼 얼 스웨트셔트에 관해: Kelefa Sanneh, 「Where's Earl?」, 〈The New

Yorker⟩, 2011년 5월 23일, 59-67쪽.

"젠장, 팬 일당을 피해": Tyler, the Creator(Tyler Okonma)의 트위터 글,
Sanneh, 같은 글.

"khuy(자지)": http://www.newyorker.com/online/blogs/newsdesk
/2014/05/vladimir-putins-four-dirty-words.html 참조.

"'마트'라는 용어는": Victor Erofeyev, 「Dirty Words」, ⟨The New Yorker⟩,
2003년 9월 15일, 42쪽.

"연방 정부는 교육비를": Calvin Trillin, 「U.S. Letter: Atlanta」, ⟨The New
Yorker⟩, 1968년 1월 27일, 102쪽.

상선에 관한 글을: John McPhee, 「Looking for a Ship」, ⟨The New Yorker⟩,
1990년 3월 26일.

맥피는 여러 해가 지난 후: John McPhee, 「Editors and Publisher」, ⟨The
New Yorker⟩, 2012년 7월 2일, 34쪽.

"⟨뉴요커⟩의 한 페이지에": Booktalk Nation, Roy Blount Jr.의 Ian Frazier
인터뷰, 2012년 12월 6일.

"bros before hos"라는 문구를: Ben McGrath, 「Samba Soccer」, ⟨The New
Yorker⟩, 2014년 1월 13일, 50쪽.

연필 중독자의 발라드

특히 그가 병원의: ⟨Logan (OH) Daily News⟩, 1999년 3월 18일.

"아무도 안 하니까요": 「Local Man's Collection of 2,393 Pencil Sharpeners
on Display in His Museum」, ⟨Athens (OH) News⟩, 2003년 6월 17일.

〈뉴욕타임스〉의 위대한 스타일리스트 시어도어 번스타인은 세 권의 책을 통해 적합한 인쇄물을 위한 판단 기준을 논한다. 『Miss Thistlebottom's Hobgoblins: The Careful Writer's Guide to the Taboos, Bugbears and Outmoded Rules of English Usage』(Centro Books, 1971), 『Dos, Don'ts & Maybes of English Usage』(Times Books, 1977), 그리고 『The Careful Writer: A Modern Guide to English Usage』(Atheneum, 1981). 권위와 인정미를 겸비해 믿음직한 번스타인은 none이 '단 하나도 아닌'이라는 뜻이 아닌 한 복수 plural라고 단호히 말한다.

Claire Kehrwald Cook, 『Line by Line: How to Edit Your Own Writing』(Houghton Mifflin, 1985). 명료한 해설을 갖춘 유익하고 간결한 설명서로서, further와 farther, a while과 awhile, hanged와 hung의 차이 등에 관한 조언을 제공한다.

H. W. Fowler, 『Fowler's Modern English Usage』 제2판, Sir Ernest Gowers가 개정(Oxford University Press, 1965). 1926년에 처음으로 편찬되었다. 이 책이 여전히 유효한 고전인 이유는 파울러의 좋은 글솜씨 때문만은 아니다. flotsam과 jetsam의 차이, 그리고 미묘하게 구별되는 foam, froth, scum에 대해 알아보자. 긴급한 상황엔 부적당하다.

Bryan Garner, 『Garner's Modern American Usage』 제3판(Oxford University Press, 2009). 파울러의 미국인 후계자가 균형 있게 정력적으로 저술한 어법 안내서. 철저하고도 무진장하되 우리를 지치게 하지 않는다. 흔히 재미있게 읽히는 요리책같이 언어의 재료들을 숙고한다.

Simon Heffer, 『Strictly English: The Correct Way to Write…and Why It Matters』(Windmill Books, 2011). 괴팍한 영국 노인을 풍자하는 듯한 헤퍼는 〈데일리텔레그라프〉에서 일하며 그의 규범주의에 자부심을 가진다. 글을 교정하거나 준남작baronet에게 말을 거는 방법을 알고 싶은 사람에게 유용한 책이다.

Jack Lynch, 『The Lexicographer's Dilemma: The Evolution of "Proper" English from Shakespeare to South Park』(Walker & Company, 2009). 언어의 역사에 관한 최고의 일반 입문서. 린치는 분명 깊은 배경지식을 지니고 있지만 지루한 부분을 생략한다.

David Marsh, 『For Who the Bell Tolls』(Guardian Faber Publishing, 2013). 〈가디언〉 스타일에 대한 연재물, 게시물 및 트위터 메시지에서 비롯되었다. 이 책의 기본 원리는 머프리의 법칙Muphry's Law이다. "편집이나 교정 작업을 비판하는 글에는 반드시 모종의 결함이 있다." 나는 who와 whom에 관한 마시의 견해에 동의하지만, 그는 존 던에게 "m"을 돌려줘야 하리라.

Henry Petroski, 『The Pencil: A History of Design and Circumstance』(Knopf, 2011; 원판 발행은 1989). 소박한 필기구에 대한 열정적인 백과사전식 개관. 고대 로마의 penicillum부터 현대의 연필광까지.

Ammon Shea, 『Bad English: A History of Linguistic Aggravation』(Penguin, 2014). 시어는 차분하고 재미있게 periphrastic과 ligurition 같은 용어들을 설명하고, 늙은이를 위해 인터넷 약자들("brb")을 정의하며, 수많은 신화를 타파하거나 부추긴다.(나보코프는 웃는 얼굴 표시를 좋아했다?) 게다가 프랭크 바이즈텔리Frank Vizetelly. 사전 편찬자라는 해설자를 다시 불러낸다. 우리의 언어 습관에 대한 가장 낙관적인 책.

Marjorie E. Skillin과 Robert M. Gay, 『Words into Type』 제3판(Prentice-Hall, Inc., 1974). 맞다, 1974년. 인터넷 시대 이전에 출간되었을지라도 여전히 불가결한 참고서다. 일찍이 한 현인은 말했다. "문법에 관한 모든 것을 알 필요는 없다. 우리가 모르는 것이 있을 때 무엇을 찾아봐야 하는지 알고만 있다면." 이 책이 그런 목적으로 저술됐다. genus와 species를 이탤릭체로 표기해야 하는지, 또 특정 동사에 어떤 전치사가 따라붙는지 기억나지 않을 때 나는 이 책을 찾아본다.

William Strunk Jr.와 E. B. White, 『The Elements of Style』 제3판(Macmillan, 1979). 단지 85쪽의 지면을 통해 스트렁크와 화이트는 여러 세대가 내면화한 영속적인 조언을 제공한다. 내가 가진 책은 "loan"("명사. 동사로 쓰려면 lend가 낫다")과 "meaningful"("파탄에 이른 형용사") 사이에서 갈라졌다. 이 책에 대해 더 알고 싶은 사람을 위해 마크 가비가 저술한 것이 있다. 『Stylized: A Slightly Obsessive History of Strunk & White's The Elements of Style』 (Simon & Schuster, 2009). 1918년, 스트렁크 교수가 코넬대학교에서 그의 학생들을 위해 사적으로 "작은 책"을 출간한 시절의 이야기로 시작한다. 화이트는 그 책을 1957년에 재발견했고 세 번 개정했다. 이에 관한 이야기는 그가 그의 편집자들이나 독자들과 주고받은 서신뿐만 아니라 식견이 높은 작가들의 찬사도 포함한다.

〈워싱턴포스트〉의 편집장 빌 월시가 저술한 3부작 『Lapsing into a Comma: A Curmudgeon's Guide to the Many Things That Can Go Wrong in Print—and How to Avoid Them』(Contemporary Books, 2000), 『The Elephants of Style: A Trunkload of Tips on the Big Issues and Gray Areas of Contemporary American English』(McGraw Hill, 2004), 그리고 『Yes, I COULD Care Less: How to Be a Language Snob Without Being a Jerk』(St. Martin's Griffin, 2013). 현실적이고 자신감 있는 월시는 이를테면 더욱 사교적인 최신 번스타인이다.

별종들의 유쾌한 만남

아주 어린 시절에 나는 작은 정원이 딸린 단독주택에 살았다. 나는 그 집의 거실 탁자 앞에서 부모님의 도움으로 한글 자모를 처음 배웠다. 모음자를 순서대로 읽다가 'ㅛ'에서 자주 막히곤 했는데, 그럴 때면 부모님은 "영준이가 밤에 오줌 쌌던……"이라고 힌트를 주셨다. 그럼 난 씽긋 웃으며 곧바로 "요!"라고 말했다.

이 세상에 나고 자라면서, 자음과 모음이 만나 한 글자가 되고 단어가 되고 문장이 되는 이치를 터득하는 일은 흔한 축복이다. 나는 이렇게 흔한 축복을 만끽하며 자랐고, 어느 시점에 이르자 맞춤법과 띄어쓰기를 하나하나 배우고 익히는 일이 특히 재미있었다. 그럴수록 이런저런 글(책, 뉴스 기사, 자막, 표지판, 광고지 등)에서 틀린 점이 내 눈에 점점 더 많이 띄었고, 그런 것을 발견할 때마다 스스로 바로잡을 줄 안다고 내심 우쭐거렸다. 난 전자책보다 종이책을 훨씬 더 선호하는데, 이는 나의 오랜 버릇과도 상관이 있다. 나는 책을 읽다가 맞춤법이나 띄어쓰기가 잘못된 곳을 발견하면 그곳에 정정 표시를 남기는 버릇이 있다. 한 문장에서 내 눈에 의심스럽게 보이는 부분이 있으면 사전을 찾아보고 확인하기 전에는 다음 문장으로 마음 편히 넘어가지 못하는 강박감 같은 것도 있다. 평소에 난 연필도 사용하지만 정정 표시를 남길 때에는 주로 샤프를 쓴다.(어법은 변하기 때문에, 볼펜처럼 쉽게 지워지지 않는 자국을 남기는 필기구를 나는 기피한다.) 하여튼 내게 독서는 책과 사전과 필기구가 있어야 완성되는 행위다. 정정 표시를 남기는 순간에—이후 그 표시를 볼 사람이 아무도 없을지라도—나는 삶의 보람을 느낀다.

이러한 습관이 내 몸에 깊이 배면서 문제도 생겼다. 독서의 진도가 너무 느려졌고, 난 정작 글의 내용에 집중하기가 어려웠다. 앞에 놓인 음식의 맛을 음미하는 시간에 비해 그 모양새를 살피는 시간이 과다했다. 내 삶에 보람을 주는 습관이 난독증의 일종으로 번지는 듯했다. 나도 독서를 좀 편하게 술술 하고 싶을 때가 있었다. 그러려면 수시로 내 머릿속 감지기가 보내는 신호에 일일이 반응하지 않을 수도 있어야 했다. 이건 굳은 습관을 고치는 일이라서 훈련이 필요했다. 때때로 '불완전한' 독서를 위한 훈련.

나의 청년 시절(밤늦도록 놀아도 다음 날에 지장이 없던 시절)에 나는 남들과 뭔가 다르다는 생각에 즐거워했는데, 그 시절을 지나고 보니 나와 비슷한 면이 있는 사람들을 만나는 기쁨이 더 크다. 메리 노리스도 그중 한 명이다. 이 책을 처음부터 끝까지(심지어 「옮긴이의 말」까지) 읽는 독자도 별종이 아닐까 싶다. 난 번역을 하면서 메리 노리스와 더불어 별종들의 유쾌한 만남을 주선하고 있다는 생각이 들었다. 내게 이런 기회를 주고 공감의 기쁨을 누리게 해준 마음산책에 깊이 감사를 드린다. 마음산책 가족들이 이 역서에 들이는 정성은 내게 큰 격려와 조력이 되었다. 이번에 번역하는 동안, 나의 유년 시절에 부모님께 'ㄱㄴㄷ'과 'ABC'

를 배우던 순간순간의 기억이 유난히 자주 떠올랐다. 그 기억을 영원히 간직하고 싶다.

2018년 5월

김영준

용어·기타